Let's grow together

NE능률이
미래를
창조합니다.

건강한 배움의 고객가치를 제공하겠다는 꿈을 실현하기 위해
40년이 넘는 시간 동안 열심히 달려왔습니다.

앞으로도 끊임없는 연구와 노력을 통해
당연한 것을 멈추지 않고

고객, 기업, 직원 모두가 함께 성장하는 NE능률이 되겠습니다.

KB013950

READING TUTOR

고등 독해의
절대 자신감

리딩튜터 기본
어휘 암기장

NE 능률

SECTION 01 세계의 문화

☐	consider	고려하다; 여기다[생각하다]
☐	appear	나타나다; (글 속에) 나오다
☐	Danish	덴마크(인)의
☐	define	정의하다
☐	definition	정의
☐	refer to	…을 나타내다
☐	general	일반적인
☐	lifestyle	생활방식
☐	seek out	…을 찾아내다
☐	excitement	흥분; 흥분되는[신나는] 일
☐	moment	순간
☐	comfort	안락, 편안
☐	relaxing	편안한, 느긋한
☐	stressful	스트레스가 많은
☐	tradition	전통
☐	rotten	썩은
☐	battle	전투, 싸움
☐	origin	기원
☐	legend	전설
☐	evil	사악한
☐	lord	군주; 영주
☐	miller	방앗간 주인
☐	resist	저항하다
☐	assist	돕다
☐	come to one's aid	…을 도우러 오다

☐	recreate	재현하다
☐	annually	매년
☐	replace	대체하다
☐	crate	상자
☐	ship	실어 나르다, 수송[운송]하다
☐	combine	결합하다, 연합하다
☐	carriage	마차
☐	on foot	걸어서, 도보로
☐	injury	부상
☐	suffer	시달리다; (부상 등을) 겪다
☐	black eye	멍든 눈
☐	lunar new year	음력 설날
☐	temple	신전, 사원
☐	cure	(병을) 치유하다
☐	branch	나뭇가지
☐	journey	여행하다, 이동하다
☐	make a wish	소원을 빌다
☐	roll up	…을 둘둘 말다
☐	tie	(끈 등으로) 묶다
☐	string	끈, 줄
☐	come true	이루어지다, 실현되다
☐	greedy	욕심 많은
☐	damage	손상을 주다
☐	attach A to B	A를 B에 붙이다
☐	artificial	인공의, 인조의
☐	fake	모조의, 인조의
☐	theme park	테마파크
☐	tourist attraction	관광명소

☐	mine	광산
☐	dig	(굴을) 파다, (광물을) 채굴하다
☐	underground	지하의
☐	year round	일 년 내내
☐	humidity	습도
☐	approximately	대략
☐	what's more	게다가
☐	dust	먼지
☐	allergy	알레르기
☐	layer	(표면을 덮고 있는) 막, 층
☐	sports arena	운동 경기장
☐	Ferris wheel	대회전 관람차
☐	equipment	장비
☐	fairytale	동화
☐	combination	조합, 결합(된 것)
☐	bring ... back to life	…을 되살리다
☐	treasure	보물

SECTION 02 동물·식물

☐	most likely	아마, 필시
☐	cultivate	재배하다
☐	cross-breeding	품종간 교배
☐	cross	십자 기호; 혼합, 이종 교배
☐	traditional	전통적인
☐	royal family	왕실, 왕족

☐	practical	실용적인
☐	lack	…이 없다
☐	pigment	색소
☐	poison	독살하다
☐	poisoning	중독, 음독
☐	depend on	…에 달려 있다
☐	contain	포함하다
☐	chemical	화학의; 화학물질
☐	caffeine	카페인
☐	toxic	유독성의
☐	digest	(음식을) 소화하다
☐	accumulate	쌓이다, 축적되다
☐	upset stomach	배탈
☐	vomiting	구토
☐	vomit	토하다
☐	exclude	제외하다
☐	internal bleeding	내출혈
☐	extreme	극도의, 극심한
☐	heart attack	심장마비
☐	trick	속이다
☐	vet	수의사(= veterinarian)
☐	complain	불평하다
☐	grateful	감사하는
☐	dung beetle	쇠똥구리
☐	nothing but	오직
☐	animal waste	동물의 배설물
☐	continent	대륙
☐	Antarctica	남극 대륙

☐	divide A into B	A를 B로 나누다
☐	dweller	거주자
☐	term	용어
☐	bury	묻다, 매장하다
☐	pile	더미
☐	nest	보금자리, 둥지
☐	underneath	…의 아래에
☐	treasure	보물
☐	taste	맛; 취향
☐	plant-eater	초식동물
☐	seek out	…을 찾아내다
☐	meat-eater	육식동물
☐	feed on	…을 먹고 살다
☐	make a contribution to	…에 기여하다[공헌하다]
☐	nutrient	영양분
☐	appreciate	감사하다
☐	endangered	멸종될 위기에 처한
☐	insect	곤충
☐	(green) iguana	이구아나
☐	lizard	도마뱀
☐	lens	렌즈; 수정체
☐	normal	보통의, 평범한
☐	detect	감지하다
☐	sense	감지하다
☐	predator	포식자
☐	bird of prey	맹금(류)
☐	hawk	매
☐	functional	기능하는

☐	function	기능
☐	to some extent	어느 정도는
☐	natural enemy	천적
☐	notice	알아차리다, 인지하다

SECTION 03 시사·사회

☐	bully	약자를 괴롭히는 사람; (약자를) 괴롭히다
☐	tease	놀리다
☐	pigtail	땋은 머리
☐	pick on	…을 괴롭히다
☐	bother	신경 쓰이게 하다
☐	stand up to	…에 맞서다, 저항하다
☐	wipe away	…을 닦아내다
☐	set up	…을 (새로) 시작하다
☐	urge	촉구하다, 권고하다
☐	protest	항의, 저항
☐	gender	성별
☐	encouraging	격려하는
☐	apologize	사과하다
☐	pay off	성공하다, 성과를 올리다
☐	stand together	단결하다, 결속하다
☐	benefit	혜택, 이익
☐	label	상표를 붙이다
☐	malaria	말라리아
☐	cholera	콜레라

☐	bottled	병에 담긴
☐	vending machine	자동판매기
☐	populous	인구가 많은
☐	raise	(양·수준 등을) 높이다; (자금 등을) 모으다
☐	awareness	인식
☐	lack	부족
☐	die from	…으로 죽다
☐	pass by	…을 스쳐 지나가다
☐	disgust	역겹게 하다
☐	donate	기부하다, 기증하다
☐	fundraiser	모금 행사
☐	organize	(어떤 일을) 조직하다, 준비하다
☐	organization	조직, 단체
☐	charitable	자선의
☐	innovative	혁신적인
☐	method	방법, 방식
☐	extremely	매우, 극도로
☐	effective	효과적인
☐	major	주요한, 중대한
☐	shortage	부족
☐	superstore	대형 슈퍼마켓
☐	convenient	편리한, 편한
☐	unsalted	소금을 넣지 않은, 무염의
☐	extract	추출물
☐	traditional	전통적인
☐	range	다양성; 범위
☐	choice	선택; 선택의 기회
☐	numerous	수많은

☐	facility	pl. 시설
☐	proper	적절한
☐	comfortable	편안한, 쾌적한
☐	regular customer	단골손님
☐	specialize in	···을 전문으로 하다
☐	advantage	장점, 이점
☐	resident	거주자, 주민
☐	contribute to	···에 기여하다
☐	take care of	···을 돌보다
☐	require	요구하다; 필요로 하다
☐	tend to	···하는 경향이 있다
☐	wander	돌아다니다, 배회하다
☐	nursing home	요양원
☐	socialize	어울리다, 사귀다
☐	normal	보통의, 평범한
☐	staff	직원을 제공하다
☐	residential	주거의, 거주하기 좋은
☐	freedom	자유
☐	community	지역 사회, 공동체

SECTION 04 문화·예술

☐	look through	···을 살펴보다[훑어보다]
☐	pile	더미
☐	junk	쓰레기

☐	lie	눕다; (사물이) 놓여 있다
☐	rusty	녹슨
☐	handlebar	(자전거나 오토바이 등의) 핸들
☐	rearrange	재구성하다, 재배열하다
☐	object	물건, 물체
☐	existing	기존의
☐	possibility	가능성
☐	imaginative	상상력이 풍부한
☐	creativity	독창성, 창조력
☐	genius	천재
☐	throw away	…을 버리다
☐	masterpiece	걸작, 명작
☐	transform A into B	A를 B로 변형하다
☐	march	행진하다
☐	combine	결합하다
☐	motion	움직임; 동작[몸짓]
☐	musical instrument	악기
☐	back and forth	앞뒤로
☐	coordinated	통합된
☐	coordinate	조직화하다; (몸의 움직임을) 조정하다
☐	originally	원래
☐	entertainment	오락, 여흥
☐	military	군대
☐	outdated	구식인, 시대에 뒤처진
☐	communication	의사소통; 통신[소통]
☐	device	장치, 기구
☐	replace	대체하다
☐	radio	무선 통신 장치

☐	vary	(크기·모양 등에서) 서로 다르다
☐	claim	주장하다
☐	wicked	못된, 사악한
☐	wizard	마법사
☐	of all time	역대, 지금껏
☐	amaze	(몹시) 놀라게 하다
☐	audience	관중
☐	witch	마녀
☐	eventually	마침내, 결국
☐	ruler	통치자, 지배자
☐	reveal	드러내다
☐	reference	참고; 인용
☐	running time	상연 시간
☐	intermission	중간 휴식 시간
☐	attend	참석하다
☐	drip	똑똑 떨어지다[떨어뜨리다]; 똑똑 떨어지기
☐	abstract	추상적인
☐	lay	놓다
☐	canvas	캔버스
☐	flat	평평한; 평평하게, 반듯이
☐	paintbrush	그림 붓
☐	background	배경
☐	dip	(액체에) 살짝 담그다, 적시다
☐	squeeze bottle	눌러 짜내는 플라스틱 병
☐	process	과정
☐	satisfied	만족하는
☐	unconscious	무의식적인
☐	instinct	본능

☐	angle	각도, 각
☐	complicated	복잡한

SECTION 05 건강·의학

☐	sneeze	재채기하다; 재채기
☐	disturb	방해하다
☐	hold in	…을 참다
☐	barely	거의 …아니게[없이]
☐	swollen	부어 오른
☐	fully	완전히, 충분히
☐	recover	회복하다
☐	signal	신호를 보내다
☐	chest	가슴
☐	muscle	근육
☐	powerfully	강력하게
☐	relax	휴식을 취하다; 긴장이 풀리다[느슨해지다]
☐	along with	…와 함께
☐	spread	확산, 전파
☐	secret	비밀; 비결
☐	resist	저항하다; …을 참다, 견디다
☐	tip	끝
☐	wrinkled	주름진
☐	involve	포함하다
☐	layer	층

☐	moist	촉촉한
☐	waterproof	방수의, 물이 스며들지 않는
☐	run off	(물 등이) 미끄러져 떨어지다
☐	absorb	흡수하다
☐	expand	팽창하다
☐	have to do with	…와 관계가 있다
☐	protein	단백질
☐	contain	포함하다, 함유하다
☐	remove	제거하다, 없애다
☐	newborn	갓 태어난
☐	the other day	일전에, 며칠 전에
☐	notice	알아차리다, 인지하다
☐	rarely	거의 …않는
☐	blink	눈을 깜박이다
☐	normal	정상적인
☐	theory	이론
☐	shut	닫다; (눈을) 감다
☐	dry out	메말라지다
☐	infrequently	드물게, 가끔
☐	panic	공황 상태에 빠지다
☐	breathe	숨 쉬다, 호흡하다
☐	breathing	호흡
☐	require	필요로 하다
☐	unneeded	불필요한
☐	carbon dioxide	이산화탄소
☐	maintain	유지하다
☐	occur	일어나다, 발생하다
☐	trap	가두다

☐	settle down	정착하다; 진정되다
☐	normal	정상, 보통
☐	exhale	내쉬다
☐	reduce	줄이다, 감소시키다
☐	soothe	진정시키다
☐	arouse	불러일으키다
☐	worsen	악화시키다

SECTION 06 연예·스포츠

☐	finish line	결승선
☐	sign up for	…을 신청하다
☐	take part	참가하다
☐	be sure to-v	반드시 …하다
☐	take place	개최되다
☐	keep track of	…을 기록하다
☐	promote	증진시키다
☐	community	지역 사회
☐	participate in	…에 참가하다
☐	wild	야생의; 열광적인
☐	inspire	영감을 주다
☐	enhance	향상시키다, 높이다
☐	dream of	…을 꿈꾸다
☐	courteous	공손한, 정중한
☐	pursue	추구하다

☐	at any cost	무슨 일이 있어도
☐	be comprised of	…으로 구성되다
☐	fabric	직물, 천
☐	stretch	(직물이) 늘어나다, 신축성이 있다
☐	glide	미끄러지듯 가다; 활공하다
☐	extremely	극도로, 극히
☐	thrilling	짜릿한, 아주 신나는
☐	experienced	경험이 많은
☐	correct	바로잡다, 정정하다
☐	roughly	대략, 거의
☐	thoroughly	대단히; 철저히
☐	necessary	필요한
☐	safety equipment	안전 장비
☐	board	판자; 보드
☐	up to	(특정 수·정도) …까지
☐	attention	주의, 관심
☐	have access to	…에 접근할 수 있다
☐	year-round	연중 계속되는
☐	equipment	장비, 용품
☐	protective	보호하는, 보호용의
☐	sand dune	모래 언덕
☐	for free	공짜로, 무료로
☐	figure	인물
☐	struggle	투쟁, 싸움
☐	independence	독립
☐	passion	열정
☐	blessing	축복; 승인[허락]
☐	lung	폐

☐	groundbreaking	획기적인
☐	tremendous	대단한
☐	inspiration	영감, 귀감
☐	indifferent	무관심한
☐	hostile	적대적인

SECTION 07 역사 속으로

☐	unit	(임무를 위한) 부대, 단체
☐	get the better of	…을 이기다, 능가하다
☐	specialist	전문가
☐	expert	전문가
☐	mission	임무
☐	fool	속이다, 기만하다
☐	accomplish	완수하다, 성취하다
☐	fake	가짜의
☐	rubber	고무
☐	set up	…을 세우다
☐	airwave	pl. 방송 전파
☐	blast	폭발시키다; 쾅쾅 울리다
☐	confuse	혼란시키다
☐	national security	국가 안보
☐	operate	작동되다; (군사) 작전을 벌이다
☐	involve	참여시키다
☐	strategy	전략

☐	reveal	드러내다
☐	deceive	속이다
☐	entertainment	오락(물)
☐	beloved	총애받는; 인기 많은
☐	spell	철자를 쓰다
☐	square	정사각형
☐	empty	비어 있는, 빈
☐	the Great Depression	대공황
☐	architect	건축가
☐	unemployed	실직한
☐	combine	결합하다, 혼합하다
☐	crossword puzzle	크로스워드 퍼즐, 십자말풀이 퍼즐
☐	figure out	…을 알아내다
☐	frequently	빈번하게, 자주
☐	be worth	…의 가치가 있다
☐	sell	(물건이) 팔리다; …을 팔다
☐	eventually	결국, 마침내
☐	right	pl. 저작권
☐	civilization	문명
☐	defeat	패배시키다
☐	historian	역사학자
☐	horrifying	소름끼치는
☐	weapon	무기
☐	be familiar with	…에 익숙하다
☐	infect	감염시키다
☐	spread	퍼지다, 확산되다
☐	region	지역, 지방
☐	be immune to	…에 면역이 되다

☐	encounter	우연히 마주치다
☐	weaken	약화시키다
☐	successor	후계자
☐	empire	제국
☐	invade	침략하다
☐	fall into ruin	파멸에 빠지다
☐	intended	의도된
☐	unprepared	준비되지 않은
☐	scent	향기, 향내
☐	perfume	향수
☐	attractive	매력적인
☐	attract	끌다, 불러일으키다
☐	ancient	고대의
☐	stick	막대기
☐	give off	…을 내뿜다
☐	religious	종교의
☐	ritual	의식
☐	favor	호의, 은혜; 편애하다
☐	treat	대하다, 다루다
☐	evidence	증거
☐	tomb	무덤
☐	discoverer	발견자
☐	jar	병, 단지
☐	surround	둘러싸다, 에워싸다
☐	body	몸, 신체; 시체
☐	fragrance	향기
☐	side effect	부작용

☐	grocery store	식료품점
☐	whine	징징거리다, 칭얼거리다
☐	aisle	통로
☐	scream	비명을 지르다; 소리치다[악을 쓰다]
☐	patiently	끈기 있게, 참을성 있게
☐	patient	참을성 있는
☐	cash register	계산대
☐	notice	…을 알아차리다, 인지하다
☐	ancient	고대의
☐	throughout	… 전체에 걸쳐서, 도처에
☐	kingdom	왕국
☐	complain	불평하다
☐	servant	하인, 신하
☐	cover A with B	A를 B로 덮다
☐	leather	가죽
☐	comfortable	편안한
☐	impossible	불가능한
☐	advisor	고문, 조언자
☐	approach	다가가다
☐	point of view	관점
☐	make a decision	결정하다
☐	pave	(도로를) 포장하다
☐	material	(물건의) 재료
☐	switch	전환하다, 바꾸다
☐	conceive	상상하다

☐	say hello to	…에게 안부를 전하다
☐	accept	받다, 받아들이다
☐	shoot	쏘다; 사냥하다
☐	package	짐, 꾸러미
☐	knock	두드리다, 노크하다
☐	throw	던지다, 팽개치다
☐	sixpence	6펜스짜리 은화
☐	separate	헤어지게 하다, 떼어놓다
☐	badly	몹시, 심하게
☐	injure	부상을 입히다
☐	medical treatment	치료
☐	recover	회복하다
☐	license	자격증
☐	chef	요리사
☐	taste	맛보다; 입맛
☐	indicate	나타내다
☐	import	수입하다
☐	spicy	매운
☐	experiment	실험하다
☐	mild	순한
☐	flavor	맛
☐	successive	연속적인, 잇따른
☐	discouraged	좌절한
☐	despite	…에도 불구하고
☐	orphan	고아
☐	severely	심하게
☐	obtain	…을 얻다

SECTION 09 과학·우주

☐	ordinary	보통의; 평범한
☐	secret	비밀의
☐	pop	펑 하고 터지다
☐	be made from	…으로 만들어지다
☐	variety	다양성; 품종
☐	outer layer	바깥쪽의 막
☐	pass through	…을 빠져나가다[통과하다]
☐	turn into	…으로 변하다
☐	escape	새어 나가다; (물·가스 등의) 누출
☐	result in	(결과적으로) …을 야기하다
☐	build-up	증가
☐	pressure	압력
☐	temperature	온도
☐	explode	폭발하다
☐	cracking	(무엇이 벌어져서 생긴) 금
☐	full moon	보름달
☐	go through	(절차를) 거치다
☐	phase	단계; (변화하는 것의) 상[모습]
☐	occur	발생하다
☐	orbit	궤도를 돌다
☐	opposite	다른 편[쪽]의
☐	more like	오히려 …에 가까운
☐	oval	타원형
☐	relationship	관계
☐	distance	거리

☐	constantly	끊임없이
☐	Saturn	토성
☐	conduct	(특정한 활동을) 하다
☐	atmosphere	대기
☐	solid	단단한, 고체의
☐	core	(행성의) 중심핵
☐	consist of	…으로 이루어지다[구성되다]
☐	hydrogen	수소
☐	methane	메탄
☐	strike	(세게) 치다, 부딪치다
☐	pure	순수한
☐	carbon	탄소
☐	pressure	압력; (대기의) 기압
☐	compress	압축하다
☐	literally	말 그대로
☐	melt	녹다
☐	liquid	액체
☐	valuable	귀중한, 가치 있는
☐	substance	물질
☐	crowd	군중
☐	uncomfortable	불편한, 거북한
☐	inconvenient	불편한
☐	purpose	목적; 용도
☐	recycle	재활용하다
☐	source	원천, 근원
☐	capture	붙잡다, 포착하다
☐	store	저장하다
☐	pump	퍼 올리다

☐	reduce	줄이다

SECTION 10 심리

☐	cheat	부정행위를 하다, 속임수를 쓰다
☐	cheating	부정행위
☐	author	저자, 작가
☐	degree	정도
☐	guilty	죄책감이 드는
☐	prove	증명하다
☐	hand in	…을 제출하다
☐	average	평균
☐	dormitory	기숙사
☐	conduct	(특정한 활동을) 하다
☐	theory	이론
☐	behavior	행동
☐	selfish	이기적인
☐	desire	욕구
☐	diet	다이어트를 하다; 다이어트, 식이요법
☐	positive	긍정적인
☐	self-image	자아상
☐	limit	제한하다
☐	in public	대중 앞에서
☐	handle	다루다, 대처하다
☐	talk to oneself	혼잣말을 하다

☐	specifically	구체적으로
☐	the third person	3인칭
☐	examine	검사하다, 검토하다
☐	performance	성과, 실행
☐	reduce	줄이다
☐	rate	평가하다
☐	give it a try	시도하다
☐	evaluate	평가하다
☐	pretend	…인 척하다
☐	judge	판단하다, 비판하다
☐	stare at	…을 쳐다보다
☐	prejudge	조급한 판단을 내리다
☐	trip	발을 헛디디다
☐	feel sick	속이 불편하다
☐	anonymous	익명의
☐	absolutely	완전히; 전혀
☐	adolescent	청소년
☐	abnormal	비정상의
☐	gradually	서서히, 차츰
☐	fade away	사라지다
☐	designate	지정하다, 지명하다
☐	imaginary	가상의
☐	audience	관객, 청중
☐	theorize	이론화하다
☐	unfinished	완료되지 않은
☐	task	임무, 일
☐	psychological	정신적인
☐	tension	긴장

☐	complete	완료하다
☐	motivate	동기를 부여하다
☐	closure	폐쇄; 종료
☐	deal	거래
☐	psychologist	심리학자
☐	laboratory	실험실
☐	note	…에 주목하다
☐	be filled with	…으로 가득 차다

SECTION 11 생활 속 경제

☐	make a decision	결정하다
☐	make a mistake	실수하다
☐	background	배경
☐	have an effect on	…에 영향을 미치다
☐	influence	영향을 미치다
☐	switch	전환하다, 바꾸다
☐	make a purchase	구매하다
☐	last-minute	막판의, 최후의
☐	pay attention to	…에 주의를 기울이다
☐	atmosphere	(지구의) 대기; 분위기
☐	behavior	행동
☐	attract	끌어들이다
☐	besides	게다가
☐	encourage	부추기다, 조장하다

☐	discount	할인
☐	save	절약하다
☐	profit	이익
☐	loss	손해
☐	end up v-ing	결국 …하게 되다
☐	strategy	전략
☐	have to do with	…와 관계가 있다, 관련되다
☐	component	구성 요소
☐	razor	면도기
☐	give away	…을 거저 주다
☐	for free	무료로
☐	be locked into	…에 걸려들다, 휘말리다
☐	refill	리필제품
☐	blade	칼날
☐	to one's advantage	…에게 유리하게
☐	in advance	미리, 사전에
☐	stick to	…을 고수하다, 지키다
☐	get a refund	환불받다
☐	irrational	비이성적인
☐	fallacy	오류
☐	supersonic	초음속의
☐	costly	많은 돈[비용]이 드는
☐	produce	생산하다
☐	give up	포기하다
☐	invest	투자하다
☐	investment	투자
☐	legendary	전설적인, 아주 유명한
☐	financial	금융의, 재정의

☐	disaster	재앙
☐	admit	인정하다
☐	potential	잠재적인
☐	profit	수익, 이윤
☐	ignore	무시하다
☐	quit	그만두다
☐	a variety of	다양한
☐	waste	낭비하다
☐	initial	처음의, 초기의
☐	routine	틀에 박힌 일
☐	feature	기능
☐	modern	현대의
☐	consumer	소비자
☐	fairytale	동화
☐	make a choice	선택하다
☐	a series of	일련의
☐	option	선택(할 수 있는 것)
☐	psychological	심리적인, 정신적인
☐	extreme	극단
☐	quality	질
☐	take advantage of	…을 이용하다
☐	release	풀어 주다; 공개[발표]하다
☐	budget	예산

SECTION 12 환경·자연

☐	remind A of B	A에게 B를 생각나게 하다
☐	seashell	조개껍데기
☐	blow away	(바람에) 날리다, 날아가다
☐	nest	둥지
☐	break down	부서지다, 나누어지다
☐	nutrient	영양분
☐	organism	유기체
☐	decrease	감소하다
☐	lead to	(결과적으로) …로 이어지다, …을 초래하다
☐	decline	감소; 쇠퇴
☐	reverse	뒤바꾸다
☐	tiny	작은
☐	conservation group	자연 보호 단체
☐	call on	…에게 요청하다
☐	knitter	뜨개질하는 사람
☐	donate	기증하다
☐	fairy	요정
☐	spill	유출
☐	rescuer	구조자
☐	rush	서둘러 가다
☐	recover	회복시키다
☐	feather	깃털
☐	stick together	달라붙다
☐	affect	영향을 주다
☐	put ... at risk	…을 위험에 처하게 하다

27

☐	prevent	방지하다, 예방하다
☐	in the first place	우선, 먼저
☐	stable	안정적인
☐	floral	꽃의; 식물의
☐	exposition	박람회
☐	feature	특별히 포함하다, 특징으로 삼다
☐	exhibition	전시
☐	material	재료
☐	approximately	대략
☐	disposal	처리, 폐기
☐	withstand	견디다
☐	natural disaster	자연재해
☐	earthquake	지진
☐	typhoon	태풍
☐	firmly	굳게, 단단히
☐	clear	깨끗한; 투명한
☐	serve a purpose	도움이 되다, 쓸모가 있다
☐	eco-friendly	친환경적인
☐	architecture	건축
☐	solid	단단한
☐	reusable	재사용할 수 있는
☐	comfort	안락, 편안; 편의 시설[도구]
☐	deposit	보증금; (광물) 매장층
☐	chemical	화학의
☐	fertilizer	비료
☐	valuable	귀중한
☐	mine	캐다, 채굴하다
☐	mining	채굴, 채광

☐	incredibly	대단히
☐	wealthy	부유한
☐	wealth	부
☐	utility	(수도·전기·가스 등의) 공익 설비
☐	newlywed	pl. 신혼부부
☐	run out	다 떨어지다
☐	fall apart	무너지다, 허물어지다
☐	excessive	과도한
☐	possession	pl. 소유물, 재산
☐	nearsighted	근시안적인
☐	ruin	파멸, 파괴
☐	poverty	가난
☐	greed	탐욕

MEMO

MEMO

MEMO

고등 독해의 절대 자신감

READING
TUTOR

READING TUTOR의 특징

Fun & Interesting 지루한 독해는 그만! 우린 재미있게 공부한다

High Quality 최신 학습 경향을 반영한 양질의 문제로 독해 실력을 키운다

New & Informative 새로운 정보로 가득한 지문을 통해 배경지식을 넓힌다

The more that you read, the more things you will know. The more that you learn, the more places you'll go.

더 많이 읽을수록, 더 많은 것을 알게 될 것이다. 더 많이 배울수록, 더 많은 곳에 가게 될 것이다.
– 테오도르 수스 가이젤 (Theodor Seuss Geisel) –

영어를 잘하고 싶은데, 지루하고 어렵게 느껴지나요?

다양한 주제의 흥미로운 글을 영어로 읽어 보세요. 문법, 문장구조, 어려운 어휘, 이런 것들에 너무 얽매이지 말고, 전체적인 내용에만 집중하세요. 그렇게 읽다 보면, 조금 더 자세히, 정확히 알고 싶은 부분이 생기고, 그런 것들을 알기 위해 공부하고자 하는 마음이 들 것입니다. 완벽하게 해석이 되지 않는다고 스트레스받지 마세요. 글을 읽으며 자신에게 필요한 학습 요소가 무엇인지 파악하고 차근차근 더해 나가면 됩니다.

이렇게 영어 공부에 대한 스트레스는 줄이고, 재미와 상식을 더하는 영어 독해!
리딩튜터 시리즈와 함께 하면 됩니다.

새로운 정보와 흥미로운 이야기가 담긴 지문들을 읽으면서 재미있게 공부할 수 있고, 자연스럽게 다양한 분야와 주제에 대한 배경지식을 넓힐 수 있을 것입니다. 또한 글을 꼼꼼하게 이해하고 파악하는 데 도움이 되는 양질의 문제들을 풀면서 독해 실력도 향상시킬 수 있을 것입니다.

리딩튜터를 통해 여러분이 목표하는 영어 실력을 얻고, 나아가 여러분이 이루고자 하는 꿈에 조금 더 가까이 다가갈 수 있기를 바랍니다.

저자 일동

영어 독해가 재미있어지는 리딩튜터만의 매력

Welcome to Reading Tutor

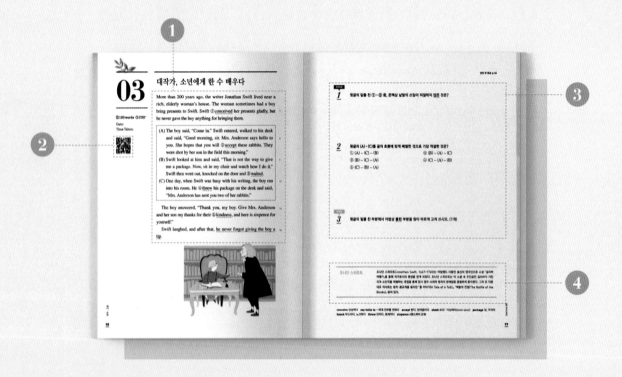

① New & Informative

새롭고 흥미로우면서도 논리적인 지문들을 수록하였습니다. 영어 독해 실력은 물론 상식을 넓히고 사고력도 길러 보세요!

② Smart Learning

원어민이 녹음한 지문 MP3 파일을 QR 코드 스캔 한 번으로 바로 들을 수 있게 하였습니다.

③ 최신 경향의 문제

수능, 내신 대비용, 서술형 주관식, 어휘 문제 등 최신 경향의 다양한 문제를 수록하였습니다.

④ 배경지식

지문 내용과 관련된 배경지식을 수록하여, 지문을 보다 흥미롭고 깊이 있게 읽을 수 있게 하였습니다.

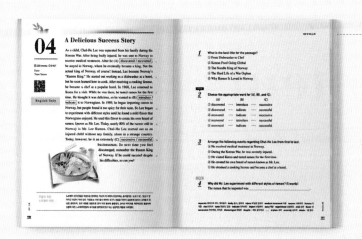

English Only

모든 문제를 영어로 제시하는 English Only. 섹션마다 한 개씩 제공되며, 독해 실력을 한층 업그레이드 할 수 있도록 도와 줍니다.

Review Test

각 섹션에서 배운 단어와 숙어, 주요 구문들을 다양한 유형의 문제를 통해 확인하고 정리해 보세요.

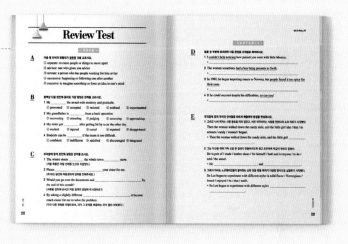

어휘 암기장

본문에서 쓰인 주요 어휘들을 부록으로 별도 제공하여 휴대하면서 틈틈이 어휘 학습을 할 수 있도록 하였습니다.

Special Corners

일생에 꼭 한번은 가봐야 하는 여행지와 단어의 유래를 소개하는 재미있는 쉬어가기 코너를 준비하였습니다. 공부에 지친 몸과 마음에 잠시 휴식을 주는 건 어떨까요?

Contents

SECTION 01

01

📄 164 words ⏱ 2'26"

Date:
Time Taken:

휘게로 행복하게

Denmark is considered one of the happiest countries in the world. One of the reasons for this is something called *hygge*. The word was appeared in Danish writing for the first time during the 18th century, and *hygge* soon became a big part of Danish culture. It is a difficult word to define because it refers to a general feeling. The goal of a *hygge* lifestyle is not to seek out excitement, but to enjoy life's quiet moments.

Comfort is an important part of *hygge*. Denmark's winters are long and cold, so people like to stay inside their warm homes and eat their favorite foods. Also, this lifestyle often includes simple and relaxing activities. _____(A)_____, taking a walk is a perfect way to spend an afternoon. _____(B)_____ there's nothing wrong with doing things alone, it is best to enjoy *hygge* with good friends. If you want to live a *hygge* lifestyle, take some time every day to do nothing but relax and be happy.

양초로 즐기는 휘게

덴마크는 유럽에서 양초를 가장 많이 사용하는 국가이다. 해가 길지 않은 덴마크의 가을과 겨울 동안 많은 사람들이 양초를 켜며, 선혀 켜시 않은 사람은 딘 4%에 불과히다. 그만큼 양초는 덴마크 사람들의 정서적 행복과 일상에 밀접안 관련이 있다. 양초와 관련된 덴마그 단어로 뤼세슬루케르(lyseslukker)는 '분위기 깨는 사람'을 가리키는데 이는 '촛불을 끄는 사람'이라는 뜻이다.

1 윗글의 제목으로 가장 적절한 것은?

① The Danish Way of Living

② Enjoy Your Stressful Lifestyle

③ A Relaxing Vacation in Denmark

④ Hygge: Denmark's Newest Word

⑤ Different Definitions of Happiness

2 윗글의 빈칸 (A)와 (B)에 들어갈 말로 가장 적절한 것은?

	(A)		(B)
①	Instead	······	Unless
②	Instead	······	Although
③	For instance	······	Because
④	For instance	······	Although
⑤	On the other hand	······	Because

3 윗글의 밑줄 친 부분에서 어법상 틀린 부분을 찾아 바르게 고쳐 쓰시오. (1개)

---

consider 고려하다; *여기다[생각하다] **appear** 나타나다; *(글 속에) 나오다 **Danish** 덴마크(인)의 **define** 정의하다 ※**definition** 정의
refer to …을 나타내다 **general** 일반적인 **lifestyle** 생활방식 **seek out** …을 찾아내다 **excitement** 흥분; *흥분되는[신나는] 일
moment 순간 **comfort** 안락, 편안 **relaxing** 편안한, 느긋한 문제 **stressful** 스트레스가 많은

02

📄 185 words ⏱ 2'38"

Date:
Time Taken:

이렇게 상큼한 전투가?

Do you like food fights? Then you should visit the northern Italian town of Ivrea. The people there have a very strange tradition. Every February, they throw rotten oranges at each other. It's part of a three-day festival ⓐ (know) as Battaglia delle Arance, or "battle of the oranges" in English.

The origins of the festival are from the 12th century. According to legend, an evil lord wanted to marry a miller's daughter, but she (A) | resisted / assisted |. The other villagers came to her aid, ⓑ (throw) rocks at the lord's castle. This fight is recreated annually, with oranges (B) | placing / replacing | the rocks. More than 50,000 crates of rotten oranges are shipped to the town from Sicily each year. People are then (C) | divided / combined | into different teams — some are the lord's guards and others are villagers. The "guards" ride around in horse-drawn carriages and the "villagers" are on foot. And they all throw rotten oranges at one another! Each day of the festival, different teams battle. It may sound dangerous, but because the oranges are rotten, they are quite soft. The worst injury anyone has ever suffered was a black eye.

3

6

9

12

15

18

21

스페인의 이색 축제, Battle of Wine

스페인 북부 지방의 도시 아로(Haro)에서는 매년 6월 29일에 아로 와인 축제가 열린다. 이날 수천 명의 사람들이 흰 셔츠에 붉은 스카프를 두른 채로 '와인 미시기 대결'이나 '양동이로 와인 옮기기 대결' 등의 행사에 참여한다. 축제의 하이라이트는 '와인 진투(Battle of Wine)'로, 참가자 모두가 서로에게 와인을 뿌리며 보랏빛으로 흠뻑 젖는다. 이 행사를 위해 무려 6,000리터의 와인이 사용된다고 한다.

1

battle of the oranges에 관한 윗글의 내용과 일치하지 <u>않는</u> 것은?

① 이탈리아 북부의 이브레아 마을에서 열리는 축제이다.

② 2월마다 총 3일 동안 진행된다.

③ 12세기의 전설에서 유래했다.

④ 시칠리아에서 들여온 썩은 오렌지를 사용한다.

⑤ '마을 사람들' 팀은 마차 위에서 '경비대' 팀을 공격한다.

서술형

2

윗글의 @와 ⓑ에 주어진 동사를 어법에 알맞은 형태로 쓰시오.

ⓐ _____   ⓑ _____

VOCA

3

윗글의 (A), (B), (C)의 각 네모 안에서 문맥에 맞는 낱말로 가장 적절한 것은?

	(A)		(B)		(C)
①	resisted	·····	placing	·····	divided
②	resisted	·····	replacing	·····	combined
③	resisted	·····	replacing	·····	divided
④	assisted	·····	placing	·····	combined
⑤	assisted	·····	replacing	·····	divided

---

tradition 전통 **rotten** 썩은 **battle** 전투, 싸움 **origin** 기원 **legend** 전설 **evil** 사악한 **lord** 군주; *영주 **miller** 방앗간 주인 **resist** 저항하다 **assist** 돕다 **come to one's aid** …을 도우러 오다 **recreate** 재현하다 **annually** 매년 **replace** 대체하다 **crate** 상자 **ship** 실어 나르다, 수송[운송]하다 **combine** 결합하다, 연합하다 **carriage** 마차 **on foot** 걸어서, 도보로 **injury** 부상 **suffer** 시달리다; *(부상 등을) 겪다 **black eye** 멍든 눈

03

Date:
Time Taken:

소원을 던져봐!

At the start of every lunar new year, many people visit Hong Kong's Tin Hau Temple. According to a legend, a sick woman was cured after throwing a piece of *joss paper into the branches of a tree there. Since then, people have been journeying to the temple to make their own wishes.

They write a wish on a piece of joss paper. The paper is rolled up and tied with a piece of string. Then they throw it into the trees, trying to get it caught on one of the branches. The higher the branch it gets caught in, the greater the chance that their wish will come true. But if it falls to the ground, it means that the person was too greedy.

In the past, people used to tie an orange to wishes (to throw, it, to make, them, easier). (A) Despite these changes, the tradition remains popular today. (B) Unfortunately, the weight of all these wishes damaged the trees. (C) To protect them, people now attach their wishes to plastic oranges and throw them onto artificial trees.

*joss paper 신상 앞에서 태우는 금·은 종이

존 하버드 동상의
빛나는 왼발

미국 매사추세츠주 보스턴에 있는 하버드 대학교는 많은 이들에게 알려진 명문대학교이다. 그래서 많은 관광객이 대학 캠퍼스에 찾아오는데 특히 사람들이 빠지지 않고 찾는 장소가 있다. 바로 존 하버드(John Harvard)의 동상이 있는 곳이다. 존 하버드는 죽기 전 이 대학에 많은 재산과 장서를 기부한 인물로, 그를 기리기 위해 대학의 명칭을 바꾸었고 동상을 만들었다고 한다. 사람들은 하버드 대학에 입학하기를 바라는 마음으로 존 하버드 동상의 왼쪽 발 앞부분을 만진다. 너무 많은 사람들이 만지다 보니 유난히 말 앞부분만 빛이 난다고 한다.

1 윗글의 내용과 일치하면 T에, 일치하지 않으면 F에 표시하시오.

	T	F
(1) A woman became sick after throwing paper into a tree.	□	□
(2) People who tie oranges to wishes are considered greedy.	□	□
(3) Fake trees are now used to protect the real ones.	□	□

서술형

2 윗글의 괄호 안에 주어진 단어들을 다음 우리말에 맞게 배열하시오.

그것들을 던지는 것을 더 쉽게 하기 위해

→ _____

3 윗글의 (A) ~ (C)를 글의 흐름에 맞게 배열한 것으로 가장 적절한 것은?

① (A) – (C) – (B)   ② (B) – (A) – (C)

③ (B) – (C) – (A)   ④ (C) – (A) – (B)

⑤ (C) – (B) – (A)

lunar new year 음력 설날 temple 신전, 사원 cure (병을) 치유하나 branch 나뭇가지 journey 여행하다, 이동하다 make a wish 소원을 빌다 roll up …을 둘둘 말다 tie (끈 등으로) 묶다 string 끈, 줄 come true 이루어지다, 실현되다 greedy 욕심 많은 damage 손상을 주다 attach A to B A를 B에 붙이다 artificial 인공의, 인조의 문제 fake 모조의, 인조의

📄 207 words 🕐 3'20"

Date:

Time Taken:

English Only

March 25, 2018

A Theme Park under the Ground

In Romania, there is a surprising tourist attraction ① located 120 meters beneath the ground near the city of Turda. The place was once a large salt mine that was dug by the Romans long ago.

Now, however, it has been turned into an underground museum and theme park! Visitors can enter by taking an elevator or ② walking down a long tunnel. The mine is about 12 degrees Celsius year round and the air's humidity remains at approximately 80%. What's more, the air itself is very clean, with little dust or bacteria. This makes the salt mine a great place for people with allergies! The bottom of the mine, ③ which is covered by a layer of salt, offers visitors many fun things to do. There is a sports arena, a Ferris wheel, a bowling alley and even a miniature golf course. People can also check out the original mine equipment or rent a boat ④ to take a tour of an underground lake. A South Korean tourist ⑤ left the mine told us, "It's amazing. The mine looks like something from a fairytale." An interesting combination of old and new, the Turda salt mine is a great example of how places from the past can be brought back to life.

1

What is the best title for the passage?
① Using Salt to Cure Allergies
② Digging for Salt in Romania
③ A New Purpose for an Old Mine
④ The Discovery of an Ancient Salt Mine
⑤ Salt: Yesterday's Treasure, Today's Problem

2

Which is grammatically incorrect among ①~⑤?

3

Which of the following is NOT true about the Turda salt mine?
① It is located more than 100 meters below the ground.
② It was first created by Romans.
③ There are two ways to reach it.
④ Its humidity is very changeable.
⑤ Visitors can take a lake tour in a boat.

4

Why is the Turda salt mine good for people with allergies? Fill in the blank using appropriate words from the passage.

The air in the Turda salt mine is _____.

---

theme park 테마파크 **tourist attraction** 관광명소 **mine** 광산 **dig** (굴을) 파다, (광물을) 채굴하다(dug-dug) **underground** 지하의
year round 일 년 내내 **humidity** 습도 **approximately** 대략 **what's more** 게다가 **dust** 먼지 **allergy** 알레르기 **layer** (표면을 덮고
있는) 막, 층 **sports arena** 운동 경기장 **Ferris wheel** 대회전 관람차 **equipment** 장비 **fairytale** 동화 **combination** 조합, 결합(된 것)
bring ... back to life …을 되살리다 문제 **treasure** 보물

Review Test

A 다음 단어의 영영풀이를 바르게 연결하시오.

1 mine   ·   · ⓐ a pleasant feeling of relaxation

2 comfort   ·   · ⓑ the amount of moisture in the air

3 injury   ·   · ⓒ a place where holes are dug to gain minerals

4 humidity   ·   · ⓓ damage or harm to a person's or animal's body

5 excitement   ·   · ⓔ the state of feeling thrilled

B 괄호 안에서 적절한 단어를 고르시오.

1 Fortunately, no one was seriously injured in the (battle / cattle).

2 I am looking for someone who can (insist / assist) me in classifying the files.

3 The word smombie is a (combination / generation) of two words: smart phone and zombie.

4 My favorite movie star will be (appearing / approving) on a talk show tonight.

C 우리말에 맞게 빈칸에 알맞은 단어를 쓰시오.

1 The word "hon-bab-jok" in Korean _____ _____ people who eat their meals alone.

(한국어로 '혼밥족'이라는 단어는 혼자 식사를 하는 사람들을 나타낸다.)

2 I always forget to _____ _____ _____ before blowing out the candles on my birthday.

(나는 언제나 내 생일에 촛불을 끄기 전에 소원을 비는 것을 잊어버린다.)

3 Ancient people believed that witches could _____ dead people _____ _____ _____.

(고대 사람들은 마녀가 죽은 사람을 되살릴 수 있다고 믿었다.)

4 If you don't listen to me now, I will never _____ _____ _____ again.

(지금 내 말을 듣지 않으면, 나는 결코 다시 너를 도우러 오지 않겠다.)

· SENTENCE ·

D 밑줄 친 부분에 유의하여 다음 문장을 우리말로 해석하시오.

1 Denmark is considered <u>one of the happiest countries</u> in the world.

   ▶ _____

2 This fight is recreated annually, <u>with oranges replacing the rocks</u>.

   ▶ _____

3 <u>The higher</u> the branch it gets caught in, <u>the greater</u> the chance that their wish will come true.

   ▶ _____

4 The bottom of the mine, which is covered by a layer of salt, <u>offers visitors many fun things to do</u>.

   ▶ _____

E 우리말에 맞게 주어진 단어들을 바르게 배열하여 문장을 완성하시오.

1 휘게 생활방식의 목표는 신나는 일을 찾아내는 것이 아니라, 인생의 조용한 순간을 즐기는 것이다.

   The goal of a *hygge* lifestyle is (but / to seek out / life's quiet moments / excitement / not / to enjoy).

   ▶ The goal of a *hygge* lifestyle is _____, _____.

2 혼자서 무언가를 하는 데 아무런 문제가 없긴 하지만, 좋은 친구들과 함께 휘게를 즐기는 것이 가장 좋다.

   (wrong / nothing / doing things alone / although / with / there's), it is best to enjoy *hygge* with good friends.

   ▶ _____, it is best to enjoy *hygge* with good friends.

3 옛것과 새것의 흥미로운 조합인 투르다 소금 광산은 과거의 장소가 어떻게 되살려지는지의 좋은 예이다.

   An interesting combination of old and new, the Turda salt mine is a great example of (from the past / how / can / brought back to life / places / be).

   ▶ An interesting combination of old and new, the Turda salt mine is a great example of _____.

 ## 아름다운 해변과 마야 문명의 공존, 칸쿤(Cancun)

카리브해의 에메랄드빛 바다와 산호가 파도에 부서져 만든 하얀 모랫길이 펼쳐진 꿈같은 풍경을 자랑하는 곳이 있다. 여행자들에게 지상 최고의 낙원으로 사랑받는 이곳은 멕시코의 해변 도시인 칸쿤이다. 칸쿤은 고대 마야 문명의 발상지로 아름다운 자연과 함께 현대 문명과 고대 문명이 공존하고 있어 다양한 볼거리가 가득하다. 특히 고대 마야 문명의 중심지 중 하나인 치첸이트사(Chichen-Itza)는 신전이 있는 엘 카스티요 피라미드와 천문대, 경기장 유적지 등을 볼 수 있는 곳이다. 낮과 밤의 길이가 같아지는 춘분과 추분에는 엘 카스티요 피라미드 계단의 난간에 뱀 모양의 그림자가 생기는 신기한 광경도 목격할 수 있다. 또한 고대 항구였던 곳에 성을 쌓아놓은 툴룸(Tulum)에서는 고대 마야 문명의 정취와 함께 아름다운 해변을 즐길 수 있다.

칸쿤에서는 석회암 지대에 자연 싱크홀이 형성돼 만들어진 천연 연못인 세노테(Cenote)를 곳곳에서 볼 수 있다. 바닥이 환히 보이는 맑은 물이 환상적인 이곳에서 사람들은 다이빙, 스노클링 등 다양한 물놀이를 즐긴다. 쌍활한 열대 우림 징글의 지연을 활용하여 만든 야외 테마파크에서 스카이워크, 집라인 등 다양한 액티비티를 즐길 수 있는 것노 칸쿤를 매텍식인 핀핑지로 민드는 한 요소이다.

SECTION
02

01

📄 161 words ⏱ 2'40"

Date:
Time Taken:

당신이 모르는 당근 이야기

What color are carrots? Ask ten people and they'll all most likely give you the same answer: orange. But if you had asked people the same question before the 17th century, they probably would have said "purple." (①) This is because modern carrots were not cultivated until the late 16th century, when Dutch farmers created them through cross-breeding. (②) Before that time, most carrots were purple. (③) There were a few, however, that were yellow or white. (④) Modern day orange carrots are a cross of these two types of *mutations, along with some species of wild carrots. (⑤) No one is sure exactly why orange carrots became so much more popular than traditional purple ones. Some believe that people in the Netherlands preferred them because orange is the color of the Dutch royal family. However, others believe the real reason is a more practical one — orange carrots are simply sweeter and bigger than purple ones.

*mutation 돌연변이

당근과
베타카로틴

당근이 주황색을 띠는 이유는 바로 베타카로틴이라는 성분 때문이다. 베타카로틴은 체내에서 비타민 A로 전환되는데, 비타민 A는 눈 건강에 필수적인 로돕신을 생성하여 눈의 피로를 풀어주고 야맹증을 예방한다. 베타카로틴은 당근의 껍질에 많이 함유되어 있으므로 껍질째 먹는 것이 좋다. 당근 외에도 녹황색 채소나 과일 등에 베타카로틴이 많이 함유되어 있다. 그 예로 시금치, 살구, 망고, 바나나 등이 있다.

1 윗글의 제목으로 가장 적절한 것은?

① Tips for Growing Carrots

② How Carrots' Color Changed

③ Different Colors, Different Tastes

④ Why Carrots Are the Perfect Food

⑤ Why the Dutch Love Eating Carrots

2 윗글의 흐름으로 보아, 주어진 문장이 들어가기에 가장 적절한 곳은?

> These mutations lacked the purple pigment found in other carrots.

3 윗글의 내용과 일치하도록 빈칸에 알맞은 말을 본문에서 찾아 쓰시오.

People in the Netherlands may have liked orange carrots better because orange is

_____.

most likely 아마, 필시 **cultivate** 재배하다 **cross-breeding** 품종간 교배 **cross** 십자 기호; *혼합, 이종 교배 **traditional** 전통적인
royal family 왕실, 왕족 **practical** 실용적인 문제 **lack** …이 없다 **pigment** 색소

02

📄 153 words ⏱ 2'25"

Date:
Time Taken:

개에게 초콜릿은 독약?

You may love chocolate, but don't feed it to your dog — you may poison your pet! How serious the danger is depends on the type of chocolate and _____. 3

Chocolate contains a chemical called *theobromine, which is similar to caffeine and is toxic to dogs. Unlike humans, dogs cannot digest theobromine effectively, so it can accumulate in the body and become (A) helpful / harmful . 6

Theobromine levels differ depending on the type of chocolate. Cocoa, cooking chocolate, and dark chocolate are all high in theobromine, but milk chocolate and white chocolate are not. A small amount of chocolate may give your dog an upset stomach and cause vomiting. Larger amounts can have more serious effects. These (B) include / exclude shaking, internal bleeding, and, in extreme cases, even heart attacks. 9 12 15

Theobromine poisoning can be (C) tricked / treated by getting the dog to vomit. So if your dog has eaten too much chocolate, take it to the vet right away. 18

*theobromine 테오브로민 (코코아 열매의 결정 분말)

개에게 주어서는
안 되는 음식

초콜릿 외에도 양파, 파, 포도 등은 개에게 치명적인 위험을 초래할 수 있는 음식이다. 개에게 양파나 파를 먹이면 적혈구가 손상되어 빈혈이나 중독 증상에 시달릴 수 있다. 또한, 포도는 개의 신장 기능을 망가뜨리는 독소가 들어있어, 과다 섭취하면 사망에 이를 수 있다. 개는 사람보다 소화 능력이 약하기 때문에, 함부로 사람이 먹는 음식을 주지 않는 것이 소중한 반려견을 건강하게 키우는 방법이다.

1 윗글의 빈칸에 들어갈 말로 가장 적절한 것은?

① the type of dog

② the amount eaten

③ the size of the dog

④ the diseases the dog had before

⑤ the time the dog ate the chocolate

2 윗글의 (A), (B), (C)의 각 네모 안에서 문맥에 맞는 낱말로 가장 적절한 것은?

	(A)	(B)	(C)
①	helpful	include	tricked
②	helpful	exclude	tricked
③	harmful	exclude	treated
④	harmful	include	treated
⑤	harmful	include	tricked

3 윗글의 내용과 일치하도록 빈칸에 알맞은 말을 본문에서 찾아 쓰시오.

The theobromine in chocolate can _____ dogs because they cannot _____ it like humans can.

poison 독살하다 ※poisoning 중독, 음독 depend on …에 달려 있다 contain 포함하다 chemical 화학의; 화학물질 caffeine 카페인
toxic 유독성의 digest (음식을) 소화하다 accumulate 쌓이다, 축적되다 upset stomach 배탈 vomiting 구토 ※vomit 토하다
exclude 제외하다 internal bleeding 내출혈 extreme 극도의, 극심한 heart attack 심장마비 trick 속이다 vet 수의사(= veterinarian)

03

굴려야 사는 곤충

Sometimes you have to eat things you don't like. But instead of complaining, just be grateful you're not a dung beetle. They eat nothing but animal waste!　3

Dung beetles are common across every continent except Antarctica. There are thousands of different species, but they can all be divided into three main groups: rollers, tunnelers, and dwellers.　6 These terms describe (A) | what / how | these beetles use the dung they find. Rollers turn bits of dung into balls and bury them away from the dung pile. The balls are then eaten or used as a nest. Tunnelers dig　9 underneath the pile to bury their treasures. And dwellers simply live in dung piles.

So what sort of dung do these beetles prefer? Different species　12 have different tastes. For example, most dung beetles prefer the dung of plant-eaters, but some specifically seek out (B) | that / those | of meat-eaters. No matter what type of dung it is, there is a　15 dung beetle that likes feeding on it.

(hard, it, be, to believe, might), but dung beetles make an important contribution to the environment they live in. By eating　18 and (C) | to bury / burying | other animals' waste, they return nutrients to the soil. So, while you might not want to join them for a meal, you can still appreciate the work they do.　21

1 윗글의 제목으로 가장 적절한 것은?

① Endangered Insect Species

② Dung Beetles: Nature's Cleaners

③ Problems Caused by Animal Waste

④ How Dung Beetles Find Their Food

⑤ How Different Dung Beetles Got Their Names

2 윗글을 읽고 dung beetles에 관해 답할 수 <u>없는</u> 질문은?

① Which areas of the earth do they live in?

② What are the names of the main groups?

③ How do rollers use animal waste?

④ Why do they eat only animal waste?

⑤ What type of animal waste do most of them like?

3 윗글의 (A), (B), (C)의 각 네모 안에서 어법에 맞는 표현으로 가장 적절한 것은?

	(A)		(B)		(C)
①	what	⋯⋯	that	⋯⋯	to bury
②	what	⋯⋯	those	⋯⋯	burying
③	how	⋯⋯	that	⋯⋯	burying
④	how	⋯⋯	those	⋯⋯	burying
⑤	how	⋯⋯	that	⋯⋯	to bury

4 윗글의 괄호 안에 주어진 단어들을 다음 우리말에 맞게 배열하시오.

믿기 어려울지도 모른다

→ _____

---

complain 불평하다 **grateful** 감사하는 **dung beetle** 쇠똥구리 **nothing but** 오직 **animal waste** 동물의 배설물 **continent** 대륙 **Antarctica** 남극 대륙 **divide A into B** A를 B로 나누다 **dweller** 거주자 **term** 용어 **bury** 묻다, 매장하다 **pile** 더미 **nest** 보금자리, 둥지 **underneath** …의 아래에 **treasure** 보물 **taste** 맛; *취향 **plant eater** 초식동물 **seek out** …을 찾아내다 **meat-eater** 육식동물 **feed on** …을 먹고 살다 **make a contribution to** …에 기여하다[공헌하다] **nutrient** 영양분 **appreciate** 감사하다 *문제 **endangered** 멸종될 위기에 처한 **insect** 곤충

04

📄 179 words ⏱ 3'10"

Date:
Time Taken:

English Only

Iguanas Have a Third Eye!

How many eyes do green iguanas have? That might seem like a simple question. But, surprisingly, the answer is three! These large lizards have a third eye located on the top of their head. ³

(①) Called a *parietal eye, it is not the same as their other two eyes. (②) It has a lens and a *retina like normal eyes, but they are not fully formed. (③) It is able to detect movements and changes ⁶ in light. (④) Because of this, iguanas can use it to help them sense predators. (⑤) ____(A)____ it is on top of their head, it is especially useful for escaping from birds of prey, such as eagles and ⁹ hawks. Iguanas aren't the only animals with a parietal eye. Some other lizard species, as well as certain frogs and fish, also have one. Scientists believe that millions of years ago many animals had ¹² a third, fully functional eye. Over time, ____(B)____, it slowly disappeared in most species, remaining as a parietal eye in only a few — including the green iguana. ¹⁵

*parietal eye 두정안
*retina 망막

이구아나의
외양적 특징

이구아나는 갓 태어났을 때는 20cm 정도의 크기지만, 생후 2년이 지나면 1.5m에 이를 만큼 크게 성장하며, 꼬리가 몸길이의 3분의 2를 차지한다. 주로 열대 밀림의 큰 나무 위에서 서식하기 때문에 나무를 타는 데 적합한 발톱을 가지고 있다. 이구아나를 떠올리면 가장 먼저 생각나는 것이 녹색 피부인데, 이런 피부 색깔은 나뭇잎 사이에 있을 때 잘 보이지 않도록 환경과 조화를 이룬다. 수컷은 보통 암컷보다 몸집이 더 크고, 목에서 꼬리까지 이어지는 가시 모양의 돌기도 더 크다.

1 Where would the given sentence best fit among ① ~ ⑤?

> However, this third eye can still see to some extent.

2 Which of the following best fits in the blanks (A) and (B)?

	(A)		(B)		(A)		(B)
①	Although	·····	similarly	②	Since	·····	however
③	While	·····	however	④	Since	·····	furthermore
⑤	Although	·····	furthermore				

3 Mark the following statements about the iguana's third eye T (True) or F (False).

	T	F
(1) It is located on top of the iguana's head.	□	□
(2) It has the same function as the other two eyes.	□	□
(3) Its retina is completely developed.	□	□
(4) It helps iguanas avoid natural enemies.	□	□

서술형

4 Write what the underlined "this" refers to using words from the passage.

It refers to a parietal eye's ability to notice _____.

[green] iguana 이구아나 | lizard 도마뱀 | lone 렌즈; *수정체 | normal 보통의, 평범한 | detect 감지하다 | sense 감지하다 | predator 포식자 | bird of prey 맹금(류) | hawk 매 | functional 기능하는 ※function 기능 | 문제 to some extent 어느 정도는 | natural enemy 천적 | notice 알아차리다, 인지하다

Review Test

A 다음 중 단어의 뜻풀이가 <u>잘못된</u> 것을 고르시오.

① functional: working in the proper way

② extreme: great in degree or intensity

③ cultivate: to plant and grow a particular crop

④ term: a word with a specific meaning

⑤ complain: to follow a rule or do what someone asks you to do

B 문맥상 다음 빈칸에 들어갈 가장 알맞은 단어를 고르시오.

1 The nose can _____ one trillion scents.

① divide   ② deny   ③ demand   ④ detect   ⑤ describe

2 A snake can _____ bones because of its stomach acid.

① resist   ② supply   ③ digest   ④ offer   ⑤ compare

3 The company dumped _____ waste into the river illegally.

① normal   ② harmless   ③ productive   ④ nutrient   ⑤ toxic

4 I asked for her opinion because she always gives me _____ advice.

① rough   ② practical   ③ traditional   ④ difficult   ⑤ ineffective

C 우리말에 맞게 빈칸에 알맞은 단어를 쓰시오.

1 Wild hamsters _____ _____ insects, plants, and seeds.

(야생 햄스터는 곤충과 식물 그리고 씨앗을 먹고 산다.)

2 When you feel lonely, you should _____ _____ help from others.

(외롭다고 느끼면 당신은 다른 사람들의 도움을 찾아야 한다.)

3 Your ability to accomplish things _____ _____ how well you can focus on the task.

(당신의 성취 능력은 당신이 얼마나 잘 일에 집중할 수 있는가에 달려 있다.)

4 Why don't you _____ it _____ three equal parts so that we can eat the same amount?

(우리가 같은 양을 먹을 수 있도록 그것을 삼등분하는 것이 어떤가요?)

· SENTENCE ·

D 밑줄 친 부분에 유의하여 다음 문장을 우리말로 해석하시오.

1 This is because modern carrots <u>were not cultivated until the late 16th century</u>.

  ▶ _____

2 <u>How serious the danger is</u> depends on the type of chocolate and the amount eaten.

  ▶ _____

3 <u>No matter what type of dung it is</u>, there is a dung beetle that likes feeding on it.

  ▶ _____

4 <u>Some other lizard species, as well as certain frogs and fish</u>, also have one.

  ▶ _____

E 우리말에 맞게 주어진 단어들을 바르게 배열하여 문장을 완성하시오.

1 적은 양의 초콜릿은 개에게 배탈을 일으키고 구토를 유발할 수 있다.

  A small amount of chocolate (vomiting / your dog / and / an upset stomach / cause / may give).

  ▶ A small amount of chocolate _____.

2 이 커다란 도마뱀에게는 머리 위에 위치한 제3의 눈이 있다.

  These large lizards have (on / a third eye / the top / of their head / located).

  ▶ These large lizards have _____.

3 이 때문에, 이구아나는 그들이 포식자를 감지하는 데 도움이 되도록 그것을 사용할 수 있다.

  Because of this, iguanas can (to help / predators / use / them / sense / it).

  ▶ Because of this, iguanas can _____.

Salary

Salary는 라틴어로 '소금 살 돈'을 의미한다?

'급여, 월급'을 의미하는 'salary'는 로마 군대가 병사들에게 소금 살 돈을 지급한 데에서 유래되었다. 로마 군대는 기원전 106년부터 귀족에게만 부과되던 병역의무를 모든 시민으로까지 확대하였다. 그런데 병사의 수가 급격히 늘자 군수물자 조달이 문제였다. 이에 로마군 사령관 마리우스는 병사들이 직접 밥을 해 먹고, 침낭도 직접 지고 다니도록 지시했다. 병사들은 십자가 모양으로 나무를 묶어 삽, 물통, 천막 등을 매달아 지고 다녔다.

그러나 병사들이 무거운 군장을 진 채로 행군을 하면서 땀을 너무 많이 흘려 탈진하는 일이 속출했다. 병사들의 탈진을 막기 위해 소금이 필요했는데, 소금은 전량 수입품이었기 때문에 반드시 돈을 주고 구매해야 했다. 로마 군대는 소금을 사서 음식에 더 넣어 먹으라는 의미로 병사들에게 소금 살 돈을 지급하였다. 소금은 라틴어로 'sals'였으며, 병사들에게 계급별로 균등하게 지급한 소금 살 돈을 'salary'라고 불렀다. 이는 서양사 최초로 일정한 급여를 주었던 일이었기 때문에 이후 '봉급'이라는 뜻으로 발전했다.

SECTION
03

시사 · 사회

01

📄158 words 🕐 2'25"

Date:
Time Taken:

땋은 머리 소녀의 반격

One day, a bully teased 15-year-old Maisie Kate Miller about her hair, which she was wearing in pigtails. She had been picked on by bullies before and just ignored them. But this time it really bothered her. (A) She decided ⓐ (stand up to) the bully by continuing to wear pigtails and asking all of her friends to do the same. (B) Although she cried for a while, Maisie soon wiped away her tears. (C) She even set up a blog, called "Pigtails 4 Peace," that urged other students at her school to join her protest against bullying. She wrote: "We're forming this group to fight against bullies of every gender, race, and social class." The response was amazing. Many people posted encouraging messages on her blog, and hundreds of her classmates came to school the next day with their hair in pigtails. What's more, the bully stopped ⓑ (tease) her and even apologized through a friend.
Clearly, Maisie's efforts paid off.

3

6

9

12

15

사이버불링

사이버불링(cyber bullying)이란 웹사이트나 SNS 등의 사이버 공간에서 반복적으로 특정인을 괴롭히는 행위를 말한다. 악성 댓글 게시, 굴욕 사진 유포, 메시지 폭탄 등의 행위가 여기에 포함된다. 사이버불링은 가해자가 피해자의 심적 고통을 직접 인지하지 못하기 때문에 문제가 더 심각하다. 이에 10대 소녀인 트리샤는 사이버불링을 막기 위한 앱인 Rethink를 개발했다. 이 프로그램은 누군가가 타인을 공격하는 글을 소셜 미니어에 올리려고 하면 팝업 경고를 띄운다. 언뜻 보기에 간단해 보이지만 이는 충동적인 성향을 가진 10대들에게 자신의 언행에 대해 다시 한번 생각할 기회를 준다.

1

윗글의 제목으로 가장 적절한 것은?

① Standing Together to Stop Bullies
② Cyber Bullies: A Serious Problem
③ A Little Kindness Changes a Bully
④ The Benefits of Having a Class Blog
⑤ Should Students Be Allowed to Blog?

2

윗글의 (A)~(C)를 글의 흐름에 맞게 배열한 것으로 가장 적절한 것은?

① (A) – (C) – (B)　　　　② (B) – (A) – (C)
③ (B) – (C) – (A)　　　　④ (C) – (A) – (B)
⑤ (C) – (B) – (A)

3

윗글의 ⓐ와 ⓑ에 주어진 동사를 어법에 알맞은 형태로 쓰시오.

ⓐ _____　ⓑ _____

---

bully 약자를 괴롭히는 사람; (약자를) 괴롭히다　**tease** 놀리다　**pigtail** 땋은 머리　**pick on** …을 괴롭히다　**bother** 신경 쓰이게 하다　**stand up to** …에 맞서다, 저항하다　**wipe away** …을 뤄이내다　**set up** …을 (새로) 시작하다　**urge** 촉구하다, 권고하다　**protest** 항의, 서명　**gender** 성별　**encouraging** 격려하는　**apologize** 사과하다　**pay off** 성공하다, 성과를 올리다　문제　**stand together** 단결하다, 결속하다　**benefit** 혜택, 이익

02

📄163 words ⏱2'40"

Date:
Time Taken:

이상한 물 자판기

Would you pay a dollar for a bottle full of dirty water? What if it was labeled "malaria" or "cholera"? ① You could buy this unusual bottled water from a vending machine during World Water Week in New York City. ② It is one of the most populous and crowded cities in America. ③ The water was sold as part of an effort to raise awareness in America about the lack of clean water in many areas of the world. ④ Thousands of children die from water-related diseases every day, and millions more have no clean water to drink. ⑤ Most New Yorkers who passed by the vending machine were disgusted by the bottles of dirty water at first. But once they learned more about the world's serious water problem, many of them donated money. The fundraiser was organized by the charitable

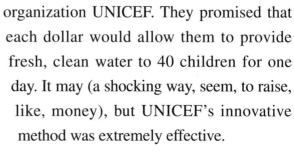

organization UNICEF. They promised that each dollar would allow them to provide fresh, clean water to 40 children for one day. It may (a shocking way, seem, to raise, like, money), but UNICEF's innovative method was extremely effective.

행복 대야
Happy Basin

'행복 대야'라는 뜻의 Happy Basin은 오염된 물로 고통받는 저개발국 사람들이 깨끗한 물을 얻을 수 있게 하려고 디자인되었다. UFO 모양의 이 대야를 오염된 물에 띄우면, 대야의 바닥에 난 작은 구멍들을 통해 물이 스며든다. 이 스며든 물은 대야 내부의 필터를 통해 깨끗하게 정수되어 대야 안으로 보이게 되고, 사람들은 이 정화된 물을 마시거나 사용할 수 있게 된다. 마치 작은 오아시스 같은 이 놀라운 작품은 한국인 디자이너 김우식과 최덕수에 의해 디자인되었다.

1 윗글의 주제로 가장 적절한 것은?
① using dirty water to provide clean water
② ways to raise money for hungry children
③ the origin and history of World Water Week
④ major diseases caused by drinking dirty water
⑤ the key to solving water shortages in New York City

2 윗글의 ①~⑤ 중, 전체의 흐름과 관계 <u>없는</u> 문장은?

3 윗글의 괄호 안에 주어진 단어들을 다음 우리말에 맞게 배열하시오.
그것은 돈을 모으는 충격적인 방법처럼 보일 수도 있다

→ It may _____

label 상표를 붙이다 malaria 말라리아 cholera 콜레라 bottled 병에 남긴 vending machine 자동판매기 populous 인구가 많은
raise (양·수준 등을) 높이다; (자금 등을) 모으다 awareness 인식 lack 부족 die from …으로 죽다 pass by …을 스쳐 지나가다
disgust 역겹게 하다 donate 기부하다, 기증하다 fundraiser 모금 행사 organize (어떤 일을) 조직하다, 준비하다 ※organization 조직, 단
체 charitable 자선의 innovative 혁신적인 method 방법, 방식 extremely 매우, 극도로 effective 효과적인 문제 major 주요한, 중
대한 shortage 부족

03

📄 233 words ⏱ 3'10"

Date:
Time Taken:

Today's Topic: _____

Person A

I believe that superstores provide customers with a convenient shopping experience. Let's say you want unsalted butter or vanilla extract. It is difficult to find these things in small stores or traditional markets. Yet because superstores offer a wider range of choices, they can easily be found there. Superstores sell many kinds of things all in one place. At a traditional market, on the other hand, you have to go to ① <u>numerous</u> places to buy different things. Also, the facilities at superstores are much nicer than those at traditional markets. Superstores are large buildings with ② <u>proper</u> heating and cooling systems that create a comfortable shopping environment. They also have large parking areas.

Person B

I think people should see the value of small local stores and traditional markets. Small stores and traditional markets are able to offer more ③ <u>personal</u> service. Their staff are friendly and often know what their regular customers like and want. Traditional markets also specialize in certain products like baked goods, fruit, or fish. So their products are always fresh and high-quality. Besides, research shows that prices in traditional markets are ④ <u>higher</u> than superstores. Some people may not like the fact that traditional markets often do not have heating and cooling systems like superstores. However, this makes them ⑤ <u>better</u> for the environment. Small stores and traditional markets are an important part of the local economy. We should help protect them from superstores.

1 윗글의 빈칸에 들어갈 말로 가장 적절한 것은?

① economic advantages of using traditional markets

② harmful effects on the environment caused by stores

③ the need to build more superstores for local residents

④ shopping at superstores vs. shopping at traditional markets

⑤ several benefits provided to local businesses by traditional markets

2 윗글의 밑줄 친 ①~⑤ 중, 문맥상 낱말의 쓰임이 적절하지 <u>않은</u> 것은?

3 윗글의 내용을 다음과 같이 요약할 때, 빈칸에 알맞은 말을 본문에서 찾아 쓰시오. (주어진 철자로 시작하는 1단어)

Person A	Person B
• Superstores provide a variety of c_____ to customers. • People can enjoy a comfortable shopping environment in superstores, as they have better f_____ than small stores.	• Traditional markets s_____ in specific products. • Small stores and traditional markets contribute to the health of the l_____ economy.

---

superstore 내형 슈퍼마켓 **convenient** 편리힌, 편힌 **unsalled** 그금을 넣지 많은, 무엽의 **extract** 추출문 **traditional** 집통저인 **range** *다양성; 범위 **choice** 선택; *선택의 기회 **numerous** 수많은 **facility** 《*pl.*》시설 **proper** 적절한 **comfortable** 편안한, 쾌적한 **regular customer** 단골손님 **specialize in** …을 전문으로 하다 문제 **advantage** 장점, 이점 **resident** 거주자, 주민 **contribute to** …에 기여하다

04

A Special Village of Their Own

📄190 words ⏱3'10"

Date:

Time Taken:

English Only

(A) Taking / Taken care of people with Alzheimer's disease requires a lot of effort. They tend to wander around a lot. And, (B) because of / because their memory problems, they easily forget where they are.

That's why Hogewey was created in the Netherlands in 2009. Unlike usual nursing homes, it's a whole village (C) when / where people with Alzheimer's can walk around, shop and socialize. There are shops, cafes, restaurants and a movie theater. This means its residents can wander around as much as they want. Nurses and other employees wear normal clothes and act like villagers. So if residents get lost or confused, there's always someone there to help them. Hogewey has more than 150 residents and is staffed by about 250 employees. Six to eight residents share an apartment in one of the village's 23 residential buildings. Surprisingly, the cost per resident is not that much higher than at traditional nursing homes.

Above all, Hogewey gives patients a comfortable environment where they can enjoy some of the freedoms they have lost in their daily lives. Moreover, Hogewey is changing how people think about Alzheimer by allowing its residents to live in a normal community.

3

6

9

12

15

18

1

Mark the following statements about Hogewey T (True) or F (False).

	T	F
(1) It has facilities that people with Alzheimer can use.	☐	☐
(2) Nurses and employees wear special uniforms in the village.	☐	☐
(3) Living in the village costs much more than normal nursing homes.	☐	☐

수능어법

2

Choose the grammatically correct one for (A), (B), and (C).

	(A)		(B)		(C)
①	Taking	·····	because of	·····	when
②	Taking	·····	because	·····	where
③	Taking	·····	because of	·····	where
④	Taken	·····	because of	·····	when
⑤	Taken	·····	because	·····	where

서술형

3

What makes it possible for residents in Hogeway to wander around the village? Fill in the blanks using appropriate words from the passage.

Even if they get lost while wandering, there are _____ and other employees to _____ them.

세계적인 고민거리, 알츠하이머병

알츠하이머라는 병명은 독일인 의사 알로이스 알츠하이머(Alois Alzheimer)의 이름을 따서 만들어졌다. 알츠하이머 박사는 희귀한 뇌 신경질환으로 보이는 병을 앓다가 사망한 여자의 뇌 조직의 변화를 관찰해 이 병의 특징적인 소견들을 발견했다. 안타깝게도 알츠하이머의 원인은 아직 정확히 밝혀지지 않았고, 사회의 고령화로 인해 환자의 수는 증가하는 추세이다. 이에 세계보건기구(WHO)와 국제 알츠하이머협회는 매해 9월 21일을 '세계 치매의 날'로 제정하여 질병에 대한 인식 개선과 극복 캠페인 확산에 노력하고 있다.

---

take care of …을 돌보다 **require** 요구하다; *필요로 하다 **tend to** …하는 경향이 있나 **wander** 돌아다니니나, 배회하나 **nursing home** 요양원 **socialize** 어울리다, 사귀다 **normal** 보통의, 평범한 **staff** 직원을 제공하다 **residential** 주거의, 거주하기 좋은 **freedom** 자유 **community** 지역 사회, 공동체

Review Test

A 다음 단어의 영영풀이를 바르게 연결하시오.

1 awareness ·   · ⓐ being in large numbers

2 donate ·   · ⓑ to recommend doing something strongly

3 numerous ·   · ⓒ someone who is mean to weaker people

4 bully ·   · ⓓ knowledge or understanding of something

5 urge ·   · ⓔ to give money or goods to an organization

B 괄호 안에서 적절한 단어를 고르시오.

1 Jason likes to (socialize / realize) with his neighbors and make new friends.

2 Students will (raise / rise) money for abandoned dogs.

3 What is the most (objective / effective) way of avoiding computer viruses?

4 The dentist taught me the (profound / proper) way to brush my teeth.

C 우리말에 맞게 빈칸에 알맞은 단어를 쓰시오.

1 He had the courage to _____ _____ _____ the leader.
   (그는 지도자에게 맞설 용기가 있었다.)

2 A pediatrician is a doctor who _____ _____ caring for children.
   (소아과 의사는 아이들을 치료하는 것을 전문으로 하는 의사이다.)

3 My teacher told me not to _____ _____ my classmate.
   (선생님은 내게 반 친구를 괴롭히지 말라고 하셨다.)

4 She happened to _____ _____ his house, but she didn't say hello
   to him.
   (그녀는 우연히 그의 집을 지나가게 되었지만, 그에게 인사하지 않았다.)

· S E N T E N C E ·

D 밑줄 친 부분에 유의하여 다음 문장을 우리말로 해석하시오.

1 What's more, <u>the bully stopped teasing her</u> and even apologized through a friend.

▶ _____

2 They promised that each dollar would <u>allow them to provide fresh, clean water to 40 children for one day</u>.

▶ _____

3 Also, the facilities at superstores are <u>much nicer than those at traditional markets</u>.

▶ _____

4 Some people may not like <u>the fact that traditional markets often do not have heating and cooling systems like superstores</u>.

▶ _____

E 우리말에 맞게 주어진 단어들을 바르게 배열하여 문장을 완성하시오.

1 그녀는 학교 내 다른 학생들에게 학교 폭력에 맞서는 자신의 저항에 동참해 줄 것을 촉구하는 블로그도 개설했다.

She even set up a blog (to join / at her school / that / other students / urged) her protest against bullying.

▶ She even set up a blog _____ her protest against bullying.

2 당신은 더러운 물로 가득 찬 병을 1달러를 내고 사겠는가?

Would you (a bottle / full of / for / dirty water / pay a dollar)?

▶ Would you _____ ?

3 이것은 거주민들이 그들이 원하는 만큼 돌아다닐 수 있다는 의미이다.

This means its residents can (as / they / wander around / want / as / much).

▶ This means its residents can _____ .

헤르만 헤세가 여생을 보낸 도시, 루가노(Lugano)

스위스 남부에 위치한 루가노에 발을 디디면 마치 이탈리아에 있는 듯한 착각이 든다. '스위스 속의 이탈리아'라고 불리는 루가노는 다양한 유럽 언어들이 쓰이는 스위스에서 유일하게 이탈리아어만 사용하는 지역이다. 알프스의 설경으로 뒤덮인 스위스 중부와는 달리 온화한 지중해성 기후를 보인다. 이탈리아의 밀라노와 인접한 위치 덕분인지 세련된 패션을 뽐내는 멋쟁이들을 많이 만날 수 있다.

이 지역에서 가장 뛰어난 볼거리로 꼽히는 곳은 루가노 호수이다. 많은 관광객들이 오리보트를 타고 호반을 따라 펼쳐진 절경을 감상하곤 한다. 호숫가의 아름다운 어촌 마을인 간드리아(Gandria)와 모르코테(Morcote)도 관광객들에겐 필수 코스이다. 특히 간드리아의 집들은 예전에는 치즈나 올리브 등을 직접 만들고 재배하던 삶의 터전이었다.

루가노는 세계적 대문호인 헤르만 헤세가 여생을 보낸 장소로도 널리 알려져 있다. 제1차 세계 대전으로 인해 고국인 독일에서 집필이 어려워진 헤르만 헤세는 루가노 호숫가의 몬타뇰라(Montagnola)에서 여생을 보냈다고 전해진다.

SECTION 04

문화 · 예술

01

📄 159 words ⏱ 2'35"

Date:
Time Taken:

피카소의 남다른 안목!

In 1942, Pablo Picasso was looking through a pile of junk. He saw an old bicycle seat lying next to some rusty handlebars. Suddenly, he imagined them ① <u>rearranged</u> in the shape of a bull's head.

Once the idea came to him, all he had to do was join the two objects together. He called it *Tête de taureau*, ② <u>which</u> simply means "bull's head" in French. It might sound strange, but this type of art ③ <u>has been</u> around since the early 20th century. It's called "found art." While most art is about making beauty, found art is about _____ the beauty in existing objects. Looking at *Tête de taureau*, you might think, "That's simple! I ④ <u>must have done</u> that." But here's the point — you didn't! Picasso was the only person who saw the possibility of a bull's head in a <u>couple of pieces of junk</u>. This imaginative creativity is ⑤ <u>what</u> makes *Tête de taureau* such a special work of art.

3

6

9

12

레디메이드의
탄생

'ready-made'의 사전적 의미는 '기성품의, 이미 만들어서 나오는'이다. 하지만 20세기 초, 프랑스 화가인 마르셀 뒤샹(Marcel Duchamp, 1887~1968)이 변기를 '레디메이드(Ready-made)'라고 칭하며 「샘(Fountain)」이라는 이름으로 전람회에 출품한 뒤로 이 용어는 미술 용어로 재탄생했다. 뒤샹에 의하면, 미술은 어떤 대상을 평평한 캔버스 위에 재현하는 방식이 아니라, 기성품을 일상적인 장소에서 미술의 영역으로 옮겨와 감상할 때 예술 작품이 된다는 것이다. 이러한 미적 개념은 '예술은 창조되는 것'이라는 기존의 사고에 대한 과감한 도전이었다.

1 윗글의 제목으로 가장 적절한 것은?

① Animals as Objects of Art
② The Life of an Artistic Genius
③ Who Threw Away a Masterpiece?
④ Picasso's Unique Painting Technique
⑤ Transforming Common Objects into Art

2 윗글의 빈칸에 들어갈 말로 가장 적절한 것은?

① hiding
② seeing
③ painting
④ explaining
⑤ destroying

3 윗글의 밑줄 친 ①~⑤ 중, 어법상 틀린 것은?

4 다음은 윗글의 밑줄 친 a couple of pieces of junk가 의미하는 바를 나타낸 것이다. 빈칸에 들어갈 알맞은 말을 본문에서 찾아 쓰시오.

It refers to _____ and _____.

look through ⋯을 살펴보다[훑어보다] pile 더미 junk 쓰레기 lie 눕다; *(사물이) 놓여 있다(lay-lain) rusty 녹슨 handlebar (자전거나 오토바이 등의) 핸들 rearrange 재구성하다, 새배열하다 object 불건, 물체 existing 기존의 possibility 가능성 imaginative 상상력이 풍부한 creativity 독창성, 창조력 문제 genius 천재 throw away ⋯을 버리다 masterpiece 걸작, 명작 transform A into B A를 B로 변형하다

02

📄170 words ⏱2'36"

Date:
Time Taken:

악단의 원래 정체는?

Everyone loves a parade. And one of the most popular parts of a parade is the marching band! Marching bands combine music and motion, which makes them exciting to watch. Most of a band's members play musical instruments as they march. Others throw sticks in the air or wave flags back and forth. Often, the entire band moves (A) together / separately in a coordinated pattern, like a dance group.

Interestingly, marching bands were not originally developed for entertainment. ⓐ (They first began in the military.) At that time, soldiers didn't have (B) modern / outdated communication devices. So bands were used to help coordinate the movements of the soldiers during battles. These bands were later replaced by radios, but the tradition (C) stopped / continued.

Today marching bands can be seen in parades, at sporting events, and in amusement parks. They vary in size from about 20 members to more than 100. In fact, a high school marching band from Texas, USA, has more than 800 members! They claim that their marching band is the largest in the world.

행진 악단에
쓰이는 악기

행진 악단은 주로 목관악기나 금관악기 또는 타악기 등 대부분 행진하면서 운반이나 연주가 가능한 악기들로 이루어진다. 연주에 변화를 더해주는 목관악기로는 수토 클라티넷과 오보에, 플루드 등이, 음색이 풍부한 금관악기로는 트럼펫이나 트롬본 등이 있다. 또한 리듬의 친빈직인 박지를 담당히는 디악기들은 리듬, 멜로디와 화음을 잡기 때문에 악단의 핵심으로 여겨진다. 드럼, 심벌즈, 실로폰 등이 이에 해당한다.

1 윗글을 읽고 답할 수 <u>없는</u> 질문은?

① What activities do marching bands combine?

② What do marching bands do while marching?

③ What was the original purpose of marching bands?

④ Who started the first marching band?

⑤ Where can marching bands mainly be seen nowadays?

VOCA

2 윗글의 (A), (B), (C)의 각 네모 안에서 문맥에 맞는 낱말로 가장 적절한 것은?

(A)	(B)	(C)
① together	⋯⋯ modern	⋯⋯ stopped
② together	⋯⋯ outdated	⋯⋯ continued
③ together	⋯⋯ modern	⋯⋯ continued
④ separately	⋯⋯ modern	⋯⋯ stopped
⑤ separately	⋯⋯ outdated	⋯⋯ continued

서술형

3 윗글의 ⓐ에 주어진 문장을 밑줄 친 **in the military**를 강조하는 문장으로 바꿔 쓰시오.

It was ＿＿＿＿＿＿＿＿＿＿ that ＿＿＿＿＿＿＿＿＿＿.

---

march 행진하다 **combine** 결합하다 **motion** 움직임; *동작[몸짓] **musical instrument** 악기 **back and forth** 앞뒤로 **coordinated** 통합된 ※**coordinate** 조직화하다; *(몸의 움직임을) 조정하다 **originally** 원래 **entertainment** 오락, 여흥 **military** 군대 **outdated** 구식인, 시대에 뒤처진 **communication** 의사소통; *통신[소통] **device** 장치, 기구 **replace** 대체하다 **radio** 무선 통신 장치 **vary** (크기·모양 등에서) 서로 다르다 **claim** 주장하다

03

📄 219 words ⏱ 3'10"

Date:

Time Taken:

WICKED

Do you think you know the whole story about *The Wizard of Oz*? Think again!

Introduction

One of the best musicals of all time, *Wicked* has been amazing audiences since opening in 2003. It tells the story of the two witches from the famous movie *The Wizard of Oz*. *Wicked* ⓐ(win) many awards so far, including a Grammy Award and several Tony Awards.

Summary

Wicked is about the relationship between Elphaba and Glinda. The green-skinned Elphaba later becomes the Wicked Witch of the West, and the pretty Glinda becomes the Good Witch of the North. The two first meet at university and dislike each other. But they eventually become friends. One day they visit the ruler of Oz, the Wizard. (A) Scared of her revealing his secret, the Wizard tells everyone that Elphaba is a "wicked witch." (B) The people of Oz listen to him and call her the Wicked Witch of the West. (C) Elphaba discovers he is an evil man and not a good ruler. *Wicked*'s ⓑ(entertain) story includes references to some well-known scenes from the movie *The Wizard of Oz*.

Price $52 ~ $142

Location The Gershwin Theatre in New York

Running Time 2 hours and 30 minutes (plus a 15-minute intermission)

Rules for Children All children require a ticket. Children under the age of four cannot attend.

「오즈의 마법사」,
그 뒤 이야기

뮤지컬 「위키드」는 같은 이름의 소설을 원작으로 만들어졌다. 소설 「위키드」는 많은 사람들에게 잘 알려진 「오즈의 마법사」의 배경과 인물에 대해 다른 시각에서 접근하여, 동화 뒤에 숨겨진 이야기를 보여준다. 「오즈의 마법사」가 도로시의 모험을 줄거리로 한다면, 「위키드」는 동화에서 등장했던 두 마녀의 우정이 중심 내용이다. 특히, 나쁜 마녀라고 일컬어진 엘파바와 착한 마녀로 알고 있는 글린다에 대해 사실 우리가 오해하고 있는 것이 아닌지 원작의 이면을 들여다보게 한다.

_1_ 뮤지컬 *Wicked*에 관한 윗글의 내용과 일치하지 <u>않는</u> 것은?

① 영화 *The Wizard of Oz*에 나오는 두 마녀에 관한 내용이다.

② 그래미 상을 포함하여 다수의 수상 경력이 있다.

③ Elphaba는 동쪽의 착한 마녀가 된다.

④ 공연은 2시간 30분 동안 상연되며 15분의 휴식 시간이 있다.

⑤ 4세 미만의 어린이들은 공연장에 입장할 수 없다.

_2_ 윗글의 (A)~(C)를 글의 흐름에 맞게 배열한 것으로 가장 적절한 것은?

① (A) – (C) – (B) ② (B) – (A) – (C) ③ (B) – (C) – (A)

④ (C) – (A) – (B) ⑤ (C) – (B) – (A)

서술형

_3_ 윗글의 ⓐ와 ⓑ에 주어진 동사를 어법에 알맞은 형태로 쓰시오.

ⓐ _____ ⓑ _____

wicked 못된, 사악한 **wizard** 마법사 **of all time** 역대, 시대를 통틀어 **amaze** (몹시) 놀라게 하다 **audience** 관중 **witch** 마녀 **eventually** 마침내, 결국 **ruler** 통치자, 지배자 **reveal** 드러내다 **reference** 참고; *인용 **running time** 상연 시간 **intermission** 중간 휴식 시간 **attend** 참석하다

04

📄 218 words ⏱ 3'40"

Date:

Time Taken:

English Only

The Art of Dripping

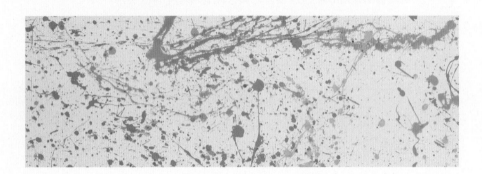

The American painter Jackson Pollock was one of the greatest abstract artists of the 20th century. He is known for his unique style of painting, which is called the drip technique. Unlike most painters, Pollock laid his canvases flat on the floor. He then dripped paint onto them in interesting patterns.

Pollock was a genius, but anyone can paint (A) | used / using | his style. To get started, you'll need several colors of paint, some paintbrushes, a canvas, and a large cloth to protect your floor. Next, choose a place to paint. You'll need enough space to lay your canvas down and move around it. Once you're ready, pick a color for the background of your painting and use it to cover your canvas. After it dries, dip one of your brushes in another color and wave it over the canvas. This will cause the paint (B) | dripping / to drip | in patterns. You can also use plastic squeeze bottles to do this — the kind restaurants use for ketchup and other sauces. Once this paint dries, repeat the process over and over until you're satisfied.

When you're painting, try not to think too much about what you're doing. Pollock believed that you can express your unconscious feelings using this style. So relax and follow your instincts. You may be surprised at (C) | what / that | you create.

문화 · 예술

52

1   **What is the best title for the passage?**
① Drawing like a Famous Artist
② The Importance of Canvas Angle
③ Teaching Abstract Art to Beginners
④ A Genius's New Painting Technique
⑤ The Complicated Process of Drawing

2   **Choose the grammatically correct one for (A), (B), and (C).**

	(A)		(B)		(C)
①	used	......	dripping	......	what
②	used	......	to drip	......	that
③	using	......	dripping	......	that
④	using	......	to drip	......	what
⑤	using	......	to drip	......	that

3   **Below is Jackson Pollock's drawing process. Fill in the blanks using appropriate words from the passage.**

Get paints, paintbrushes, a canvas, and a big _____.

⬇

Choose a color for the _____ and paint it over your canvas.

⬇

Place your brush in another color and _____ it over the canvas.

⬇

Wait until the paint dries; then _____ the process for as long as you want.

---

drip 똑똑 떨어지다[떨어뜨리다]; 똑똑 떨어지기   **abstract** 추상적인   **lay** 놓다(laid-laid)   **canvas** 캔버스   **flat** 평평한; *평평하게, 반듯이
paintbrush 그림 붓   **background** 배경   **dip** (액체에) 살짝 담그다, 적시다   **squeeze bottle** 눌러 짜내는 플라스틱 병   **process** 과정
satisfied 만족하는   **unconscious** 무의식적인   **instinct** 본능   문제   **angle** 각도, 각   **complicated** 복잡한

Review Test

A 다음 중 단어의 뜻풀이가 <u>잘못된</u> 것을 고르시오.

① junk: something considered to be useless

② reveal: to make something secret known to others

③ rearrange: to change the way things are organized or ordered

④ unconscious: fully aware of something using your senses

⑤ amaze: to surprise someone very much

B 문맥상 다음 빈칸에 들어갈 가장 알맞은 단어를 고르시오.

1 The new system will be much faster than the _____ system.

① impressive   ② existing   ③ unique   ④ efficient   ⑤ interactive

2 If our customers are not _____, I will change the menu.

① affected   ② delayed   ③ intended   ④ satisfied   ⑤ complicated

3 He is a _____ man and the worst of all the characters.

① witty   ② various   ③ wicked   ④ wise   ⑤ typical

4 If you come to the concert too late, you have to wait until the _____ begins.

① intermission ② orchestra   ③ ceremony   ④ section   ⑤ gathering

C 우리말에 맞게 빈칸에 알맞은 단어를 쓰시오.

1 When the earthquake hit last year, I felt the building shake _____ _____
_____.

(작년에 지진이 일어났을 때, 나는 건물이 앞뒤로 흔들리는 것을 느꼈다.)

2 I want my father to _____ _____ all of these old newspapers.

(나는 아버지가 이 낡은 신문들을 모두 버렸으면 한다.)

3 I need to _____ _____ these files to be prepared for the meeting.

(회의 준비를 위해 나는 이 파일들을 살펴봐야 한다.)

4 The movie is known as one of the most profitable movies
_____.

(그 영화는 역대 최고의 수익을 올린 영화 중 하나로 알려져 있다.)

· S E N T E N C E ·

D   밑줄 친 부분에 유의하여 다음 문장을 우리말로 해석하시오.

1 Once the idea came to him, <u>all he had to do was join the two objects together.</u>

   ▶ _____

2 Marching bands combine music and motion, <u>which makes them exciting to watch.</u>

   ▶ _____

3 <u>Scared of her revealing his secret,</u> the Wizard tells everyone that Elphaba is a "wicked witch."

   ▶ _____

4 When you're painting, <u>try not to think too much about what you're doing.</u>

   ▶ _____

E   우리말에 맞게 주어진 단어들을 바르게 배열하여 문장을 완성하시오.

1 그는 녹슨 핸들 옆에 놓인 자전거 안장을 보았다.

He (saw / next to / an old bicycle seat / lying / some rusty handlebars).

   ▶ He _____ .

2 피카소는 몇 개의 쓰레기에서 황소 머리가 될 수 있는 가능성을 본 유일한 사람이었다.

Picasso was (saw / of a bull's head / the only person / who / the possibility) in a couple of pieces of junk.

   ▶ Picasso was _____ in a couple of pieces of junk.

3 그래서 악단은 전투 중 병사들의 움직임을 조율하는 것을 돕는 데 이용되었다.

So bands (the movements / help / to / were used / of the soldiers / coordinate) during battles.

   ▶ So bands _____ during battles.

Black Friday

블랙 프라이데이, 왜 하필 '블랙(Black)'일까?

미국의 상점들은 우리나라처럼 할인을 자주 하지 않는 대신 일 년에 단 한 차례 최대 규모의 할인을 한다. 바로 추수감사절 다음 날인 11월 넷째 주 금요일인데, 이날을 '블랙 프라이데이(Black Friday)'라고 부른다. 이날은 특히, 전자제품 가게와 아울렛에서 꼭두새벽부터 사람들의 긴 행렬이 이어지는 진풍경을 볼 수 있다.

그런데, 왜 하필이면 '블랙(Black)' 프라이데이라고 불리는 걸까? 기업에 발생한 이익은 '흑자(black figure)', 손해는 '적자(red figure)'라고 하는데, 상점들이 1년간 적자를 면치 못하다가 성탄절과 새해를 준비하려는 쇼핑객이 급증하면서 추수감사절 다음 금요일을 기점으로 흑자로 전환한 데에서 이런 표현이 유래한 것이다. 블랙 프라이데이에는 미국 연간 소비의 약 20%가 발생할 만큼 미국 소비자들의 구매가 집중된다.

블랙 프라이데이와 비슷하게 영국인들은 크리스마스 다음 날인 12월 26일을 '박싱 데이(Boxing Day)'라고 부른다. 박싱 데이는 '선물을 상자에 넣다'라는 뜻의 단어 'box'에서 유래했으며, 이날 상점들은 성탄절 후에 재고를 처리하기 위해 최대 90%의 할인을 제공한다.

SECTION

05

건강·의학

01

📄 200 words ⏱ 2'50"

Date:
Time Taken:

에취, 재채기가 또!

There are some places (A) ⟨ where / which ⟩ sneezing seems rude. Perhaps you are studying in the library or watching a serious movie in the theater when you suddenly have to sneeze. But it might disturb other people. So you may try to hold it in. Unfortunately, doctors warn that this can be dangerous. Recently, a man seriously injured his throat while trying (B) ⟨ stopping / to stop ⟩ a sneeze. He could barely speak because his neck was swollen. It hurt so much that he had to go to the hospital, and it took him a long time to fully recover.

3

6

9

And there's another reason why you shouldn't hold in a sneeze. It is part of a process that prevents viruses from entering your body. If something enters your nose, a message is sent to your brain. Then your brain signals your eyes, mouth, and throat to close. Next, your chest muscles move powerfully, and your throat quickly relaxes. Finally, air (C) ⟨ is forcing / is forced ⟩ out through your nose and mouth, along with any viruses that are trying to get in. So the next time you have to sneeze, let it out. Just be sure to cover your mouth to prevent the spread of viruses to other people!

12

15

18

God bless you   미국이나 영국 등 서양에서는 옆 사람이 재채기하면 "God bless you" 또는 "bless you"라고 말하는 문화가 있다. 이렇게 말하게 된 유래 중 하나는 과거에 재채기가 흑사병의 조기 징후라고 믿었기 때문에 재채기를 한 사람이 건강하길 바라고자 한 것이었다. 다른 유래에서는 재채기하는 사람의 몸속으로 나쁜 영혼이 들어오지 못하게 막아 그 사람의 안전을 지켜주기 위해 이렇게 말했다고 한다.

1 윗글의 제목으로 가장 적절한 것은?

① Viruses That Make You Sneeze

② The Secret to Stopping Sneezes

③ Don't Resist the Need to Sneeze

④ A Man Who Can't Stop Sneezing

⑤ Sneezing: A Sign of a Serious Disease

2 윗글의 (A), (B), (C)의 각 네모 안에서 어법에 맞는 표현으로 가장 적절한 것은?

	(A)		(B)		(C)
①	where	·····	stopping	·····	is forcing
②	where	·····	to stop	·····	is forced
③	where	·····	to stop	·····	is forcing
④	which	·····	stopping	·····	is forced
⑤	which	·····	to stop	·····	is forced

3 다음은 윗글의 밑줄 친 another reason이 의미하는 바를 나타낸 것이다. 빈칸에 들어갈 알맞은 말을 본문에서 찾아 쓰시오.

Sneezing is a part of a process ＿＿＿＿＿＿＿＿＿＿＿＿＿＿＿＿＿＿＿.

sneeze 재채기하다; 재채기   disturb 방해하다   hold in …을 참다   barely 거의 …아니게[없이]   swollen 부어 오른   fully 완전히, 충분히   recover 회복하다   signal 신호를 보내다   chest 가슴   muscle 근육   powerfully 강력하게   relax 휴식을 취하다; *긴장이 풀리다[느슨해지다]   along with …와 함께   spread 확산, 전파   문제   secret 비밀; *비결   resist 저항하다; *…을 참다, 견디다

02

물속에 오래 있으면?

📄 205 words 🕐 3'20"

Date:
Time Taken:

After a long bath or a day of swimming, ① something strange happens to your body. The tips of your fingers and toes get wrinkled. Why does this happen? And why does it only occur on your fingers and toes?

The answers to these questions involve "*sebum" and "keratin". Even though it can't be seen, there is a layer of oil ② covering your skin. Called sebum, it protects your skin and keeps it moist. It also makes it waterproof. So water runs off of your skin instead of ③ being absorbed. But spending a long time in the water can wash away your sebum. This allows the water to enter your skin, causing it to become *waterlogged. It ④ is believing that this water causes your skin to expand, and this extra skin forms wrinkles. The reason this happens mostly on your fingers and toes ⑤ has to do with a kind of protein in your skin called keratin. Keratin absorbs a great deal of water. And your fingers and toes contain more keratin than other parts of your body.

This process doesn't harm your skin. And your body quickly creates a new layer of sebum. So if you enjoy long, relaxing baths, you have nothing to worry about!

*sebum 피지
*waterlogged 물을 잔뜩 머금은

1 윗글의 주제로 가장 적절한 것은?

① a helpful oil produced by the skin

② the difference between sebum and keratin

③ methods of preventing wrinkles in the skin

④ the reason your skin needs to be kept moist

⑤ the cause of wrinkled fingers and toes in water

수능어법

2 윗글의 밑줄 친 ① ~ ⑤ 중, 어법상 틀린 것은?

3 윗글의 내용과 일치하지 않는 것은?

① 피부는 피지라 불리는 기름층으로 싸여 있다.

② 피지는 피부를 촉촉하게 유지하는 역할을 한다.

③ 피부에 물이 들어가면 피부는 팽창한다.

④ 케라틴은 단백질의 일종으로 다량의 수분을 흡수한다.

⑤ 케라틴은 모든 신체 부위에 동일하게 분포되어 있다.

서술형

4 윗글의 내용과 일치하도록 빈칸에 알맞은 말을 본문에서 찾아 쓰시오.

When you take a long bath, your _____ is removed, which allows _____ to get into your skin.

tip 끝 **wrinkled** 주름진 **involve** 포함하다 **layer** 층 **moist** 촉촉한 **waterproof** 방수의, 물이 스며들지 않는 **run off** (물 등이) 미끄러져 떨어지다 **absorb** 흡수하다 **expand** 팽창하다 **have to do with** …와 관계가 있다 **protein** 단백질 **contain** 포함하다, 함유하다 **문제 remove** 제거하다, 없애다

03

눈 깜박임의 비밀

📄 190 words ⏱ 2'50"

Date:
Time Taken:

www.johnsonhospital.com

Q I'm the mother of a newborn son. He's my first child, so I am learning something new every day. The other day, as I was watching him, I noticed <u>something strange</u> — he rarely seems to blink. Is it normal for babies to blink less often than adults? And if so, why?

3

A Thanks for visiting Johnson Hospital online. This is Dr. Smith. The fact is that adults usually blink 10 to 15 times a minute; but babies only blink once or twice in the same amount of time. No one is sure exactly why this is. (①) Some doctors think it's because babies have much smaller eyes than adults. (②) Another theory is that since babies get more sleep than adults, they don't need to blink as often. (③) Having dry eyes is a common reason for blinking. (④) Since babies have their eyes shut for as many as 15 hours a day, their eyes are less likely to dry out. (⑤) But whatever the reason, there's no need to worry. It's perfectly normal for your young son to blink infrequently.

6

9

12

15

18

눈 깜박임의
역할

눈 깜박임의 가장 기본적인 기능은 눈물을 이용하여 각막과 결막에 있는 자극물을 제거하는 것이다. 눈을 깜박이는 순간 눈꺼풀은 눈물관으로부터 눈물을 가져와 자극물을 씻어내고 눈동자를 촉촉하게 유지한다. 한편 성인이 눈을 깜박이는 횟수는 의학적 판단의 기준이 되기도 한다. 예를 들어, 눈 깜박임의 횟수가 정상인보다 지나치게 적은 경우 파킨슨병과 연관된 것일 수도 있다.

1

윗글의 Dr. Smith의 말의 요지로 가장 적절한 것은?

① 아기와 성인의 눈 깜박임 원인은 다르다.

② 눈 깜박임의 횟수는 눈 크기에 영향을 받는다.

③ 성인의 눈 깜박임 횟수는 개인별로 차이가 크다.

④ 아기가 눈을 자주 깜박인다면 눈이 건조하다는 의미이다.

⑤ 아기의 눈 깜박임 횟수가 적은 것은 건강 이상 신호가 아니다.

서술형

2

다음은 윗글의 밑줄 친 <u>something strange</u>가 의미하는 바를 나타낸 것이다. 빈칸에 들어갈 알맞은 말을 본문에서 찾아 쓰시오.

Her son blinks ＿＿＿＿＿ ＿＿＿＿＿ than ＿＿＿＿＿.

3

윗글의 흐름으로 보아, 주어진 문장이 들어가기에 가장 적절한 곳은?

> Therefore, less dust and dirt, which often cause us to blink, can get in them.

newborn 갓 태어난 the other day 일전에, 며칠 전에 notice 알아차리다, 인지하다 rarely 거의 …않는 blink 눈을 깜박이다 normal 정상적인 theory 이론 shut 닫다; *(눈을) 감다(shut-shut) dry out 메말라지다 infrequently 드물게, 가끔

📄167 words ⏱3'05"

Date:
Time Taken:

English Only

Panicking? Use a Paper Bag!

In the movies or in real life, you may have
seen someone breathing into a paper bag.
The person was probably suffering from
*hyperventilation. It is a condition that
causes people to breathe too quickly.
But how does breathing into a paper
bag help? To understand this, you
must first know why we breathe.

    The body requires oxygen. Breathing
brings fresh oxygen into the body and ⓐ (remove)
unneeded carbon dioxide. Still, the body needs to maintain a certain
amount of carbon dioxide. (①) However, when you're stressed or
upset about something, hyperventilation can sometimes occur. (②)
Hyperventilation causes you to breathe out more than you breathe
in, so the level of carbon dioxide in your body drops. (③) This is
why a paper bag helps. (④) As you breathe into the paper bag, it
traps your carbon dioxide and ⓑ (allow) you to breathe it back in.
(⑤) This allows your body to <u>settle down</u> and relax.

3

6

9

12

15

18

*hyperventilation 과호흡 증후군

산소만큼 중요한
이산화탄소

우리는 호흡을 하면서 산소를 들이마시고 이산화탄소를 내뱉기 때문에 이산화탄소가 필요 없거나 중요하
지 않다고 생각하는 경우가 많다. 물론 산소가 신체 모든 세포에 꼭 필요하지만, 이산화탄소가 없다면 산소
는 그 기능을 발휘할 수 없다. 이산화탄소는 너 넣은 산소를 뇌세포로 보내고 심징 기능을 킹화하여 혈액순
환을 통해 온몸의 세포에 산소를 잘 운반할 수 있게 한다. 또한, 신경과 근육을 이완시켜 긴장을 완화하고
통증을 감소시킨다.

건강·의학

1

Write the grammatically correct form of ⓐ and ⓑ.

ⓐ _____   ⓑ _____

2

Where would the given sentence best fit among ① ~ ⑤?

> Because of this, the balance between your oxygen and carbon dioxide levels slowly returns to normal.

3

Which is the closest in meaning to the underlined phrase "settle down"?

① heal   ② solve   ③ move   ④ stabilize   ⑤ strengthen

4

Choose the appropriate words for the blanks in the summarizing sentence.

> Using a paper bag allows you to ____(A)____ exhaled carbon dioxide in order to ____(B)____ hyperventilating.

	(A)		(B)
①	rebreathe	⋯⋯	stop
②	reduce	⋯⋯	soothe
③	take	⋯⋯	arouse
④	hold	⋯⋯	worsen
⑤	avoid	⋯⋯	encourage

panic 공황 상태에 빠지다(panicked-panicked) breathe 숨 쉬다, 호흡하다 ※breathing 호흡 require 필요로 하다 unneeded 불필요한
carbon dioxide 이산화탄소 maintain 유지하다 occur 일어나다, 발생하다 trap 가두다 settle down 정착하다; *진정되다
문제 normal 정상, 보통 exhale 내쉬다 reduce 줄이다, 감소시키다 soothe 진정시키다 arouse 불러일으키다 worsen 악화시키다

Review Test

A 다음 단어의 영영풀이를 바르게 연결하시오.

1 trap   ·
2 blink   ·
3 moist   ·
4 disturb   ·
5 waterproof ·

· ⓐ a little bit wet
· ⓑ not affected by water
· ⓒ to close and reopen the eyes quickly
· ⓓ to capture something and prevent it from escaping
· ⓔ to interrupt someone when he or she is doing something

B 괄호 안에서 적절한 단어를 고르시오.

1 Dark colors (absorb / admit) more heat than light colors.

2 As Lily lives in a very remote area, she (shortly / rarely) has visitors.

3 Plants help (remove / remind) carbon dioxide from the atmosphere.

4 This exercise will make your chest muscles (expand / export).

C 우리말에 맞게 빈칸에 알맞은 단어를 쓰시오.

1 When I realized that he had lied to me, I couldn't _____ _____ my anger.
(그가 나에게 거짓말을 했다는 것을 알았을 때, 나는 화를 참을 수가 없었다.)

2 You had better drink only water until your stomach _____ _____.
(속이 진정될 때까지 당신은 물만 마시는 것이 좋겠다.)

3 Because of the long drought, the trees started to _____ _____ little by little over time.
(오랜 가뭄 때문에 나무들은 시간이 지나면서 조금씩 메말라가기 시작했다.)

4 He told the police that he _____ nothing _____ _____ _____ the crime.
(그는 자신이 그 범죄와 아무 관련이 없다고 경찰에게 말했다.)

· S E N T E N C E ·

D 밑줄 친 부분에 유의하여 다음 문장을 우리말로 해석하시오.

1 It hurt <u>so</u> much <u>that</u> he had to go to the hospital, and <u>it took him a long time to fully recover</u>.

▸ _____

2 <u>The reason this happens mostly on your fingers and toes</u> has to do with a kind of protein in your skin called keratin.

▸ _____

3 Since babies <u>have their eyes shut for as many as 15 hours a day</u>, their eyes are less likely to dry out.

▸ _____

4 In the movies or in real life, <u>you may have seen someone breathing</u> into a paper bag.

▸ _____

E 우리말에 맞게 주어진 단어들을 바르게 배열하여 문장을 완성하시오.

1 그것은 바이러스가 몸 안으로 들어가는 것을 막는 과정의 일부이다.

It is part of (prevents / from / your body / a process / viruses / entering / that).

▸ It is part of _____.

2 성인보다 아기들이 눈을 덜 자주 깜박이는 것이 정상인가요?

Is it (than / for babies / adults / to blink / often / normal / less)?

▸ Is it _____?

3 과호흡 증후군은 당신이 숨을 들이쉬는 것보다 숨을 더 내쉬도록 해서, 당신 체내의 이산화탄소 수치를 떨어트린다.

Hyperventilation (you / to breathe out / breathe in / causes / more than / you), so the level of carbon dioxide in your body drops.

▸ Hyperventilation _____,
so the level of carbon dioxide in your body drops.

 ## 느긋하게 걷고 싶은 도시, 루앙프라방(Luang Prabang)

라오스 북서부에 위치한 루앙프라방에 가면 시간이 느리게 흘러가는 것 같은 착각에 빠지게 된다. 도시 전체가 유네스코 세계문화유산으로 지정된 루앙프라방은 때 묻지 않은 자연 속에서 유서 깊은 사원들과 프랑스풍의 건축물들이 어우러져 조화를 이룬다. 이 도시의 이른 아침은 스님들의 탁발행렬로 시작된다. 사찰에 종이 울리면 스님들이 줄을 지어 거리로 나와 맨발로 걸으며 사람들로부터 밥이나 과일 등의 공양을 받는다. 받은 공양을 다시 따로 떼어내 불우한 이웃에게 나눠주는 모습은 라오스를 더욱 따뜻한 모습으로 기억하게 한다.

루앙프라방은 사원이 많기로 유명한데 그중 가장 크고 외관이 아름답기로 유명한 왓 시엥 통 사원은 1560년에 지어졌으며 색유리와 금으로 화려하게 장식되어 많은 관광객들의 눈길을 끈다.

루앙프라방 중앙에 위치한 푸시산도 빼놓을 수 없는 명소이다. 328개의 계단을 올라 정상에 다다르면 금으로 장식된 촘시탑이 있는데 이는 1804년에 세워신 역사 깊은 점탑이다. 해 질 녘 이곳에서는 루앙프라방의 사원들과 곳곳의 언덕이 내려다보이는 아름다운 전경을 한눈에 볼 수 있다고 한다. 특별한 무언가를 하지 않아도, 메콩강을 바라보며 휴식을 취하거나 시장에 가서 현지인들의 느긋한 삶을 들여다보면, 평화로움과 순수함이 가득한 루앙프라방의 매력을 느낄 수 있을 것이다.

SECTION 06

01

📄 205 words 🕐 3'20"

Date:

Time Taken:

Join a Colorful Race!

Are you interested in running in a race? Does that sound a little boring? How about one in (A) which / that the runners are covered in yellow, red, blue and green when they cross the finish line?

If that sounds more exciting, you should sign up for the Color Run, a race known as the "Happiest 5k on the Planet." (B) Taken / Taking part is quite simple. Just be sure to wear a white T-shirt. Then, as you pass through each zone of the five-kilometer race, powder of a different color will be thrown on you. By the time you finish, you will look like a rainbow!

The race was first run in the American city of Phoenix in January of 2012. Since then, it has taken place in many other cities around the world, including Seoul, South Korea. You don't have to run like Usain Bolt — no one will keep track of how long it takes you to finish. The race brings people together, (C) promoting / promoted happiness and health in the community. At the end of the race, everyone gets to participate in the "finish festival," a wild party with music, dancing and more colored powder! Does it sound like fun? Then find a white T-shirt and get ready!

1 윗글의 제목으로 가장 적절한 것은?

① The Origins of the Color Run

② Paint a Picture While You Run

③ A Unique Run That Brings Fun

④ An Artists' Race to Inspire People

⑤ Interesting Races around the World

2 윗글의 (A), (B), (C)의 각 네모 안에서 어법에 맞는 표현으로 가장 적절한 것은?

	(A)		(B)		(C)
①	which	·····	Taken	·····	promoted
②	which	·····	Taking	·····	promoted
③	which	·····	Taking	·····	promoting
④	that	·····	Taken	·····	promoting
⑤	that	·····	Taking	·····	promoted

3 Color Run에 관한 윗글의 내용과 일치하지 <u>않는</u> 것은?

① 흰색 티셔츠를 입고 참가해야 한다.

② 총 5km를 달리는 경주이다.

③ 미국에서 처음 시작되었다.

④ 한국에서는 시행된 적이 없다.

⑤ 주자의 기록을 측정하지 않는다.

 서술형

4 윗글의 내용과 일치하도록 빈칸에 알맞은 말을 본문에서 찾아 쓰시오.

The Color Run enhances the _____ and _____ of local people.

---

finish line 결승선 sign up for …을 신청하다 take part 참가하다 be sure to-v 반드시 …하다 take place 개최되다 keep track of …을 기록하다 promote 증진시키다 community 지역 사회 participate in …에 참가하다 wild 야생의; *열광적인 문제 inspire 영감을 주다 enhance 향상시키다, 높이다

02

📄 157 words ⏱ 2'25"

Date:
Time Taken:

하늘을 나는 상상은 현실이 된다

Many people dream of flying through the air like a bird. Some (A) ⏎courageous / courteous⏎ people pursue this dream at any cost. People can have this exciting experience with a wingsuit. A wingsuit is comprised of a jumpsuit with fabric that stretches between the legs and under the arms. This extra fabric catches the air and acts like a small pair of wings. The wingsuit allows a person to jump from a plane or a mountain and glide through the air at extremely fast speeds.

In fact, (makes, is, most thrilling, the speed, it, that, wingsuit flying). ①An experienced wingsuit flyer can reach speeds of 235 km/hr, which is faster than a single-engine airplane. ②With jet engines continuing to develop, the speed of planes is getting faster and faster. ③But this speed also makes wingsuit flying very dangerous. ④Moving at such high speeds (B) ⏎increases / decreases⏎ the danger because there is less time to correct any mistakes. ⑤So people who want to fly with a wingsuit must be (C) ⏎roughly / thoroughly⏎ trained and use all necessary safety equipment.

3

6

9

12

15

18

익스트림 스포츠
extreme sports

익스트림 스포츠는 신체 부상의 위험을 감수하고 묘기를 펼치는 일종의 레저 스포츠이다. 보통 속도감이 있거나 높은 곳에서 이루어지기도 하며, 고도의 신체적 능력이나 특별한 장비를 필요로 하기도 한다. 1990년대 X게임과 익스트림 스포츠 채널인 Extreme.com이 개설되면서 인지도가 높아지기 시작했다. 자전거 스턴트, 스포츠 클라이밍, 스카이 서핑, 번지 점프 등 종류도 매우 다양하다.

1 윗글의 ① ~ ⑤ 중, 전체의 흐름과 관계 <u>없는</u> 문장은?

VOCA

2 윗글의 (A), (B), (C)의 각 네모 안에서 문맥에 맞는 낱말로 가장 적절한 것은?

(A)	(B)	(C)
① courageous	⋯⋯ decreases	⋯⋯ roughly
② courageous	⋯⋯ increases	⋯⋯ thoroughly
③ courageous	⋯⋯ increases	⋯⋯ roughly
④ courteous	⋯⋯ decreases	⋯⋯ roughly
⑤ courteous	⋯⋯ increases	⋯⋯ thoroughly

서술형

3 윗글의 괄호 안에 주어진 단어들을 다음 우리말에 맞게 배열하시오.

윙슈트 플라잉을 가장 짜릿하게 만드는 것은 바로 속도이다

→ _____

dream of ⋯을 꿈꾸다 **courteous** 공손한, 정중한 **pursue** 추구하다 **at any cost** 무슨 일이 있어도 **be comprised of** ⋯으로 구성되다
fabric 직물, 천 **stretch** (직물이) 늘이다, 신축성이 있다 **glide** 미끄러지듯 기다; *활공하다 **extremely** 극도로, 극히 **thrilling** 짜릿한,
아주 신나는 **experienced** 경험이 많은 **correct** 바로잡다, 정정하다 **roughly** 대략, 거의 **thoroughly** 대단히; *철저히 **necessary** 필요한
safety equipment 안전 장비

03

📄158 words ⏱2'25"

Date:
Time Taken:

모래 위를 씽씽!

You probably know all about surfboarding, skateboarding, and snowboarding, but have you ever seen people sandboarding? It's a sport in which people ride boards down hills of sand at speeds of up to 80 kilometers per hour. Sandboarding gained ①attention at the same time as snowboarding. However, snowboarders had easy access to ski resorts, while sandboarders had ②few places to practice their sport. _____(A)_____, snowboarding became very popular and sandboarding did not. Nowadays, though, more and more people are starting to sandboard. It does have several ③disadvantages over snowboarding. For one thing, it can be enjoyed year-round. _____(B)_____, it is easier to learn, even if you've never tried a boarding sport before. And it's also ④cheaper than snowboarding, since snowboarding requires expensive equipment such as protective gloves or special boots. When you sandboard, all you need is a sandboard and ⑤comfortable clothes to wear. In addition, once you find a nice sand dune, you can sandboard for free.

3

6

9

12

15

18

한계에 도전하는 사하라 사막 마라톤

해마다 9월에서 10월 사이에 사하라 사막에서는 레이싱 더 플래닛(Racing The Planet)이라는 스포츠 업체의 주최로 마라톤이 열린다. 이는 세계 4대 오지 마라톤 중 하나로 마라톤 참가자들은 7일 동안 필수 장비만을 가지고 총 6개의 구간으로 이루어진 약 250km의 끝없이 펼쳐진 모래사막을 달린다. 물과 텐트는 주최 측에서 제공되지만, 음식 및 의류, 기타 미션트에 필요한 모든 장비는 참가자가 직접 준비해야 한다.

VOCA

1 윗글의 밑줄 친 ① ~ ⑤ 중, 문맥상 낱말의 쓰임이 적절하지 <u>않은</u> 것은?

2 윗글의 빈칸 (A)와 (B)에 들어갈 말로 가장 적절한 것은?

	(A)		(B)
①	Thus	……	Yet
②	Therefore	……	Furthermore
③	Therefore	……	However
④	For example	……	Furthermore
⑤	For example	……	However

서술형

3 〈보기〉에 주어진 단어를 바르게 배열하여 윗글의 요지를 완성하시오.

> 〈보기〉 snowboarding easier cheaper and than to learn

Sandboarding, a sport in which people ride boards down hills of sand, is _____
_____ .

---

board 판자; *보드   **up to** (특정 수·정도) …까지   **attention** 주의, 관심   **have access to** …에 접근할 수 있나   **year-round** 연중 계속되는
equipment 장비, 용품   **protective** 보호하는, 보호용의   **sand dune** 모래 언덕   **for free** 공짜로, 무료로

04

📄187 words ⏱3'20"

Date:
Time Taken:

Korea's First Hollywood Star

More and more Korean stars are appearing in Hollywood movies these days. However, half a century ago, there was only one: Philip Ahn. A television and film actor, Ahn was the first Korean-American in Hollywood.

Born in Los Angeles in 1905, Ahn was the son of Dosan Ahn Changho, a famous figure in the Korean struggle for independence. He studied electrical engineering in school but soon developed a passion for drama. With the blessing of his father, he entered the University of Southern California in 1934 to become an actor. Just two years later, he got his first role in a film called *Anything Goes*.

Over the next 40 years, Ahn played more than 270 character roles. He worked with stars such as John Wayne, Gary Cooper, Humphrey Bogart, and Julie Andrews, and he appeared in many popular TV series, including *Kung Fu*, *M*A*S*H*, and *Bonanza*. Six years after his death from lung cancer in 1978, Philip Ahn received a star on the Hollywood Walk of Fame. Through his groundbreaking career and tremendous talent, he's been an inspiration to all the Korean stars who've come after him.

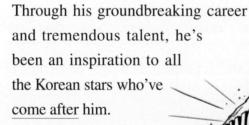

할리우드 명예의 거리 할리우드 명예의 거리(Hollywood Walk of Fame)는 미국 로스앤젤레스의 할리우드 대로를 따라 엔터테인먼트 업계에서 활약한 인물의 이름이 별 모양의 플레이트에 새겨져 있는 보도를 가리킨다. 매년 영화, 텔레비전, 음악, 라디오, 연극의 5개 분야에서 두드러진 역할을 한 인물을 대상으로 후보를 선정한 후 일반 투표로 설성한나. 현새 2000개 이상의 플레이트가 있는데, 여기에는 실제 사람뿐만 아니라 미키마우스와 토닐드 닥, 팅커벨, 백실공수와 같은 니스니 캐릭터늘노 포함뇌어 있으며, 필립 안 외에도 한국인 배우 중에서는 안성기와 이병헌이 명예의 거리에 핸드프린팅을 남겼다.

1 **Which of the following is NOT true about Philip Ahn?**

① He once studied engineering.

② He appeared in his first film in 1934.

③ He played various roles for more than 40 years.

④ He appeared in TV series as well as films.

⑤ He died from lung cancer.

VOCA

2 **Which is the closest in meaning to the underlined phrase "come after"?**

① visited   ② respected   ③ followed

④ accompanied   ⑤ understood

3 **What is the writer's attitude towards Philip Ahn?**

① ashamed   ② pitiful   ③ indifferent

④ hostile   ⑤ admiring

서술형

4 **Fill in the blanks using appropriate words from the passage.**

Philip Ahn's father is a(n) ＿＿＿＿＿ ＿＿＿＿＿ in Korea who fought for ＿＿＿＿＿.

figure 인물   **struggle** 투쟁, 싸움   **independence** 독립   **passion** 열정   **blessing** 축복; *승인[허락]   **lung** 폐   **groundbreaking** 획기적
인   **tremendous** 대단한   **inspiration** 영감, 귀감   문제   **indifferent** 무관심한   **hostile** 적대적인

Review Test

A 다음 중 단어의 뜻풀이가 **잘못된** 것을 고르시오.

① promote: to support or actively encourage something

② passion: the feeling of being peaceful and calm

③ courteous: being polite and having good manners

④ pursue: to follow or carry on to achieve something

⑤ community: a social group whose members live in a particular area or place

B 다음 밑줄 친 부분의 의미로 가장 적절한 것을 고르시오.

1 This contest is a <u>tremendous</u> opportunity for students.
   ① unique   ② excellent   ③ durable   ④ profitable   ⑤ current

2 Nelson Mandela was a hero in the <u>struggle</u> for democracy and human rights.
   ① difficulty   ② change   ③ fight   ④ contrast   ⑤ balance

3 With the <u>blessing</u> of her parents, Janet left on a trip alone.
   ① permission   ② objection   ③ thought   ④ greeting   ⑤ expectation

4 Steve Jobs was an <u>inspiration</u> to many people.
   ① suggestion   ② prevention   ③ depression   ④ motivation   ⑤ consideration

C 우리말에 맞게 빈칸에 알맞은 단어를 쓰시오.

1 _____ _____ _____ turn the light off when you leave the room.
   (방을 나갈 때, 반드시 불을 끄도록 하라.)

2 Do you know how many students _____ _____ _____ the
   sports activities this weekend?
   (이번 주말 스포츠 활동에 얼마나 많은 학생들이 신청했는지 아세요?)

3 The city's most famous festival _____ _____ every July.
   (그 도시의 가장 유명한 축제는 매년 7월에 개최된다.)

4 The best way to save money is to _____ _____ _____ your
   expenses.
   (돈을 절약하는 가장 좋은 방법은 당신의 지출을 기록하는 것이다.)

· S E N T E N C E ·

D 밑줄 친 부분에 유의하여 다음 문장을 우리말로 해석하시오.

1 <u>By the time you finish</u>, you will look like a rainbow!

  ▶ _____

2 Moving at such high speeds increases the danger because <u>there is less time to correct any mistakes</u>.

  ▶ _____

3 It's a sport <u>in which people ride boards down hills of sand at speeds of up to 80 kilometers per hour</u>.

  ▶ _____

4 <u>Born in Los Angeles in 1905</u>, Ahn was the son of Dosan Ahn Changho, a famous figure in the Korean struggle for independence.

  ▶ _____

E 우리말에 맞게 주어진 단어들을 바르게 배열하여 문장을 완성하시오.

1 아무도 당신이 완주하는 데 얼마나 오래 걸리는지 기록하지 않을 거니까요.

  No one will (takes / how long / to finish / keep track of / you / it).

  ▶ No one will _____ .

2 샌드보딩을 할 때, 당신에게 필요한 것은 샌드보드와 입기에 편한 옷이 전부이다.

  When you sandboard, (is / need / to wear / you / all / a sandboard / and / comfortable clothes).

  ▶ When you sandboard, _____ .

3 스노보더들은 스키장에 쉽게 접근할 수 있었던 반면, 샌드보더들은 그들의 스포츠를 연습할 장소가 거의 없었다.

  Snowboarders had easy access to ski resorts, (while / their sport / to practice / had / sandboarders / few places).

  ▶ Snowboarders had easy access to ski resorts, _____

  _____ .

Clue

미궁을 빠져나가기 위한 실마리

'단서, 실마리'라는 뜻의 단어 'clue'는 그리스 신화에 나오는 실타래를 의미하는 단어인 'clew'에 그 기원을 두고 있다. 그리스 아테네를 배경으로 하는 이 신화에는 인간의 몸에 황소의 얼굴과 꼬리를 한 괴물인 미노타우로스가 등장한다. 아테네는 처녀 일곱 명과 총각 일곱 명을 크레타섬의 미노타우로스에게 바쳐야 했다. 두 차례 제물이 바쳐졌고, 또 다시 제물이 바쳐질 때가 되자, 아테네의 영웅인 테세우스가 제물을 자처하여 괴물을 무찌르러 크레타섬으로 갔다. 이때 크레타섬의 공주인 아리아드네가 테세우스에게 반하게 된다. 그녀는 실타래를 테세우스에게 건네주며, 괴물이 있는 미궁의 입구에 실을 매어두고 실을 풀면서 들어가라고 조언했다. 작전은 보기 좋게 성공했다. 테세우스는 미노타우로스를 무찌른 후 매어둔 실을 따라 무사히 미궁 밖으로 나올 수 있었다. 여기서 실타래를 의미하는 'clew'가 오늘날의 '(사건을 해결하는) 실마리'라는 의미의 단어인 'clue'가 되었다.

SECTION
07

역사 속으로

01

📄191 words ⏱2'58"

Date:
Time Taken:

유령 부대를 아시나요?

Did you know that a ghost army existed in Europe during WWII? The Ghost Army was a special unit that America created to <u>get the better of</u> the Nazi army. The Ghost Army was actually made up of 1100 men, who were artists, sound specialists, and radio experts. Their purpose was not to fight. Instead, the Ghost Army's mission was to fool the enemy so that they would believe that America had a larger and more powerful army than it really had. To accomplish this, they _____. Artists made fake tanks out of painted rubber. They were *inflatables, so the army could set up many of them in a few hours. Radio experts sent fake messages over the airwaves. Sound specialists blasted the noises of vehicles and soldiers out of powerful speakers. This Ghost Army was often placed near the front lines of battle where it confused the enemy.

The members of the Ghost Army were forced to keep their mission a secret for national security reasons, even after the war was over. It was not until 1996 that the world learned of this creative mission.

*inflatable (공기로) 부풀릴 수 있는 것

제2차 세계 대전

제1차 세계 대전의 패배로 거액의 배상금을 물어야 했던 독일은 경제 대공황 상태에 빠졌다. 이 시기에 정권을 잡은 히틀러는 나치당을 만들어 경제난을 극복하기 위한 전쟁을 준비했고, 이탈리아와 연합해 제2차 세계 대전을 일으켰다. 이에 맞서 영국, 프랑스 등의 유럽 국가들도 연합군을 구성했다. 이후 일본과도 연맹을 맺은 독일은 승세를 이어가며 유럽 대륙을 차례로 점령했다. 하지만 일본이 미국 하와이 진주만을 공습하자, 중립을 지키던 미국이 연합군 편에 참전하게 된다. 막대한 군사력과 풍부한 군수 물자를 가신 미국의 도움으로 연합군은 나치에게 빼앗긴 유럽 본토를 되찾기 시작했고, 독일은 전쟁에 패하게 되었다.

1 윗글을 읽고 답할 수 없는 질문은?

① When did the Ghost Army operate?

② What kind of people were involved in the Ghost Army?

③ How did the enemy react to the Ghost Army?

④ What strategy did the Ghost Army use?

⑤ When was the Ghost Army revealed to the public?

VOCA

2 윗글의 밑줄 친 get the better of와 바꿔 쓸 수 있는 말로 가장 적절한 것은?

① imitate   ② defeat

③ impress   ④ respond

⑤ discover

3 윗글의 빈칸에 들어갈 말로 가장 적절한 것은?

① sent spies to Germany

② wrote fake news stories about the war

③ deceived the enemy with special effects

④ paid Germans to join the American army

⑤ provided entertainment for American soldiers

서술형

4 윗글의 내용과 일치하도록 빈칸에 알맞은 말을 본문에서 찾아 쓰시오.

What the Ghost Army did was not to _____ , but to make the enemy _____
that the American army was larger and more _____ than it actually was.

---

unit (임무를 위한) 부대, 단체 **get the better of** …을 이기다, 능가하다 **specialist** 전문가 **expert** 전문가 **mission** 임무 **fool** 속이다,
기만하다 **accomplish** 완수하다, 성취하다 **fake** 가짜의 **rubber** 고무 **set up** …을 세우다 **airwave** 《pl.》 방송 진파 **blast** 폭발시키다;
*쾅쾅 울리다 **confuse** 혼란시키다 **national security** 국가 안보 〔문제〕 **operate** 작동되다; *(군사) 작전을 벌이다 **involve** 참여시키다
strategy 전략 **reveal** 드러내다 **deceive** 속이다 **entertainment** 오락(물)

02

📄 219 words 🕐 3'00"

Date:
Time Taken:

경제 대공황 덕분에!

Scrabble is one of the world's most beloved board games. Players must spell words using small wooden squares with letters on them. They put these squares on a board full of empty boxes. Surprisingly, this fun game ⓐ (invent) during the Great

Depression. At that time, an architect named Alfred Mosher Butts was unemployed, so he didn't have anything to do. He decided to use his free time to invent a fun word game. His idea was to combine *anagrams and crossword puzzles into one game. Butts started by studying the *New York Times* to figure out how frequently each letter of the alphabet ⓑ (use). He decided that common letters, such as E and A, would be worth only one or two points. But uncommon letters, such as Q and Z, would be worth 10. He named his game Criss-Crosswords, but, unfortunately, it did not sell very

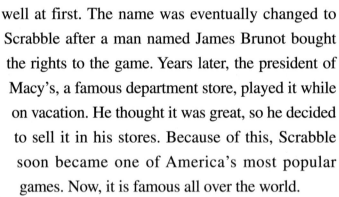

well at first. The name was eventually changed to Scrabble after a man named James Brunot bought the rights to the game. Years later, the president of Macy's, a famous department store, played it while on vacation. He thought it was great, so he decided to sell it in his stores. Because of this, Scrabble soon became one of America's most popular games. Now, it is famous all over the world.

*anagrams 철자 바꾸기 게임

3
6
9
12
15
18
21
24

1 윗글의 제목으로 가장 적절한 것은?

① Why Criss-Crosswords Failed

② Scrabble: How to Win Every Time

③ The Best Games to Play on Vacation

④ The World's Greatest Game Inventor

⑤ The Story Behind Scrabble's Creation

2 윗글의 ⓐ와 ⓑ에 주어진 동사를 어법에 알맞은 형태로 쓰시오.

ⓐ _____   ⓑ _____

3 Scrabble에 관한 윗글의 내용과 일치하지 <u>않는</u> 것은?

① 철자가 적힌 나무 조각들을 이용하여 단어를 만드는 게임이다.

② 대공황 당시 실업 상태였던 한 건축가에 의해 고안되었다.

③ 사용되는 빈도수가 낮은 철자는 10점의 가치를 가진다.

④ 게임 이름이 Criss-Crosswords였을 때는 판매량이 저조했다.

⑤ Macy's 백화점의 회장이 Scrabble이라는 이름을 붙였다.

beloved 총애받는; *인기 많은 **spell** 철자를 쓰다 **square** 정사각형 **empty** 비어 있는, 빈 **the Great Depression** 대공황 **architect** 건축가 **unemployed** 실직한 **combine** 결합하다, 혼합하다 **crossword puzzle** 크로스워드 퍼즐, 십자말풀이 퍼즐 **figure out** …을 알아내다 **frequently** 빈번하게, 자주 **be worth** …의 가치가 있다 **sell** (물건이) 팔리다; …을 팔다 **eventually** 결국, 마침내 **right** 《pl.》 저작권

03

📄173 words ⏱2'50"

Date:
Time Taken:

어떤 군대보다도 힘이 셌다구요!

Before the year 1500, the Mayas, Aztecs, and Incas had three great civilizations in Mexico and South America. All three were defeated by Spanish armies, but some historians say that with the armies <u>an even more horrifying weapon came</u>: *smallpox.

    In the early 1500s, the Spanish attacked the Aztecs and Mayas. At first, the Spanish army couldn't defeat the Mayas and Aztecs, who were much more powerful and familiar with the area. However, one of the slaves in the Spanish army was infected with smallpox, and ①<u>it</u> quickly spread throughout the whole region. The Spanish soldiers were immune to ②<u>the disease</u>, but the Maya and Aztec soldiers had never encountered smallpox before. ③<u>It</u> weakened their armies and allowed the Spanish to defeat them.

Smallpox quickly spread south, reaching the Incas of South America in 1525. Like the Aztecs and Mayas, the Incas were _____ for the disease. ④<u>It</u> killed their king and his successor. Without a leader, the Inca Empire was easily defeated by the invading Spanish soldiers, and ⑤<u>it</u> fell into ruin.

3
6
9
12
15
18
21

*smallpox 천연두

천연두의 종말

천연두는 온몸에 수두처럼 수포가 발생하며 흉한 곰보 자국을 남기는 질병이다. 1977년 10월 26일 소말리아에서 보고된 마지막 환자를 끝으로 천연두 감염 사례가 없어, 1980년 세계보건기구(WHO)는 천연두가 지구상에서 완전히 사라졌다고 선언했다. 감염이 되면 높은 사망률을 보였던 천연두는 백신의 보급으로 완전히 박멸된, 인류가 정복한 최초의 전염병이나. 응비도운 짐은 인류의 노력으로 백신을 개발하고 접종해 천연두를 이겨냈지만, 그 치료약은 존재하지 않았다는 것이다.

역사속인물

1 **윗글을 읽고 답할 수 없는 질문은?**

① 15세기 중남미의 3대 문명은 무엇인가?

② 스페인 군대는 어떻게 아즈텍 제국을 무너뜨렸나?

③ 스페인 군대가 전쟁을 시작한 계기는 무엇인가?

④ 왜 스페인 군대는 천연두의 영향을 받지 않았나?

⑤ 천연두가 잉카인들에게 영향을 미친 것은 언제인가?

서술형

2 **윗글의 밑줄 친 부분에서 어법상 틀린 부분을 찾아 바르게 고쳐 쓰시오. (1개)**

3 **윗글의 빈칸에 들어갈 말로 가장 적절한 것은?**

① planned   ② intended   ③ exchanged

④ undecided   ⑤ unprepared

4 **윗글의 밑줄 친 ①~⑤ 중, 가리키는 대상이 나머지 넷과 다른 것은?**

civilization 문명 **defeat** 패배시키다 **historian** 역사학자 **horrifying** 소름끼치는 **weapon** 무기 **be familiar with** …에 익숙하다 **infect** 감염시키다 **spread** 퍼지다, 확산되다(spread-spread) **region** 지역, 지방 **be immune to** …에 면역이 되다 **encounter** 우연히 마주치다 **weaken** 약화시키다 **successor** 후계자 **empire** 제국 **invade** 침략하다 **fall into ruin** 파멸에 빠지다 문제 **intended** 의도된 **unprepared** 준비되지 않은

04

📄191 words ⏱3'30"

Date:
Time Taken:

English Only

A Scent for Going to Heaven

Perfume has always been an important part of human culture. These days, of course, we use perfume to make ourselves ① <u>to smell</u> nicer and feel more attractive. But this wasn't always ② <u>what</u> perfume was used for.

The earliest ③ <u>known</u> use of perfume was in ancient Egypt. These perfumes were sticks that were burned to give off a pleasant smell. They were designed ④ <u>to be used</u> in religious rituals. It was thought the nice smell would attract the favor of the gods. The Egyptians believed the gods would treat those who smelled nice more kindly than others. So they used a lot of perfume in their daily lives. Amazingly, they even thought that perfume would help them after they died. According to evidence ⑤ <u>found</u> in ancient tombs, they believed that having lots of perfumes, especially strong ones, would increase their chances of going to heaven.

Tutankhamen's tomb provides a good example of this. (A) Those must have been strong perfumes when they were put in the tomb! (B) The tomb's discoverers found jars of perfumes and oils surrounding the body. (C) Surprisingly, their fragrances could still be smelled nearly 3,300 years after the tomb was created.

3

6

9

12

15

18

21

24

최초의 증류된
알코올 향수

오늘날 사용되는 알코올 향수는 1370년경 헝가리 왕비였던 엘리자베스 1세를 위해 만들어진 '헝가리 워터'에서 비롯되었다. 여왕은 최초의 증류된 알코올 향수인 헝가리 워터를 즐겨 사용했으며, 그 향 덕분에 70세가 넘은 고령에도 폴란드 국왕으로부터 구혼을 받았다고 한다.

역사 속으로

1 What is the best title for the passage?

① How to Make Perfume

② The Origin of Perfume Use

③ The History of Egyptian Tombs

④ Different Ways to Look Attractive

⑤ The Side Effects of Using Perfume

수능 어법

2 Which is grammatically incorrect among ① ~ ⑤?

3 Choose the right order of (A), (B), and (C) according to the context.

① (A) – (C) – (B)　　　　　　② (B) – (A) – (C)

③ (B) – (C) – (A)　　　　　　④ (C) – (A) – (B)

⑤ (C) – (B) – (A)

서술형

4 Why did ancient Egyptians use a lot of perfume in daily life? Fill in the blanks using appropriate words from the passage.

They believed the _____ favored those who _____ nice.

scent 향기, 향내 perfume 향수 attractive 매력적인 ※attract 끌다, 불러일으키다 ancient 고대의 stick 막대기 give off …을 내뿜다 religious 종교의 ritual 의식 favor 호의, 은혜; 편애하다 treat 대하다, 다루다 evidence 증거 tomb 무덤 discoverer 발견자 jar 병, 단지 surround 둘러싸다, 에워싸다 body 몸, 신체; *시체 fragrance 향기 문제 side effect 부작용

Review Test

A 다음 단어의 영영풀이를 바르게 연결하시오.

1 unemployed ·   · ⓐ a pleasant scent

2 evidence ·   · ⓑ not having a job

3 expert ·   · ⓒ very old or existing a very long time ago

4 ancient ·   · ⓓ a person with special knowledge or skill

5 fragrance ·   · ⓔ information showing that something is true

B 괄호 안에서 적절한 단어를 고르시오.

1 We should (treat / trick) the elderly with respect.

2 The festival (extracts / attracts) a lot of people from all over the world.

3 The sauce is made by (combining / dividing) soy sauce, sugar, and garlic.

4 The politician (confused / refused) the public with his unclear remarks.

C 우리말에 맞게 빈칸에 알맞은 단어를 쓰시오.

1 The burning candle _____ _____ a sweet scent.
(타고 있는 양초가 달콤한 향기를 내뿜었다.)

2 I can't _____ _____ what's wrong with my computer.
(나는 내 컴퓨터가 무엇이 잘못되었는지 알 수가 없다.)

3 Even though I failed, it _____ _____ trying.
(비록 나는 실패했지만, 그것은 시도해 볼 가치가 있었다.)

4 Because of the brutal bombing, the city _____ _____ _____
after the war.
(잔혹한 폭격 때문에, 전쟁 후 그 도시는 파멸에 빠졌다.)

· S E N T E N C E ·

D 밑줄 친 부분에 유의하여 다음 문장을 우리말로 해석하시오.

1 The Ghost Army's mission was to fool the enemy <u>so that they would believe
that America had a larger and more powerful army than it really had</u>.

▶ _____

2 <u>It was not until 1996 that</u> the world learned of this creative mission.

▶ _____

3 The Spanish soldiers were immune to the disease, but <u>the Maya and Aztec
soldiers had never encountered smallpox before</u>.

▶ _____

4 But this wasn't always <u>what perfume was used for</u>.

▶ _____

E 우리말에 맞게 주어진 단어들을 바르게 배열하여 문장을 완성하시오.

1 고스트 아미의 구성원들은 국가 보안상의 이유로 그들의 임무를 비밀로 유지해야 했다.

The members of the Ghost Army (for / were forced / national security reasons /
a secret / to keep / their mission).

▶ The members of the Ghost Army _____

_____ .

2 버츠는 각 알파벳 철자가 얼마나 자주 사용되는지 파악하기 위해 뉴욕 타임즈를 연구하는 것으로 시
작했다.

Butts started by studying the *New York Times* to figure out (each letter / used /
how frequently / of the alphabet / was).

▶ Butts started by studying the *New York Times* to figure out _____

_____ .

3 물론, 요즘에 우리는 우리 자신이 더 좋은 향이 나게 하고 더 매력적으로 느끼게 하기 위해 향수를 사
용한다.

These days, of course, we use perfume (ourselves / nicer / feel / smell / to make
/ more attractive / and).

▶ These days, of course, we use perfume _____ .

 ## 에메랄드 빛의 절경, 루이즈 호수(Lake Louise)

캐나다의 루이즈 호수는 유네스코가 선정한 세계 10대 절경 중 하나로 로키산맥에서도 가장 아름다운 호수로 알려져 있다.
최대 수심 70m, 길이 2.4km, 폭 1.2km인 이 호수는 캐나다 앨버타주 밴프국립공원 안에 있으며 빙하에 의해 깊게 파인 땅에
빙하가 녹으면서 만들어졌다. 호수 바로 앞에서는 해발 3,264m의 빅토리아산이 하얗게 빛나 루이즈 호수를 더욱더 아름답게
연출해준다. 호수를 둘러싼 울창한 침엽수림 사이로 뻗은 숲길은 훌륭한 트래킹 코스이기도 하며, 카누를 빌려주는 수상 스포츠
센터가 있어 배를 타고 호수를 둘러볼 수도 있다.
처음에는 청록색 물 색깔을 띠어서 에메랄드 그린 호수라고 불렸지만, 나중에 빅토리아 여왕의 딸 루이즈 공주의 이름을 따서
루이즈 호수가 되었다.
루이즈 호수와 관련된 일화로 일본의 유명한 작곡가 유키 구라모토는 루이즈 호수에 갔다가 그 경관에 감동해서 즉흥적으로 '레
이크 루이즈'라는 연주곡을 만들었다고 한다.

SECTION

08

01

📄 166 words ⏱ 2'36"

Date:
Time Taken:

모니카는 누구?

A man was walking through a grocery store when he saw a woman (A) | to shop / shopping | with a three-year-old little girl. As the woman passed some cookies, ①the little girl asked for them. And when she (B) | was told / was telling | she couldn't have any, the little girl whined. But her mother quietly said, "Don't get upset, Monica. We will be done soon." Then the woman walked down the candy aisle, and the little girl began to scream that ②she wanted candy. The mother patiently said, "No, Monica. Don't scream. We only have two more aisles to go." When they reached the cash register, ③she saw some gum and began crying, ⓐ(realize) that her mother would not buy any. But ④she gently said, "Don't cry, Monica. We will be done in five minutes." As they were leaving the store, the man walked up to the woman and said, "I couldn't help (C) | notice / noticing | how patient you were with little Monica." The woman replied, "I am Monica, and ⑤she is my daughter, Sofia."

1
윗글의 내용과 일치하면 T에, 일치하지 않으면 F에 표시하시오.

                T   F

(1) 여자는 아이에게 결국 사탕과 껌을 사주었다. □ □

(2) 남자는 여자가 그녀의 아이에게 화내는 모습을 보았다. □ □

(3) 여자가 불렀던 이름은 자기 자신의 이름이다. □ □

수능어법

2
윗글의 (A), (B), (C)의 각 네모 안에서 어법에 맞는 표현으로 가장 적절한 것은?

	(A)		(B)		(C)
①	to shop	……	was told	……	notice
②	to shop	……	was telling	……	noticing
③	shopping	……	was told	……	notice
④	shopping	……	was told	……	noticing
⑤	shopping	……	was telling	……	notice

3
윗글의 밑줄 친 ① ~ ⑤ 중, 가리키는 대상이 나머지 넷과 <u>다른</u> 것은?

서술형

4
윗글의 ⓐ에 주어진 동사를 어법에 알맞은 형태로 쓰시오.

---

grocery store 식료품점 **whine** 징징거리다, 칭얼거리다 **aisle** 통로 **scream** 비명을 지르다; *소리치다[악을 쓰다] **patiently** 끈기 있게, 참을성 있게 ※**patient** 참을성 있는 **cash register** 계산대 **notice** …을 알아차리다, 인지하다

02

📄 177 words ⏱ 2'46"

Date:
Time Taken:

왕이 내린 현명한 결정

In ancient times, a king decided to go ①traveling throughout his kingdom. He walked from town to town, looking at the sights and speaking with the people he met. When he returned to his palace, however, he found that his feet hurt. Complaining that the kingdom's roads were too hard, he ordered his servants ②to cover them with leather in order to make them more comfortable. The servants who heard this order ③were shocked. Covering every road in leather would be almost impossible. Nearly every cow in the kingdom would have to ④be killed! They ran to the king's wisest advisor and asked for his help. After some thought, the wise man approached the king. "Instead of covering all the roads with leather," he suggested, "why don't you just _____?" The king thought this was a wonderful idea. He had a pair of leather shoes made for ⑤him and told everyone to do the same. Simply by changing the king's point of view, the wise man helped him make a good decision.

수능 어법

1 윗글의 밑줄 친 ① ~ ⑤ 중, 어법상 <u>틀린</u> 것은?

2 윗글의 빈칸에 들어갈 말로 가장 적절한 것은?

① ride around on a horse

② pave the roads with stones

③ cover the bottom of your feet

④ stop traveling around the kingdom

⑤ use a material cheaper than leather

3 윗글의 내용과 일치하면 T에, 일치하지 않으면 F에 표시하시오.

                                                                             T F

(1) The king rode a cow around his kingdom.   □ □

(2) At first, the king wanted to cover the roads in leather.   □ □

(3) The king followed the advice of his wisest advisor.   □ □

서술형

4 윗글에서 얻을 수 있는 교훈을 다음과 같이 완성할 때, 빈칸에 알맞은 말을 본문에서 찾아 쓰시오.

Switching your _____ _____ _____ is easier than changing the world.

---

ancient 고대의   **throughout** … 전체에 걸쳐서, 두저에   **kingdom** 왕국   **complain** 불평하다   **servant** 하인, 신하   **cover A with B** A를 B로 덮다   **leather** 가죽   **comfortable** 편안한   **impossible** 불가능한   **advisor** 고문, 조언자   **approach** 다가가다   **point of view** 관점   **make a decision** 결정하다   문제   **pave** (도로를) 포장하다   **material** (물건의) 재료   **switch** 전환하다, 바꾸다

03

📄190 words ⏱2'50"

Date:
Time Taken:

대작가, 소년에게 한 수 배우다

More than 200 years ago, the writer Jonathan Swift lived near a rich, elderly woman's house. The woman sometimes had a boy bring presents to Swift. Swift ①conceived her presents gladly, but he never gave the boy anything for bringing them. 3

(A) The boy said, "Come in." Swift entered, walked to his desk and said, "Good morning, sir. Mrs. Anderson says hello to you. She hopes that you will ②accept these rabbits. They were shot by her son in the field this morning." 6

(B) Swift looked at him and said, "That is not the way to give me a package. Now, sit in my chair and watch how I do it." Swift then went out, knocked on the door and ③waited. 9

(C) One day, when Swift was busy with his writing, the boy ran into his room. He ④threw his package on the desk and said, "Mrs. Anderson has sent you two of her rabbits." 12

The boy answered, "Thank you, my boy. Give Mrs. Anderson and her son my thanks for their ⑤kindness, and here is sixpence for yourself." 15

Swift laughed, and after that, he never forgot giving the boy a tip. 18

1

윗글의 밑줄 친 ① ~ ⑤ 중, 문맥상 낱말의 쓰임이 적절하지 <u>않은</u> 것은?

2

윗글의 (A) ~ (C)를 글의 흐름에 맞게 배열한 것으로 가장 적절한 것은?

① (A) – (C) – (B)　　　　　　② (B) – (A) – (C)

③ (B) – (C) – (A)　　　　　　④ (C) – (A) – (B)

⑤ (C) – (B) – (A)

3

윗글의 밑줄 친 부분에서 어법상 <u>틀린</u> 부분을 찾아 바르게 고쳐 쓰시오. (1개)

조나단 스위프트

조나단 스위프트(Jonathan Swift, 1667~1745)는 아일랜드 더블린 출신의 영국인으로 소설 「걸리버 여행기」를 통해 작가로서의 명성을 얻게 되었다. 조나단 스위프트는 이 소설 속 주인공인 걸리버가 거인국과 소인국을 여행하는 과정을 통해 당시 영국 사회와 정치의 문제점을 통렬하게 풍자했다. 그의 또 다른 대표 저서로는 정치·종교계를 풍자한 「통 이야기(A Tale of a Tub)」, 「책들의 전쟁(The Battle of the Books)」 등이 있다.

---

conceive 상상하다　**say hello to** …에게 안부를 전하다　**accept** 받다, 받아들이다　**shoot** 쏘다; *사냥하다(shot-shot)　**package** 짐, 꾸러미
knock 두드리다, 노크하다　**throw** 던지다, 팽개치다　**sixpence** 6펜스짜리 은화

04

📄 225 words 🕐 3'40"

Date:
Time Taken:

English Only

A Delicious Success Story

As a child, Chul-Ho Lee was separated from his family during the Korean War. After being badly injured, he was sent to Norway to receive medical treatment. After he (A) discovered / recovered , he stayed in Norway, where he eventually became a king. Not the actual king of Norway, of course! Instead, Lee became Norway's "Ramen King." He started out working as a dishwasher at a hotel, but he soon learned how to cook. After receiving a cooking license, he became a chef at a popular hotel. In 1968, Lee returned to Korea for a visit. While he was there, he tasted ramen for the first time. He thought it was delicious, so he wanted to (B) introduce / indicate it to Norwegians. In 1989, he began importing ramen to Norway, but people found it too spicy for their taste. So Lee began to experiment with different styles until he found a mild flavor that Norwegians enjoyed. He used this flavor to create his own brand of ramen, known as Mr. Lee. Today, nearly 80% of the ramen sold in Norway is Mr. Lee Ramen. Chul-Ho Lee started out as an injured child without any family, alone in a strange country. Today, however, he is an extremely (C) successive / successful businessman. So next time you feel discouraged, remember the Ramen King of Norway. If he could succeed despite his difficulties, so can you!

3
6
9
12
15
18
21

한글이 적힌
노르웨이 라면

노르웨이 현지인들을 대상으로 판매하는 미스터 리 라면의 포장지에는 흥미롭게도 '소고기 맛', '닭고기 맛'이라고 한글이 적혀 있다. 이철호는 라면 출시 때부터 갖가지 한글을 라면의 겉봉투에 넣어서 고객들의 관심을 끌었으며, 한국 여행을 경품으로 걸어 라면 홍보에 활용했다. 한국의 이미지를 적극적으로 활용하여 상품에 대한 노르웨이인들의 호기심을 불러일으켰고 이는 성공적인 매출로 이어졌다.

1 What is the best title for the passage?

① From Dishwasher to Chef

② Korean Food Going Global

③ The Noodle King of Norway

④ The Hard Life of a War Orphan

⑤ Why Ramen Is Loved in Norway

2 Choose the appropriate word for (A), (B), and (C).

	(A)		(B)		(C)
①	discovered	······	introduce	······	successive
②	discovered	······	indicate	······	successful
③	recovered	······	indicate	······	successive
④	recovered	······	introduce	······	successful
⑤	recovered	······	indicate	······	successful

3 Arrange the following events regarding Chul-Ho Lee from first to last.

ⓐ He received medical treatment in Norway.

ⓑ During the Korean War, he was severely injured.

ⓒ He visited Korea and tasted ramen for the first time.

ⓓ He created his own brand of ramen known as Mr. Lee.

ⓔ He obtained a cooking license and became a chef at a hotel.

4 Why did Mr. Lee experiment with different styles of ramen? (5 words)

The ramen that he imported was _____.

---

separate 헤어지게 하다, 떼어놓다 **badly** 몹시, 심하게 **injure** 부상을 입히다 **medical treatment** 치료 **recover** 회복하다 **license** 자격증 **chef** 요리사 **taste** 맛보다; 입맛 **indicate** 나타내다 **import** 수입하다 **spicy** 매운 **experiment** 실험하다 **mild** 순한 **flavor** 맛 **successive** 연속적인, 잇따른 **discouraged** 좌절한 **despite** …에도 불구하고 문제 **orphan** 고아 **severely** 심하게 **obtain** …을 얻다

Review Test

A 다음 중 단어의 뜻풀이가 <u>잘못된</u> 것을 고르시오.

① separate: to cause people or things to move apart

② advisor: one who gives you advice

③ servant: a person who has people working for him or her

④ successive: happening or following one after another

⑤ conceive: to imagine something or form an idea in one's mind

B 문맥상 다음 빈칸에 들어갈 가장 알맞은 단어를 고르시오.

1 He _____ the award with modesty and gratitude.

　① prevented　② accepted　③ resisted　④ realized　⑤ experimented

2 My grandfather is _____ from a back operation.

　① recovering　② attending　③ judging　④ accessing　⑤ approaching

3 My sister got _____ after getting hit by a car the other day.

　① excited　② injured　③ cured　④ repaired　⑤ disappointed

4 Students can be _____ if the exam is too difficult.

　① confident　② indifferent　③ satisfied　④ discouraged　⑤ integrated

C 우리말에 맞게 빈칸에 알맞은 단어를 쓰시오.

1 The winter storm _____ the whole town _____ snow.
(겨울 폭풍은 마을 전체를 눈으로 뒤덮었다.)

2 Please _____ _____ _____ your sister for me.
(저 대신 당신의 여동생에게 안부를 전해주세요.)

3 Would you go over the documents and _____ _____ _____ by
the end of this month?
(서류를 검토해 보시고 이달 말까지 결정해 주시겠어요?)

4 By taking a slightly different _____ _____ _____, it became
much easier for me to solve the problem.
(약간 다른 관점을 취함으로써, 내가 그 문제를 해결하는 것이 훨씬 쉬워졌다.)

· SENTENCE ·

D 밑줄 친 부분에 유의하여 다음 문장을 우리말로 해석하시오.

1 I couldn't help noticing how patient you were with little Monica.

▸ _____

2 The woman sometimes had a boy bring presents to Swift.

▸ _____

3 In 1989, he began importing ramen to Norway, but people found it too spicy for their taste.

▸ _____

4 If he could succeed despite his difficulties, so can you!

▸ _____

E 우리말에 맞게 주어진 단어들을 바르게 배열하여 문장을 완성하시오.

1 그러고 나서 여자는 사탕 통로를 따라 걸었고, 어린 여자아이는 사탕을 원한다며 소리 지르기 시작했다.

Then the woman walked down the candy aisle, and the little girl (she / that / to scream / candy / wanted / began).

▸ Then the woman walked down the candy aisle, and the little girl _____

_____ .

2 그는 자신을 위해 가죽 신발 한 켤레가 만들어지도록 했고 모두에게 똑같이 하라고 말했다.

He (a pair of / made / leather shoes / for himself / had) and (everyone / to do / told / the same).

▸ He _____ and _____ .

3 그래서 이씨는 노르웨이인들이 좋아하는 순한 맛을 찾을 때까지 다양한 방식으로 실험하기 시작했다.

So Lee began to experiment with different styles (a mild flavor / Norwegians / found / enjoyed / he / that / until).

▸ So Lee began to experiment with different styles _____

_____ .

Hijack

가장 흔한 영어 이름에서 유래되었다?

영어 단어 중 '비행기를 납치하다'라는 뜻의 'hijack'이라는 말이 있다. 이 단어는 "Hi, Jack!"에서 유래되었다고 하는데, 어떻게 '비행기를 납치하다'라는 뜻의 단어가 된 것일까? 그 유래는 1920년대로 거슬러 올라간다. 당시 미국에는 술을 마시지 못하게 하는 금주법이 있었지만, 불법적으로 술을 들여오는 사람들이 많았다. 그래서 이를 막기 위한 함정 단속이 행해졌다. 단속 반원들은 술을 몰래 반입하던 트럭을 적발하기 위해 트럭을 불러 세울 때 미국에서 가장 흔한 이름 중 하나인 Jack을 사용하여, "Hi, Jack!" 하고 트럭에 태워 달라는 시늉을 했다. 이를 본 트럭 운전자들은 트럭을 세웠고 단속반은 밀주를 적발할 수 있었다. "Hi, Jack!"이라는 표현은 금주법 시대의 트럭에만 쓰이지 않았다. 그 훨씬 이전 시대에, 복면을 쓴 강도들이 마차의 마부를 불러 세울 때도 그렇게 소리쳤다고 한다. 이후 Hi와 '높은'이라는 의미를 가진 형용사 high의 발음의 유사성에서 착안하여 '비행기를 납치하다'라는 의미로 쓰이게 되었다고 전해진다.

SECTION

09

과학·우주

01

📄184 words ⏱2'48"

Date:
Time Taken:

조금 특별한 옥수수

Corn may seem like an ordinary vegetable, but some corn has a secret superpower: It can pop! Have you ever wondered why corn can do this? Popcorn is actually made from a special variety of corn. If you use other varieties, they won't pop. The popcorn variety is special because its *kernels have a hard outer layer that water and other materials can't pass through. There is a little water inside each kernel, and when the kernels are heated up, this water eventually turns into steam. However, due to the hard outer layer, the steam can't escape, which results in a build-up of pressure. Finally, when the temperature and pressure get to a certain point, the kernels explode with a popping sound, turning themselves inside out. Scientists used to think that the popping sound came from the cracking of the kernels, but it has been found that the sound is actually caused by the sudden escape of the steam. If you want to hear popcorn pop for yourself, try making some at home. It will be the most delicious science experiment you ever try!

3
6
9
12
15

*kernel (씨앗의) 알맹이

팝콘의 유래

팝콘의 역사는 2500년 이상인 것으로 보인다. 과거 기록을 보면 아메리카 대륙의 인디언들이 달궈진 모래를 이용해 옥수수를 튀겨 팝콘을 만들어 먹었다고 한다. 1621년 아메리카 대륙을 정복한 유럽인들은 첫 추수 감사절을 맞게 되고, 이때 이웃 인디언들이 선물로 가져온 팝콘을 처음 마주했다. 이후 많은 유럽 이주민들은 팝콘을 즐겨 찾았고, 때로는 우유와 함께 아침 식사 대용으로 먹기도 했다. 팝콘은 1885년 찰스 크레테라는 사람이 팝콘 튀기는 기계를 발명하면서 본격적으로 보급되기 시작했고, 오늘날까지 극장 및 가정에서 많은 이들에게 사랑받고 있다.

1 윗글의 제목으로 가장 적절한 것은?
① Why Popcorn Pops
② Different Uses of Corn
③ Health Benefits of Popcorn
④ Cooking Snacks with Steam
⑤ Learn Science with Fun Recipes

2 윗글의 내용과 일치하면 T에, 일치하지 않으면 F에 표시하시오.

	T	F
(1) 다양한 옥수수 품종으로 팝콘을 만들 수 있다.	☐	☐
(2) 팝콘 옥수수 알맹이 껍질은 단단하다.	☐	☐
(3) 팝콘이 터지는 소리는 팝콘 알맹이의 균열로 생긴다.	☐	☐

VOCA

3 윗글의 밑줄 친 **get to**와 바꿔 쓸 수 있는 말로 가장 적절한 것은?
① repeat　　　　② avoid　　　　③ remain
④ reach　　　　⑤ control

서술형

4 윗글의 내용과 일치하도록 빈칸에 알맞은 말을 본문에서 찾아 쓰시오.
When popcorn kernels get hot, the water inside them turns into steam but can't
_____, which causes _____ to increase.

ordinary 보통의; *평범한　secret 비밀의　pop 펑 하고 터지다　be made from …으로 만들어지다　variety 다양성; *품종　outer layer 바깥쪽의 막　pass through …을 빠져나가다[통과하다]　turn into …으로 변하다　escape 새어 나가다; (물·가스 등의) 누출　result in (결과적으로) …을 야기하다　build-up 증가　pressure 압력　temperature 온도　explode 폭발하다　cracking (무엇이 벌어져서 생긴) 금

02

📄 169 words 🕐 2'36"

Date:
Time Taken:

슈퍼맨이 아니라 슈퍼문!

If you have ever seen a full moon that seemed brighter and larger than normal, you probably saw a supermoon. But what causes a supermoon? The moon goes through phases. (①) As a result, we can sometimes see the whole moon and other times see only part of it. (②) These phases occur because the moon orbits the earth. (③) We see a full moon when the sun and the moon are on opposite sides of the earth. (④) However, the moon doesn't move around the earth in a perfect circle — the shape is more like an oval. (⑤) If a full moon happens when the moon is as close to the earth as possible, it is called a supermoon. A supermoon can appear to be 14 percent bigger and 30 percent brighter than a normal full moon. Only about one out of every 14 full moons is a supermoon. So, if you have a chance to see one, don't miss it!

1 윗글의 주제로 가장 적절한 것은?

① how a full moon can affect the earth

② why the moon moves around the earth

③ the reason the shape of the moon changes

④ the relationship between the sun and the moon

⑤ what causes the moon to sometimes look larger

2 윗글의 흐름으로 보아, 주어진 문장이 들어가기에 가장 적절한 곳은?

This means that the moon's distance from the earth is constantly changing.

서술형

3 윗글의 내용과 일치하도록 빈칸에 알맞은 말을 본문에서 찾아 쓰시오.

You can see a supermoon when _____.

블루문과 블러드문

슈퍼문이 일반적인 보름달보다 큰 달을 가리키는 것처럼 블루문(blue moon)은 파란빛을 띠는 달을, 블러드문(blood moon)은 피처럼 붉은빛을 띠는 달을 의미하는 걸까? 블루문은 사실 푸른색과는 상관이 없다. 월초에 보름달이 뜨게 되면 그달에 보름달이 두 번 뜨는 경우가 생길 수 있는데, 이때 두 번째로 뜨는 보름달을 블루문이라고 한다. 블러드문은 달이 붉게 보이는 현상으로 개기 월식 때 발생한다. 개기 월식 때 달이 지구의 그림자에 가려져 태양 빛을 받지 못하게 되면, 가장 파장이 긴 붉은빛 만이 지구를 거쳐 달에 전달된다. 이로 인해 지구에서는 달이 붉게 보이는 것이다.

----

full moon 보름달 **go through** (절차를) 거치다 **phase** 단계; *(변화하는 것의) 상[모습] **occur** 발생하다 **orbit** 궤도를 돌다 **opposite** 다른 편[쪽]의 **more like** 오히려 …에 가까운 **oval** 타원형 문제 **relationship** 관계 **distance** 거리 **constantly** 끊임없이

03

📄 180 words 🕐 3'00"

Date:
Time Taken:

우주에서 가장 반짝이는 비

If you ever visit Saturn, make sure you bring a strong umbrella. According to research conducted by NASA, there could be as much as 1,000 tons of diamonds (A) creating / being created in Saturn's

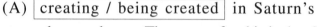

atmosphere each year. The reason for this is that Saturn, a gas planet with a small solid core, has an atmosphere consisting mostly of hydrogen and methane. When thunderstorms occur, lightning could strike the methane, producing a mix of pure hydrogen and burnt carbon called *soot. This soot would then fall from the atmosphere and begin to join together, (B) formed / forming *graphite. As it moved closer to Saturn's core, pressure would increase, eventually compressing the graphite into diamond. Therefore, it could literally be raining diamonds. Unfortunately, it would be nearly impossible to get to Saturn and travel down to where the diamond rain would be falling. The pressure there is about 100,000 times higher than on

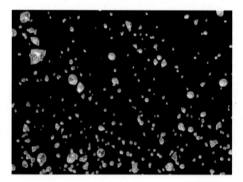

Earth. And if we didn't move (C) fast enough / enough fast , the diamonds would slip past us, falling deeper into the planet. There, the temperatures are so high that the diamonds would surely melt into liquid.

*soot 그을음, 검댕
*graphite 흑연

3

6

9

12

15

18

21

토성

여러 개의 고리로 둘러싸인 토성은 태양계에 속하는 여섯 번째 행성으로, 토성의 대기는 메탄, 암모니아, 에탄, 헬륨, 수소분자 등으로 구성되어 있다. 토성은 목성 다음으로 태양계에서 두 번째로 큰 행성이지만, 밀도는 가장 낮다. 토성의 밀도가 물보다도 낮기 때문에, 토성을 담을 물만 있으면 물에 뜰 것이라고 비유하곤 한다.

과학·우주

1 윗글의 제목으로 가장 적절한 것은?

① How Saturn Got Its Name

② A Planet Made of Diamonds

③ Does It Rain on Other Planets?

④ Diamond Rain on a Planet of Gas

⑤ Methane: More Valuable than Diamonds

2 윗글의 (A), (B), (C)의 각 네모 안에서 어법에 맞는 표현으로 가장 적절한 것은?

(A)	(B)	(C)
① creating	formed	fast enough
② creating	forming	enough fast
③ being created	formed	enough fast
④ being created	forming	fast enough
⑤ being created	forming	enough fast

서술형

3 다음은 윗글에 나온 토성에서의 다이아몬드 생성 과정이다. 빈칸에 알맞은 말을 본문에서 찾아 쓰시오.

Methane is struck by _____, which produces a substance called soot.

⇩

When soot joins together as it _____ from the atmosphere, graphite is formed.

⇩

As this graphite moves towards Saturn's core, the increased _____ compresses the graphite into diamond.

Saturn 토성 **conduct** (특정한 활동을) 하다 **atmosphere** 대기 **solid** 단단한, 고체의 **core** (행성의) 중심핵 **consist of** …으로 이루어지다 [구성되다] **hydrogen** 수소 **methane** 메탄 **strike** (세게) 치다, 부딪치다(struck-struck) **pure** 순수한 **carbon** 탄소 **pressure** 압력; *(대기의) 기압 **compress** 압축하다 **literally** 말 그대로 **melt** 녹다 **liquid** 액체 문제 **valuable** 귀중한, 가치 있는 **substance** 물질

04

📄173 words ⏱3'00"

Date:

Time Taken:

English Only

Heating with Human Bodies

Being in a big crowd of people ①<u>is</u> often uncomfortable and inconvenient. But Swedish engineers ②<u>have found</u> a way to use crowds for a good purpose. They have invented a way to recycle people's body heat for wintertime heating. (A) The heat in this water can then be used as a heat source. (B) In Sweden, more than 200,000 people use Stockholm's main train station every day. (C) The station's *ventilation system captures body heat and moves it to large underground tanks of water.

A similar system is used in the Mall of America in Minnesota. The mall recycles body heat from shoppers and uses it ③<u>to help heat water</u> that keeps the huge building warm. After ④<u>storing</u> in large underground tanks, the heated water is pumped through pipes to a new office building nearby. There, it is reused by the building's main heating system. This reduces the cost of heating the office building ⑤<u>by</u> twenty percent.

Energy is expensive in places that have cold climates. This system can help people save money and energy.

*ventilation 통풍, 환기

체온으로 만드는 전기

에너지 고갈과 에너지 발전 과정에서 비롯된 환경오염 문제로 인해 체온을 에너지원으로 이용하고자 하는 연구가 계속되고 있다. 한국과학기술원(KAIST) 연구진은 몸에 바로 착용하는 '웨어러블(wearable)' 기기에 열을 전달하는 발전 소자를 접목하여 체온으로 전기를 만드는 기술을 소개했다. 이 기기를 몸에 차고 있으면 체온을 직접 받는 기기 안쪽과 공기에 노출된 바깥쪽의 온도 차가 생기고 이 열에너지를 이용해 기기가 스스로 전기에너지를 만든다. 따라서 손목시계처럼 착용하는 밴드형 스마트폰 등에 이 기술을 접목하면 따로 콘센트에 꽂아 충전할 필요 없이 사용할 수 있을 것이라 기대된다.

1 Which is grammatically incorrect among ① ~ ⑤?

2 Choose the right order of (A), (B), and (C) according to the context.

① (A) – (C) – (B)　　　　　② (B) – (A) – (C)

③ (B) – (C) – (A)　　　　　④ (C) – (A) – (B)

⑤ (C) – (B) – (A)

3 Write a summarizing sentence for the passage using all the words from the box in the correct order.

be　a heat source　crowds　used　can　as

_____

crowd 군중　**uncomfortable** 불편한, 거북한　**inconvenient** 불편한　**purpose** 목적; *용도　**recycle** 재활용하다　**source** 원천, 근원
capture 붙잡다, 포착하다　**store** 저장하다　**pump** 퍼 올리다　**reduce** 줄이다

Review Test

A 다음 단어의 영영풀이를 바르게 연결하시오.

1 ordinary ·   · ⓐ to move around an object in a curved path

2 conduct ·   · ⓑ usual and common, not special at all

3 atmosphere ·   · ⓒ the layer of gases surrounding a planet

4 purpose ·   · ⓓ to carry out an activity

5 orbit ·   · ⓔ the aim or intention of doing something

B 괄호 안에서 적절한 단어를 고르시오.

1 His rudeness made me (convenient / uncomfortable).

2 The company has (reduced / reused) its energy costs by 20 percent.

3 USB drives are used to (shop / store) and transport data.

4 The submarine was crushed by the (treasure / pressure) of the water.

C 우리말에 맞게 빈칸에 알맞은 단어를 쓰시오.

1 The board _____ _____ five members.
(그 위원회는 다섯 명의 위원으로 구성되어 있다.)

2 After years of drought, the region has _____ _____ a desert.
(수년 간의 가뭄 끝에 그 지역은 사막으로 변했다.)

3 It is important to wear a mask that fine dust cannot _____ _____.
(미세먼지가 통과할 수 없는 마스크를 착용하는 것이 중요하다.)

4 Frequent structural changes _____ _____ the collapse of the building.
(빈번한 구조직인 변화가 그 건물의 붕괴를 야기했다.)

· S E N T E N C E ·

D 밑줄 친 부분에 유의하여 다음 문장을 우리말로 해석하시오.

1 However, due to the hard outer layer, the steam can't escape, <u>which results in a build-up of pressure</u>.

   ▶ _____

2 A supermoon can <u>appear to be 14 percent bigger and 30 percent brighter than</u> a normal full moon.

   ▶ _____

3 And <u>if</u> we <u>didn't move</u> fast enough, the diamonds <u>would slip</u> past us, <u>falling deeper into the planet</u>.

   ▶ _____

4 Swedish engineers have found <u>a way to use crowds for a good purpose</u>.

   ▶ _____

E 우리말에 맞게 주어진 단어들을 바르게 배열하여 문장을 완성하시오.

1 실제로는 갑자기 증기가 빠져나오는 것으로 인해 소리가 발생하는 것으로 밝혀졌다.

   It has been found (by / actually caused / the sound / is / that / the sudden escape / of the steam).

   ▶ It has been found _____.

2 달이 가능한 한 지구에 가까울 때 보름달이 뜨면, 그것은 슈퍼문이라 불린다.

   If a full moon happens (possible / as / is / the moon / when / as / close to the earth), it is called a supermoon.

   ▶ If a full moon happens _____,
     it is called a supermoon.

3 그곳에서는 기온이 너무 높아서 다이아몬드가 분명 액체로 녹아버릴 것이다.

   There, the temperatures are (that / the diamonds / high / would surely melt / so / into liquid).

   ▶ There, the temperatures are _____.

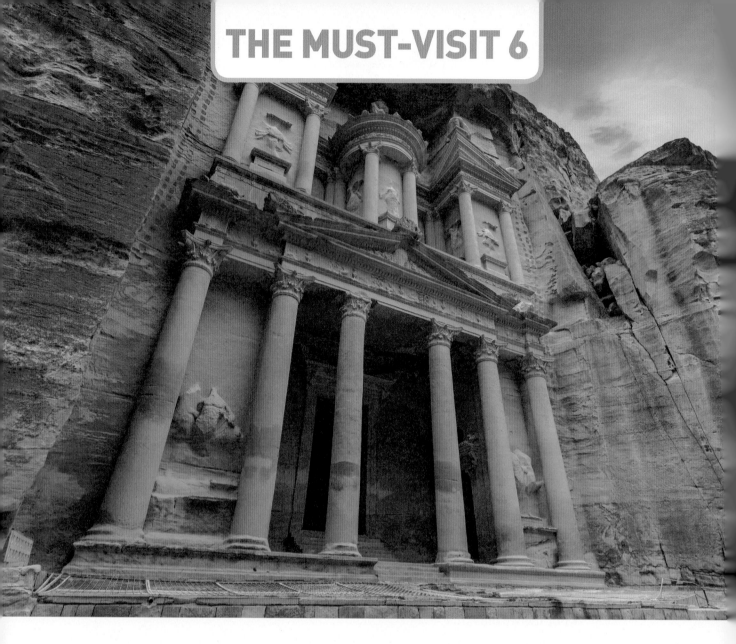

암벽 속에서 꽃피운 도시, 페트라(Petra)

세계 7대 불가사의 중 하나인 페트라는 요르단의 국보 1호이자 유네스코가 지정한 세계문화유산 중 하나이다. 또한 스티븐 스필버그의 영화 「인디아나 존스-최후의 성전」의 촬영 장소로도 유명한 곳이다.

페트라는 해발 950m의 암벽 도시로서 최고 높이가 300m인 바위산으로 둘러싸여 있다. 사막 한가운데에 붉은 사암으로 이루어진 거대한 바위 틈새에 건설된 도시로, 대부분의 건물들이 암벽을 파서 조성되었다. 절벽들 사이에 극장, 유황 온천탕 그리고 상수도 시설이 갖춰진 현대적 도시가 사막 위에 신비롭게 버티고 있다. 페트라는 요르단의 남서쪽에 위치하고 있는데, 이집트, 아라비아, 페니키아 등의 교차 지점에 있는 실크로드의 길목으로, 상업의 요충지로 한때 크게 번창했던 도시이다.

SECTION
10

01

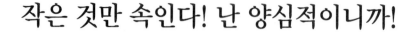
작은 것만 속인다! 난 양심적이니까!

📄 202 words ⏱ 3'00"

Date:
Time Taken:

Do you ever cheat? According to an author, almost everybody does. _____ⓐ_____, people only cheat a little, to a degree where they still do not feel guilty. To prove this, the author gave people a quiz with 20 questions. Some people had to hand in their answer sheet to have it checked. They got an average of four questions correct. Other people, however, were allowed to check their own answer sheet. On average, they said they got six questions correct. Clearly, some of them cheated, but they didn't cheat a lot. (A) He found that students were likely to take the soda, but not the money. (B) He went into college dormitories and left dollar bills and cans of soda in public areas. (C) The author also conducted another experiment to prove his theory. The author believes that there is a good reason for this behavior. All people have selfish desires, but, at the same time, they want to be good people. It's a little like dieting. Few people follow their diet 100% of the time. _____ⓑ_____, they might think it's okay to have cookies for a snack because they've been eating salad for lunch. In this way, they can keep their positive self-image.

3

6

9

12

15

18

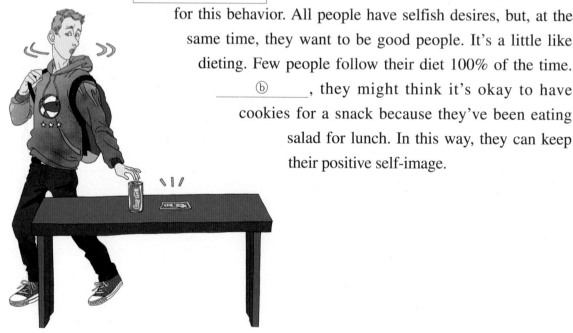

모럴 다이어트

사소한 부정행위는 괜찮다고 생각하며 스스로 도덕성의 기준을 합리화하는 심리 현상을 '모럴 다이어트 (moral diet)'라고 한다. 미국 라스베이거스에서 시각장애인과 비시각장애인을 택시에 교대로 타게 한 뒤 택시 기사들의 행동을 알아보는 실험을 했다. 연구원들은 승객이 시각장애인일 경우 택시 기사들이 먼 길로 돌아가는 수법을 쓰는지 관찰했다. 시각장애인들을 더 속일 거라는 예상과는 달리, 택시 기사들은 승객이 시각장애인이었을 때보다 비시각장애인인 경우 먼 길로 돌아가는 경향을 보였다. 그들은 시각장애인을 속이는 것에 더 큰 죄책감을 느꼈던 것이다.

1 윗글의 빈칸 ⓐ와 ⓑ에 들어갈 말로 가장 적절한 것은?

	ⓐ		ⓑ
①	However	······	Instead
②	However	······	For example
③	In addition	······	For example
④	In addition	······	As a result
⑤	Nevertheless	······	As a result

2 윗글의 (A)~(C)를 글의 흐름에 맞게 배열한 것으로 가장 적절한 것은?

① (A) – (C) – (B) ② (B) – (A) – (C)

③ (B) – (C) – (A) ④ (C) – (A) – (B)

⑤ (C) – (B) – (A)

서술형

3 〈보기〉에 주어진 단어를 바르게 배열하여 윗글의 요지를 완성하시오.

〈보기〉 to feel   themselves   they   good   so that   can continue   about

Most people limit their cheating _____.

---

cheat 부정행위를 하다, 속임수를 쓰다 ※**cheating** 부정행위 **author** 저자, 작가 **degree** 정도 **guilty** 죄책감이 드는 **prove** 증명하다
hand in …을 제출하다 **average** 평균 **dormitory** 기숙사 **conduct** (특정한 활동을) 하다 **theory** 이론 **behavior** 행동 **selfish**
이기적인 **desire** 욕구 **diet** 다이어트를 하다; 다이어트, 식이요법 **positive** 긍정적인 **self-image** 자아상 문제 **limit** 제한하다

02

마치 제3자처럼

Many people get nervous when they have to speak in public. They find it ① stressful and scary. However, researchers have some good news. They've found a way (these kinds of, to make, easier, situations, difficult) to handle — talking to yourself. More specifically, you should talk about yourself in the third person. In other words, _____. Instead of thinking "I'm doing well," you should say "David is doing well." By examining your own performance as if you were examining that of someone else, you can ② reduce your stress levels. In their study, the researchers found that people who talked to themselves this way showed fewer signs of stress. It seemed to help them ③ control their feelings. What's more, their public speaking skills were rated ④ lower than those of people who used first-person language. The researchers believe that this small change in the language people use to refer to themselves can make a ⑤ big difference. So the next time you have to speak in front of your class, give it a try!

3

6

9

12

15

18

you're great!

혼잣말의 효과

미국 일리노이 대학교의 한 연구팀은 혼잣말과 관련된 흥미로운 실험을 진행했다. 실험에서 참가자들은 자신이 소설에 등장하는 인물이라고 상상한 후, 이 인물에게 조언이나 충고를 하였다. 참가자 중 절반은 1인칭으로, 다른 절반은 2인칭으로 충고하는 대사를 만들었다. 대사 작성을 마친 다음에는 하나의 단어를 주고 그 단어의 알파벳 순서를 바꿔 다른 단어를 만드는 테스트를 하였다. 실험 결과, 등장인물에게 '너'라는 2인칭 호칭으로 격려한 그룹이 '나'라고 칭한 그룹보다 더 많은 단어를 완성하였다. 심리적으로 부담을 느끼는 상황에서 2인칭으로 자신에게 말을 걸면 마치 다른 사람으로부터 격려와 지지를 받는 것 같은 느낌을 받아 동기부여가 되는 것이라고 연구팀은 설명했다.

1 윗글의 제목으로 가장 적절한 것은?

① How to Improve Your Language Skills

② Public Speaking: Why It's So Stressful

③ Talking to Others Is the Key to Success

④ How to Evaluate Public Speaking Skills

⑤ Need to Give a Speech? Talk to Yourself

VOCA

2 윗글의 밑줄 친 ① ~ ⑤ 중, 문맥상 낱말의 쓰임이 적절하지 <u>않은</u> 것은?

3 윗글의 빈칸에 들어갈 말로 가장 적절한 것은?

① pretend you are fine

② judge other people

③ ask a friend for advice

④ use your own name

⑤ practice in front of other people

서술형

4 윗글의 괄호 안에 주어진 단어들을 다음 우리말에 맞게 배열하시오.

이러한 종류의 힘든 상황들을 다루기 더 쉽게 만드는 한 가지 방법

a way _____ to handle

---

in public 대중 앞에서 **handle** 다루다, 대처하다 **talk to oneself** 혼잣말을 하다 **specifically** 구체적으로 **the third person** 3인칭
examine 검사하다, 검토하다 **performance** 성과, 실행 **reduce** 줄이다 **rate** 평가하다 **give it a try** 시도하다 문제 **evaluate** 평가하나
pretend …인 척하다 **judge** 판단하다, 비판하다

03

📄 193 words 🕐 2'50"

Date:

Time Taken:

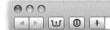

모두 저만 쳐다봐요!

Dear Britney,

I'm a 13-year-old boy, and I'm afraid there's something wrong with me. I feel like people are staring at me all the time, (A) judging / prejudging the way I look. Before I go out, I change my clothes again and again. And last week, I tripped and fell in the school cafeteria. Everyone saw! Only a few people laughed, but now I feel sick every time I think about it. What's wrong with me?

- Anonymous

↳ Dear Anonymous,

I have some good news for you: There's absolutely nothing wrong with you. What you have is called "adolescent *egocentrism," which is a(n) (B) normal / abnormal stage in adolescent development. Most people experience it between the ages of 12 and 15. Unfortunately, it isn't something you can control. It just gradually fades away as you get older. Lots of teenagers (C) designate / describe it as feeling like they are always being watched by an imaginary audience. Wherever they go or whatever they do, it seems like this audience is watching their every move. So don't worry! You're not the only one who feels this way. And as you get older, it will bother you less and less.

- Britney

*egocentrism 자기 중심성

122

1 adolescent egocentrism에 관한 윗글의 내용과 일치하면 T에, 일치하지 않으면 F에 표시하시오.

	T	F
(1) 대부분의 10대 청소년이 겪는 과정이다.	☐	☐
(2) 나이가 들수록 증세가 심해진다.	☐	☐
(3) 가상의 청중이 자신을 지켜보고 있는 것 같은 느낌이다.	☐	☐

VOCA

2 윗글의 (A), (B), (C)의 각 네모 안에서 문맥에 맞는 낱말로 가장 적절한 것은?

	(A)		(B)		(C)
①	judging	......	normal	......	designate
②	judging	......	abnormal	......	designate
③	judging	......	normal	......	describe
④	prejudging	......	normal	......	describe
⑤	prejudging	......	abnormal	......	designate

서술형

3 윗글의 밑줄 친 부분과 같은 뜻이 되도록 빈칸에 알맞은 말을 쓰시오.

_____ _____ _____ they go or _____ they do, it seems like this audience is watching their every move.

stare at ···를 쳐다보다 **prejudge** 성급한 판단을 내리다 **trip** 발을 헛디디다 **feel sick** 속이 불편하다 **anonymous** 익명의 **absolutely** 완전히; *전혀 **adolescent** 청소년 **abnormal** 비정상의 **gradually** 서서히, 차츰 **fade away** 사라지다 **designate** 지정하다, 지명하다 **imaginary** 가상의 **audience** 관객, 청중

04

📄185 words ⏱3'15"

Date:
Time Taken:

English Only

Is It Hard to Forget Something?

(A) From this experience, Zeigarnik theorized that an unfinished task creates psychological tension. That means people remain anxious about an unfinished task and try to complete it as soon as possible. In other words, people are motivated by the desire ① to get closure.

(B) Salespeople can't ② stop thinking about the deal they are working on until they have closed it. And fishermen can never forget the one that got away. Do you know why? According to Russian psychologist Bluma Zeigarnik, people are more likely to think about unfinished tasks than completed ③ ones. This is called the Zeigarnik effect.

(C) Surprisingly, she didn't first notice it in a scientific laboratory or an interview, but in a restaurant. She noted that the waiter could remember a large number of items ④ ordered by his customers. However, the moment he had delivered the meals to the customers, he would forget what he had served them.

Think about the Zeigarnik effect the next time you study for an exam. Before the exam, your head will be filled with knowledge and details. But once the exam is over, it will probably feel completely ⑤ emptily!

One coffee, two orange juices, two iced teas…

1

Choose the right order of (A), (B), and (C) according to the context.

① (A) – (C) – (B)　　　　　② (B) – (A) – (C)

③ (B) – (C) – (A)　　　　　④ (C) – (A) – (B)

⑤ (C) – (B) – (A)

수능어법

2

Which is grammatically incorrect among ① ~ ⑤?

서술형

3

Fill in the blanks using appropriate words from the passage.

According to the Zeigarnik effect, people think about _____ work more than _____ work. This is because things that aren't finished cause _____ _____, which keeps people worried about them.

| 자이가르닉 효과를 이용한 학습법 | 자이가르닉은 어떤 일이 순조롭게 진행될 때, 의도적으로 이를 중단시키는 것이 그렇지 않을 때보다 더 많은 내용을 기억하게 한다는 사실을 발견했다. 따라서 자이가르닉의 의견에 따르면, 독서를 하거나 공부할 때 주기적으로 휴식을 취하는 것이 쉬지 않고 계속할 때보다 더 많은 내용을 효과적으로 기억할 수 있다고 한다. |

---

theorize 이론화하다　**unfinished** 완료되지 않은　**task** 임무, 일　**psychological** 정신적인　**tension** 긴장　**complete** 완료하다　**motivate** 동기를 부여하다　**closure** 폐쇄; *종료　**deal** 거래　**psychologist** 심리학자　**laboratory** 실험실　**note** …에 주목하다　**be filled with** …으로 가득 차다

Review Test

A 다음 중 단어의 뜻풀이가 **잘못된** 것을 고르시오.

① gradually: slowly or bit by bit

② anonymous: having an unknown identity

③ average: a level considered to be beyond normal

④ psychologist: a specialist in the science of mental states

⑤ imaginary: existing only in your thoughts

B 다음 밑줄 친 부분의 의미로 가장 적절한 것을 고르시오.

1 Jake handled the difficult situation very smoothly.

① turned off　② took in　③ cared about　④ looked for　⑤ dealt with

2 The author of the book is unknown.

① painter　② date　③ price　④ writer　⑤ character

3 Have you completed your application for the scholarship program?

① started　② continued　③ finished　④ forgotten　⑤ succeeded

4 Thinking about success will motivate you to work harder.

① discourage　② captivate　③ participate　④ cultivate　⑤ stimulate

C 우리말에 맞게 빈칸에 알맞은 단어를 쓰시오.

1 There is a new menu item. Why don't you _____ _____ _____
_____?
(새로운 메뉴가 있습니다. 한번 시도해 보는 게 어떠세요?)

2 All the students _____ _____ their assignments on time.
(모든 학생들이 그들의 과제를 제시간에 제출했다.)

3 As Jason is shy, he doesn't like to speak _____ _____.
(제이슨은 수줍음을 많이 타서, 대중 앞에서 말하는 것을 좋아하지 않는다.)

4 The memories we shared together seemed to _____ _____ as time
passed by.
(우리가 함께 나눈 기억은 시간이 지나면서 사라지는 것 같았다.)

· S E N T E N C E ·

D   밑줄 친 부분에 유의하여 다음 문장을 우리말로 해석하시오.

1 Some people had to hand in their answer sheet <u>to have it checked</u>.

   ▶ _____

2 By examining your own performance <u>as if you were examining that of someone else</u>, you can reduce your stress levels.

   ▶ _____

3 <u>Wherever they go or whatever they do</u>, it seems like this audience is watching their every move.

   ▶ _____

4 That means people remain anxious about an unfinished task and <u>try to complete it as soon as possible</u>.

   ▶ _____

E   우리말에 맞게 주어진 단어들을 바르게 배열하여 문장을 완성하시오.

1 사람들은 그래도 죄책감을 느끼지 않을 정도까지, 약간만 부정행위를 한다.

   People only cheat a little, (still do not / where / to a degree / guilty / feel / they).

   ▶ People only cheat a little, _____.

2 많은 10대들이 그것을 가상의 청중이 항상 자신을 쳐다보고 있는 것 같은 느낌이라고 묘사합니다.

   Lots of teenagers describe it as feeling like (always / by / they / watched / are / being / an imaginary audience).

   ▶ Lots of teenagers describe it as feeling like _____

   _____.

3 러시아 심리학자인 블루마 자이가르닉에 따르면, 사람들은 완료된 과업보다 미완성된 과업에 대해 생각할 가능성이 더 크다고 한다.

   According to Russian psychologist Bluma Zeigarnik, (than / are more likely / completed ones / unfinished tasks / people / to think about).

   ▶ According to Russian psychologist Bluma Zeigarnik, _____

   _____.

Broke

대출 한도를 초과하면 타일을 깨던 것에서 유래!

사전에서 broke를 찾으면, '깨다, 부수다'라는 의미의 동사 break의 과거형과 '무일푼의, 빈털터리의'라는 뜻의 형용사가 함께 나온다. 이런 의미가 생겨난 데에는 과거 대출 제도와 관련이 있다.

포스트 르네상스 시대에 많은 유럽 은행에서는 사람들에게 돈을 대출해 줄 때 작은 도자기 타일을 발급했다. 이것은 신용카드와 비슷한 역할을 했는데, 이 타일에는 대출자의 이름과 그 사람의 대출 한도액이 새겨져 있었다. 고객은 대출 신청을 할 때마다 자신의 도자기 타일을 은행 직원에게 보여줘야 했는데, 그럼 직원은 도자기 타일에 각인된 한도액과 그 사람이 여태껏 대출한 금액을 비교했다. 만약 고객의 누적된 대출 금액이 타일에 적힌 한도를 초과하면, 은행 직원은 즉시 고객의 타일을 깨버렸는데, 여기서 '무일푼의, 빈털터리의'라는 의미가 유래했다.

SECTION

11

생활 속 경제

01

음악이 지갑을 열리게 한다?

📄202 words ⏱2'50"

Date:
Time Taken:

Imagine you were opening your own shop. There would be many things to do and many decisions to make. But would you worry about what kind of music to play in the shop? If you answered no, you'd be making a big mistake!

Studies have shown that background music has a strong effect on shoppers. Specifically, the tempo of the music influences how much they spend. Slow music makes people shop more slowly. They stay in the shop longer, so they buy more items and spend more money as a result. Fast music,　　(A)　　, makes people shop more quickly, so they buy fewer items and spend less money.

For this reason, you might think that shops would always play slow music. But this is not the case. They do play slow music most of the time.　　(B)　　, they will often switch to faster music when they are getting ready to close at the end of the day. This causes shoppers to quickly make last-minute purchases.

Shoppers might not pay attention to background music, but smart shop owners understand the important effect it has. It not only changes the atmosphere of the shop but also influences the behavior of shoppers.

매장 배경 음악 전문가

매장 배경 음악 전문가는 백화점이나 대형마트, 대형서점과 같은 매장에 배경 음악을 제공하고 관리하는 직업으로 음악코디네이터로 불리기도 한다. 장소나 시간, 날씨 등의 요소를 고려하여 음악을 제공하는 것이 고객의 구매 심리에 영향을 미친다고 알려지면서 음악 마케팅과 함께 이런 직업이 등장하였다. 매장 배경 음악 전문가는 서비스를 의뢰한 매장의 업종, 위치, 영업시간, 주 고객, 판매하는 상품 등을 분석하여 그에 적합한 음악을 선곡하여 제공한다.

생활 속 영어

1 윗글의 제목으로 가장 적절한 것은?

① A Quiet Atmosphere Attracts Shoppers

② Save Money by Shopping More Slowly

③ People Shop for Music in Different Ways

④ What You Hear Influences How You Shop

⑤ Shoppers and Shop Owners Work Together

2 윗글의 빈칸 (A)와 (B)에 들어갈 말로 가장 적절한 것은?

	(A)		(B)
①	in fact	······	Besides
②	for example	······	Similarly
③	for example	······	However
④	on the other hand	······	Similarly
⑤	on the other hand	······	However

3 주어진 질문에 대한 답을 할 때, 빈칸에 들어갈 알맞은 말을 본문에서 찾아 쓰시오.

Why do shops switch to faster background music at the end of the day?

→ It encourages shoppers _____.

---

make a decision 결정하다 **make a mistake** 실수하다 **background** 배경 **have an effect on** …에 영향을 미치다 **influence** 영향을 미치다 **switch** 전환하다, 바꾸다 **make a purchase** 구매하다 **last-minute** 막판의, 최후의 **pay attention to** …에 주의를 기울이다 **atmosphere** (지구의) 대기; *분위기 **behavior** 행동 문제 **attract** 끌어들이다 **besides** 게다가 **encourage** 부추기다, 조장하다

02

📄184 words ⏱3'00"

Date:
Time Taken:

소비자 낚는 상품!

Imagine this — you hear about an amazing discount and think you will save lots of money. But by the time you've finished shopping, you've actually bought far more than you had originally wanted! This is the power of "loss leaders."

ⓐA loss leader is a product sold at very little profit or even at a loss. Its purpose is to attract more customers to a store so that they end up spending more on other products.

One strategy that companies use has to do with product _____. Loss leaders are usually put at the back of the store, so customers have to pass the regularly priced products first. Another strategy involves selling just one component of a set very cheaply. For example, razor handles are often given away for free so that customers are locked into buying expensive refill blades.

While loss leaders can trick customers, wise shoppers can use them to their advantage. If loss leader items are all they need, they should prepare their shopping list in advance and ⓑstick to it. By doing so, consumers can save a lot of money.

3

6

9

12

15

18

체리피커

기업뿐만 아니라 소비자 중에서도 기업을 이용해 전략적으로 상품을 구매하는 이들이 있다. 이들은 '달콤한 체리만 골라 먹는 사람'이라는 뜻의 체리피커(cherry picker)라고 불리며, 기업의 상품이나 서비스를 구매하지 않으면서 다양한 부가 혜택이나 서비스를 최대한 활용해 자신의 실속만 차린다. 예를 들어, 그들은 홈쇼핑을 통해 구매한 가구나 전자제품을 잠깐만 쓰고 반품하는 것을 반복함으로써 해당 회사에 손해를 끼치기도 한다. 최근 기업들은 이들에 대한 대응책을 마련해 시행하고 있다.

1

밑줄 친 ⓐA loss leader의 사례에 해당하는 것 두 가지를 고르시오.

① A의상실은 고객 개개인을 위한 옷을 맞춤 제작한다.

② B마트는 치킨 한 마리를 시중가의 1/3 가격으로 판매한다.

③ C백화점은 극소수의 고객을 위한 한정판 시계를 판매한다.

④ D문구점은 친환경 소재로 만든 문구류와 인형만을 판매한다.

⑤ E안경점은 안경을 맞추는 고객에게 안경테를 무료로 제공한다.

2

윗글의 빈칸에 들어갈 말로 가장 적절한 것은?

① price   ② design   ③ amount
④ variety   ⑤ placement

3

윗글의 밑줄 친 ⓑstick to와 바꿔 쓸 수 있는 말로 가장 적절한 것은?

① bring   ② forget   ③ follow   ④ memorize   ⑤ create

4

윗글의 내용과 일치하도록 빈칸에 알맞은 말을 본문에서 찾아 쓰시오.

loss leader: a _____ not sold for a profit

• strategy 1: Loss leaders are placed at the _____ of the store.

• strategy 2: Companies sell only one part of a set very _____.

---

discount 할인 **save** 절약하다 **profit** 이익 **loss** 손해 **end up v-ing** 결국 …하게 되다 **strategy** 전략 **have to do with** …와 관계가 있다, 관련되다 **component** 구성 요소 **razor** 면도기 **give away** …을 거저 주다 **for free** 무료로 **be locked into** …에 걸려들다, 휘말리다 **refill** 리필제품 **blade** 칼날 **to one's advantage** …에게 유리하게 **in advance** 미리, 사전에 **stick to** …을 고수하다, 지키다

03

📄 183 words ⏱ 2'38"

Date:
Time Taken:

들인 돈이 얼만데!

Watching a movie at the theater, you soon realize it's ⓐ(too, scary, be, enjoyable). But you keep watching it because you already paid for the ticket and can't get a refund. This irrational behavior can be explained by the Concorde fallacy.

The Concorde fallacy is the idea that we often keep doing things simply because we don't want to _____ . Its name comes from a supersonic jet made by France and Britain. Though it was fast and safe, the Concorde was costly to produce and there weren't many orders. However, the French and British governments continued to pour money into the project. They didn't want to give up because they felt they had already invested too much. By the time the last Concorde flew in 2003, the project had become a legendary financial disaster.

There is, however, a lesson to be learned from it. It isn't easy to admit mistakes, but a wise person knows ⓑ(when, give up). To avoid the Concorde fallacy, consider only future costs and potential profits, ignoring any investments that have already been made.

모토로라의 실패

콩코드 오류를 범해 실패한 사례는 실제 기업에서도 찾아볼 수 있다. 가장 대표적인 예가 모토로라(Motorola)이다. 미국 최고의 통신장비 기업이었던 모토로라는 77개의 위성을 띄워 전 세계 휴대전화 통화를 가능케 하는 프로젝트를 기획했다. 야심 차게 시작한 이 프로젝트에는 10년간 13억 달러에 달하는 거금이 투자되었다. 하지만 고가의 휴대전화, 높은 분당 통화료, 그리고 타 국가에서도 같은 번호로 통화할 수 있는 글로벌 로밍이 가능해지면서 위성 휴대전화에 대한 수요는 희박할 것이라 예상되었다. 그러나 기존에 쏟아부은 투자 비용 때문에 모토로라는 계속 프로젝트를 진행했고, 결국 90억 달러에 이르는 큰 손실을 보고 말았다.

생활 속 경제

1 윗글의 제목으로 가장 적절한 것은?
① Sometimes Quitting Is the Best Decision
② Invest Your Money in a Variety of Things
③ A Supersonic Jet That Changed the World
④ Investment Is More Important Than Profit
⑤ The Concorde Fallacy: Giving Up Too Easily

2 윗글의 빈칸에 들어갈 말로 가장 적절한 것은?
① work together with others
② learn about something new
③ spend more time or money
④ waste our initial investment
⑤ change comfortable routines

3 윗글의 괄호 ⓐ와 ⓑ 안에 주어진 단어들을 이용하여 다음 우리말에 맞게 쓰시오.
ⓐ 너무 무서워서 즐길 수 없는 _____ _____ _____ _____
ⓑ 언제 포기해야 할지 _____ _____ _____ _____

---

get a refund 환불받다 **irrational** 비이성적인 **fallacy** 오류 **supersonic** 초음속의 **costly** 많은 돈[비용]이 드는 **produce** 생산하다
give up 포기하다 **invest** 투자하다 ※**investment** 투자 **legendary** 전설적인, 아주 유명한 **financial** 금융의, 재정의 **disaster** 재앙
admit 인정하다 **potential** 잠재적인 **profit** 수익, 이윤 **ignore** 무시하다 문제 **quit** 그만두다 **a variety of** 다양한 **waste** 낭비하다
initial 처음의, 초기의 **routine** 틀에 박힌 일

04

📄179 words ⏱2'50"

Date:
Time Taken:

English Only

Not Too Big, Not Too Small

A woman wants to buy a new phone, but there are many models to choose from. Some are expensive and have many features, while others are quite cheap but have ①few features. Confused, she finally just picks one right in the middle — not too cheap, not too expensive.

This type of situation is a ②common experience of modern consumers. There is actually a name for it — the Goldilocks effect. It comes from an old fairytale, "Goldilocks and the Three Bears." In the story, a girl named Goldilocks makes a series of choices, always (A) chosen / choosing the option in the middle.

This is natural ③psychological behavior, since people usually avoid extremes. They think that more expensive items are a ④waste of money. However, they worry (B) that / which cheaper items are of poor quality. Many companies take advantage of the Goldilocks effect. They'll often release a luxury version and a low-budget version of one of their items. But their real goal is to make consumers (C) buy / to buy the one in the middle. It may sound like a simple strategy, but it is very ⑤ineffective!

$150 $200 $300

VOCA

1

Which is NOT appropriate among ①~⑤?

수능어법

2

Choose the grammatically correct one for (A), (B), and (C).

	(A)		(B)		(C)
①	chosen	⋯⋯	that	⋯⋯	buy
②	chosen	⋯⋯	which	⋯⋯	to buy
③	choosing	⋯⋯	that	⋯⋯	to buy
④	choosing	⋯⋯	which	⋯⋯	buy
⑤	choosing	⋯⋯	that	⋯⋯	buy

서술형

3

Fill in the blanks using appropriate words from the passage.

Companies expect consumers to pick the option in the _____ because most people _____ _____.

동화 「골디락스와
곰 세마리」 줄거리

골디락스라는 소녀가 숲속에서 한 집을 발견하고는 그 집에 들어가 수프가 담긴 세 접시를 보았다. 첫 번째 수프는 너무 뜨겁고, 두 번째 수프는 너무 차가웠다. 마지막 수프는 먹기에 딱 적당한 온도여서 소녀는 그 수프를 먹었다. 그리고 나서 세 개의 의자를 마주한 골디락스는 너무 크거나 너무 작은 의자 사이에 딱 적당한 크기의 의자에 앉았으나 의자가 곧 부서지고 말았다. 그 후, 그녀는 세 개의 침대를 보고 어디에 누울지 고민했다. 첫 번째 침대는 너무 딱딱했고, 두 번째 침대는 너무 푹신했고, 마지막 침대가 적당하여 그 침대에 누워 잠이 들었다. 그러는 사이, 집주인인 곰 세 마리가 집에 돌아왔고, 골디락스는 끔찍 놀라 멀리 도망친다.

feature 기능 **modern** 현대의 **consumer** 소비자 **fairytale** 동화 **make a choice** 선택하다 **a series of** 일련의 **option** 선택(할 수 있는 것) **psychological** 심리적인, 정신적인 **extreme** 극단 **quality** 질 **take advantage of** ⋯을 이용하다 **release** 풀어 주다; *공개[발표]하다 **budget** 예산

Review Test

A 다음 단어의 영영풀이를 바르게 연결하시오.

1 strategy •   • ⓐ a false belief which many people think to be true

2 component •   • ⓑ happening at the beginning

3 financial •   • ⓒ having to do with money

4 initial •   • ⓓ a piece of a larger whole or a set

5 fallacy •   • ⓔ a plan for achieving a specific goal

B 괄호 안에서 적절한 단어를 고르시오.

1 We should do what we can to (save / behave) energy.

2 Before the movie begins, please (swing / switch) your cell phone to silent mode.

3 As a student, all I could do was complain about the (irritated / irrational) system.

4 The popular music group will (relieve / release) their newest album next month.

C 우리말에 맞게 빈칸에 알맞은 단어를 쓰시오.

1 Please book _____ _____ to guarantee your seat at the concert.
   (콘서트에서 당신의 좌석을 확보하려면 미리 예약하십시오.)

2 Harry _____ _____ doing all the work himself.
   (해리는 결국 모든 일을 직접 하게 되었다.)

3 It is important to _____ _____ a goal once it has been set.
   (일단 목표가 정해지면 그것을 고수하는 것이 중요하다.)

4 _____ _____ _____ details, and you won't make mistakes.
   (세부사항에 주의를 기울이면 실수하지 않을 것이다.)

· S E N T E N C E ·

D 밑줄 친 부분에 유의하여 다음 문장을 우리말로 해석하시오.

1 It <u>not only</u> changes the atmosphere of the shop <u>but also</u> influences the behavior of shoppers.

　▶ _____

2 Its purpose is to attract more customers to a store <u>so that they end up spending more on other products.</u>

　▶ _____

3 To avoid the Concorde fallacy, consider only future costs and potential profits, <u>ignoring any investments that have already been made.</u>

　▶ _____

4 In the story, a girl named Goldilocks makes a series of choices, <u>always choosing the option in the middle.</u>

　▶ _____

E 우리말에 맞게 주어진 단어들을 바르게 배열하여 문장을 완성하시오.

1 할 일이 많고 해야 할 결정도 많을 것이다.

There would be (decisions / things / and / many / many / to make / to do).

　▶ There would be _____.

2 그들은 자신들이 이미 너무 많이 투자했다고 생각했기 때문에 포기하고 싶지 않았다.

They didn't want to give up (too much / had / felt / because / already invested / they / they).

　▶ They didn't want to give up _____.

3 일부는 비싸고 많은 기능이 있는 반면, 다른 것들은 상당히 저렴하지만 기능이 거의 없다.

Some are expensive and have many features, (while / few features / have / quite cheap / are / but / others).

　▶ Some are expensive and have many features, _____

　_____.

 ## 야생동물의 왕국, 마사이마라 국립보호구역(Masai Mara)

아프리카 여행에서 빼놓을 수 없는 것이 바로 사파리(safari)이다. 사파리란 자동차에 텐트와 식량 등을 싣고 안내인의 도움을 받아 수렵과 탐험을 하는 원정 여행을 말하는데, 이를 즐길 수 있는 최적의 장소가 바로 마사이마라 국립보호구역이다. 이곳은 케냐 남서부 지대의 면적 1,510km²에 펼쳐진, 케냐에서 가장 많은 야생동물이 서식하는 초원 지대이다.

'마사이'는 케냐에 거주하는 용맹스러운 '마사이족'을, '마라'는 '점무늬가 있는'을 의미하는데, 여러 종류의 야생동물이 초원에 점점이 박혀 있는 것 같은 모습 때문에 붙여진 이름이다. 동물들의 계절이동이 시작되는 7월에서 9월 사이에 이곳에서 사자, 코끼리, 표범, 버팔로, 코뿔소를 비롯한 수백 종의 동물들을 가까이에서 관찰할 수 있다.

마사이마라 국립보호구역은 야생동물의 왕국이기도 하지만, 대자연의 품을 그리워하는 사람이라면 누구나 가고 싶어 하는 여행지이기도 하다.

SECTION 12

환경·자연

01

📄177 words ⏱2'40"

Date:
Time Taken:

조개껍데기 대신 사진을 남기세요

After spending a day at the beach, you might want something to remind you of your visit. So why not pick up some seashells and take them home? Actually, there's a good reason for not doing this. Taking shells can harm the environment, as they serve several important purposes on beaches. First of all, they protect beach grass and keep sand from blowing away. They also act as homes for *hermit crabs and hiding places for small fish. And ocean birds can use them to build nests. Finally, old shells break down and provide nutrients for organisms living in the sand.

You might think that taking just one shell is okay. However, many people visit beaches, so what if they all took one shell? Researchers studied a popular tourist beach in Spain and found that the number of shells had decreased by 60% since 1978. This is likely to lead to a serious decline in the health of the beach. So if you want to bring home a memory of a beautiful beach, take a photograph instead.

*hermit crab 소라게, 집게

조개껍데기 속 비밀

잘린 나무의 나이테를 보면 나무의 나이를 가늠할 수 있다. 조개들도 나무처럼 나이테를 가지고 있는데, 그것은 바로 조개껍데기의 미세한 줄무늬다. 조개껍데기에 새겨진 이 성장 줄무늬를 통해서 조개의 나이를 추정할 수 있다. 조개껍데기의 잔주름은 여름, 겨울 같은 계절의 변화에 따라 자라나는 속도가 다르기 때문에 발생한다. 몇 해 전, 과학자들은 아이슬란드에서 채집한 북대서양 대합의 껍데기 줄무늬를 통해 이 조개의 나이가 무려 507살임을 발견했다.

정답 및 해설 p.79

1 윗글에서 조개껍데기의 역할로 언급되지 <u>않은</u> 것은?

① 해변의 풀을 보호한다.

② 소라게의 서식처 역할을 한다.

③ 바닷새들의 둥지 재료로 사용된다.

④ 모래에 사는 생물들에게 영양분을 공급한다.

⑤ 해양 생태계의 다양성 연구에 사용된다.

VOCA

2 윗글의 밑줄 친 <u>lead to</u>와 바꿔 쓸 수 있는 말로 가장 적절한 것은?

① cause ② prevent ③ explain

④ reverse ⑤ promote

서술형

3 윗글의 요지를 다음과 같이 완성할 때, 빈칸에 알맞은 말을 본문에서 찾아 쓰시오.

Shells play many important roles on _____, so collecting them can _____ _____ _____.

---

remind A of B A에게 B를 생각나게 하다 **seashell** 조개껍데기 **blow away** (바람에) 날리다, 날아가다 **nest** 둥지 **break down** 부서지다, 나누어지다 **nutrient** 영양분 **organism** 유기체 **decrease** 감소하다 **lead to** (결과적으로) …로 이어지다, …을 초래하다 **decline** 감소; *쇠퇴 문제 **reverse** 뒤바꾸다

02

📄169 words ⏱3'00"

Date:

Time Taken:

우리도 스웨터가 필요해요!

People often dress their cats and dogs in tiny sweaters during cold weather. Surprisingly, penguins sometimes need clothes to ①keep them warm, too! A conservation group in Australia is calling on knitters to donate tiny wool sweaters for penguins. *Little blue penguins, also ②known as fairy penguins, are the smallest species of penguin and can be found on Australia's south coast. When oil spills occur in the area, rescuers rush to recover oil-covered birds. The problem is ③which even a little bit of oil can cause a penguin's feathers to stick together, affecting its ability to stay warm. This can put its life at risk. But wearing a sweater allows the penguin ④to maintain its body heat until a volunteer can clean the oil from its feathers. Once it is clean and healthy, it ⑤will be returned to the wild. These little sweaters have saved many lives. Of course, the best way to protect penguins — and our environment — is to prevent oil spills from happening in the first place.

*little blue penguin 쇠푸른펭귄

쇠푸른펭귄   꼬마펭귄 또는 요정펭귄이라고도 불리는 쇠푸른펭귄은 키는 30~33cm 정도이고 몸무게는 1.5kg 정도로 현존하는 펭귄 중 몸집이 가장 작나. 선체석으로는 회색빛이 돔도는 푸른색을, 턱 기슴 배는 힌색을 띠고 있다. 주로 야생 동물들의 천국으로 알려진 호주의 필립섬(Phillip Island)에 서식한다.

환경 · 자연

1 윗글의 제목으로 가장 적절한 것은?

① How to Prevent Oil Spills

② How Oil Affects Penguins

③ Knitters Can Save Penguins' Lives

④ Fairy Penguins: A New Type of Pet

⑤ The Smallest Penguins in the World

수능 어법

2 윗글의 밑줄 친 ①~⑤ 중, 어법상 틀린 것은?

VOCA

3 윗글의 밑줄 친 calling on과 바꿔 쓸 수 있는 말로 가장 적절한 것은?

① testing   ② asking   ③ inviting

④ interviewing   ⑤ counting

서술형

4 윗글의 내용과 일치하도록 빈칸에 알맞은 말을 본문에서 찾아 쓰시오.

When a penguin is exposed to even a small amount of _____, it loses its ability to stay _____. Wearing a sweater can help it keep its _____ _____ stable.

tiny 자은 **conservation group** 자연 보호 단체 **call on** …에게 요청하나 **knitter** 뜨개질하는 사람 **donate** 기증하다 **fairy** 요정 **spill** 유출 **rescuer** 구조자 **rush** 서눌러 가다 **recover** 회복시키다 **feather** 깃털 **stick together** 달라붙다 **affect** 영향을 주다 **put ... at risk** …을 위험에 처하게 하다 **prevent** 방지하다, 예방하다 **in the first place** 우선, 먼저 문제 **stable** 안정적인

03

📄 175 words ⏱ 3'00"

Date:
Time Taken:

아주 특별한 고층 건물

The 2010 Taipei International Floral Exposition featured an exhibition hall built out of a very unique type of material. Known as the EcoArk, it is 130 meters long and about as big as six basketball stadiums. Amazingly, it was built using approximately 1.5 million recycled plastic bottles taken from Taipei's waste disposal system. Although a building made from plastic bottles might sound weak, EcoArk is able to withstand even the most serious natural disasters, including earthquakes and typhoons. Its secret is that all of its plastic bottles are joined together firmly, making the building _____. What's more, it cost 70% less to construct than a normal building, as recycled material was used. The clear plastic bottles serve another purpose as well — sunlight shines right through them, heating and lighting the building. That means it requires less electricity during the day. For all of these reasons, EcoArk is considered to be a great example of eco-friendly architecture. In fact, it gained a lot of attention from the media and won the 2010 Earth Award.

세상을 밝히는
1리터의 빛

과거 브라질에서는 전기가 비쌌기 때문에 빈민가에 전력 공급이 제대로 되지 않았다. 이곳에 살던 평범한 기계공 알프레도 모저(Alfredo Moser)는 불빛이 없어서 책을 읽지 못하던 이웃집 소년을 안타깝게 여겼다. 궁리 끝에 그는 단돈 1달러로 전구를 만드는 방법을 고안해냈다. 슬레이트 지붕에 구멍을 낸 후, 표백제와 물을 넣은 페트병 윗부분을 바깥 햇빛에 노출시킨 채로 달아 주자 햇빛이 페트병을 통과하며 집 안에 약 55와트 전구만큼의 역할을 했다. '모저 램프'라고 불리는 이 페트병 전구는 이두운 빈민가를 밝혀주었고, 이후 빛이 필요한 곳에 희망을 비추는 '1리터의 빛(Liter of Light)' 캠페인으로 확산되었다.

1 윗글의 제목으로 가장 적절한 것은?
① Finding Cheaper Ways to Recycle
② Eco-Friendly Architecture Using Plastic
③ The Failure of Taipei's Recycling System
④ The Secrets of a Taipei Exposition's Success
⑤ Taipei: The World's Most Eco-Friendly City

2 윗글의 빈칸에 들어갈 말로 가장 적절한 것은?
① tall and straight   ② soft and light
③ strong and solid   ④ cheap and reusable
⑤ creative and unique

3 윗글에서 EcoArk에 관해 언급되지 **않은** 것은?
① 소재지   ② 건축가   ③ 높이
④ 건축 재료   ⑤ 수상 내역

4 윗글의 내용과 일치하도록 빈칸에 알맞은 말을 본문에서 찾아 쓰시오.
Because sunlight travels through the plastic bottles, EcoArk uses _____ _____ during the daytime.

floral 꽃의; *식물의 exposition 박람회 feature 특별히 포함하다, 특징으로 삼다 exhibition 전시 material 재료 approximately 대략 disposal 처리, 폐기 withstand 견디다 natural disaster 자연재해 earthquake 지진 typhoon 태풍 firmly 굳게, 단단히 clear 깨끗한; *투명한 serve a purpose 도움이 되다, 쓸모가 있다 eco-friendly 친환경적인 architecture 건축 문제 solid 단단한 reusable 재사용할 수 있는

04

📄197 words ⏱3'05"

Date:
Time Taken:

English Only

A Lost Paradise

In paradise, everyone receives the ① comforts of life without having to work at all. But could such a place exist in the real world?

The people of the Republic of Nauru, a tiny Pacific island, once thought they had found paradise. In 1896, *phosphate deposits were discovered there, and life on the island changed immediately. Demand for the mineral, which is used to make high-quality chemical fertilizers, made it very ② valuable. By mining and selling the phosphate, the people of Nauru grew incredibly wealthy. Education, healthcare, and utilities were free for all, and newlyweds were even given free houses.

This utopia did not ③ last, however. Nauru failed to prepare for the day when the phosphate ran out, and when this day came in the 1990s, everything fell apart. After 100 years of mining, their island's once-rich natural resource was ④ excessive. In the end, the people lost their money and all their possessions.

Nauru's story should act as a warning to the rest of the modern world. In many countries, our ⑤ nearsighted desire for wealth has led to environmental ruin and poverty. We must remember that a place considered to be a paradise was destroyed by human greed.

*phosphate 인산 광물

VOCA

1 Which is NOT appropriate among ① ~ ⑤?

2 Which of the following is NOT true about the Republic of Nauru?
① Nauru is a small island in the Pacific.
② The people in Nauru got rich by selling chemical fertilizer.
③ Children in Nauru were educated for free.
④ Newlywed couples were provided with free houses.
⑤ The phosphate in Nauru ran out in the 1990s.

3 Write what the underlined phrase "a place considered to be a paradise" refers to using words from the passage. (4 words)

---

comfort 안락, 편안; *편의 시설[도구] **deposit** 보증금; *(광물) 매장층 **chemical** 학학의 **fertilizer** 비료 **valuable** 귀중한 **mine** 캐다, 채굴하다 ※**mining** 채굴, 채광 **incredibly** 대단히 **wealthy** 부유한 ※**wealth** 부 **utility** (수도·전기·가스 등의) 공익 설비 **newlywed** ((pl.)) 신혼부부 **run out** 다 떨어지다 **fall apart** 무너지다, 허물어지다 **excessive** 과도한 **possession** ((pl.)) 소유물, 재산 **nearsighted** 근시안적인 **ruin** 파멸, 파괴 **poverty** 가난 **greed** 탐욕

Review Test

A 다음 중 단어의 뜻풀이가 잘못된 것을 고르시오.

① architecture: the art of designing and constructing buildings

② donate: to give money or goods to help a person or group

③ fertilizer: a chemical used to enrich soil

④ excessive: less than what is needed or desirable

⑤ exhibition: a public display of something, such as works of art

B 문맥상 다음 빈칸에 들어갈 가장 알맞은 단어를 고르시오.

1 Laws _____ businesses from causing too much pollution.

① ruin   ② enable   ③ affect   ④ encourage   ⑤ prevent

2 Our toys are made to _____ frequent drops on the floor.

① create   ② save   ③ cause   ④ prohibit   ⑤ withstand

3 Her most valued _____ is the ring her mother gave her at her wedding.

① expression   ② possession   ③ depression   ④ obsession   ⑤ recession

4 The company is trying to come up with more _____ products to help save the environment.

① friendly   ② unusual   ③ eco-friendly   ④ expensive   ⑤ customized

C 우리말에 맞게 빈칸에 알맞은 단어를 쓰시오.

1 As the economy started to _____ _____, many companies went bankrupt.

(경제가 무너지기 시작하면서 많은 회사들이 부도가 났다.)

2 We had to go shopping when the food _____ _____.

(음식이 다 떨어져서 우리는 쇼핑을 가야 했다.)

3 The smell of the cookies _____ me _____ my grandmother.

(쿠키 냄새가 내게 우리 할머니를 생각나게 했다.)

4 Lack of sleep can _____ _____ serious health problems.

(수면 부족은 심각한 건강 문제로 이어질 수 있다.)

· SENTENCE ·

D 밑줄 친 부분에 유의하여 다음 문장을 우리말로 해석하시오.

1 Researchers studied a popular tourist beach in Spain and found that <u>the number of shells had decreased by 60% since 1978</u>.

▶ _____

2 The best way to protect penguins — and our environment — is <u>to prevent oil spills from happening in the first place</u>.

▶ _____

3 Amazingly, it was built <u>using approximately 1.5 million recycled plastic bottles taken from Taipei's waste disposal system</u>.

▶ _____

4 Demand for the mineral, <u>which is used to make high-quality chemical fertilizers</u>, made it very valuable.

▶ _____

E 우리말에 맞게 주어진 단어들을 바르게 배열하여 문장을 완성하시오.

1 해변에서 하루를 보낸 후, 당신은 자신의 방문을 생각나게 해줄 무언가를 원할지도 모른다.

After spending a day at the beach, (your visit / you / you / to remind / something / might want / of).

▶ After spending a day at the beach, _____.

2 문제는 적은 기름이라고 하더라도 펭귄의 깃털을 달라붙게 해서, 그것의 따뜻하게 유지하는 능력에 영향을 준다는 것이다.

The problem is that (even a little bit of / to stick together / oil / a penguin's feathers / can cause), affecting its ability to stay warm.

▶ The problem is that _____,
affecting its ability to stay warm.

3 우리는 낙원이라고 여겨졌던 곳이 인간의 탐욕에 의해 파괴되었다는 것을 명심해야 한다.

We must remember that (by / to be / a place / a paradise / human greed / was destroyed / considered).

▶ We must remember that _____.

지은이

NE능률 영어교육연구소

NE능률 영어교육연구소는 혁신적이며 효율적인 영어 교재를 개발하고
영어 학습의 질을 한 단계 높이고자 노력하는 NE능률의 연구조직입니다.

리딩튜터 〈기본〉

펴 낸 이	주민홍
펴 낸 곳	서울특별시 마포구 월드컵북로 396(상암동) 누리꿈스퀘어 비즈니스타워 10층
	㈜NE능률 (우편번호 03925)
펴 낸 날	2018년 8월 5일 개정판 제1쇄 발행
	2023년 10월 15일 제15쇄
전 화	02 2014 7114
팩 스	02 3142 0356
홈페이지	www.neungyule.com
등록번호	제1-68호
I S B N	979-11-253-2387-7 53740
정 가	13,000원

NE 능률

고객센터

교재 내용 문의 : contact.nebooks.co.kr (별도의 가입 절차 없이 작성 가능)
제품 구매, 교환, 분량, 반품 문의 : 02 2014 7114
☎ 전화문의는 본사 업무시간 중에만 가능합니다.

NE능률 교재 MAP

아래 교재 MAP을 참고하여 본인의 현재 혹은 목표 수준에 따라 교재를 선택하세요.
NE능률 교재들과 함께 영어실력을 쑥쑥~ 올려보세요!
MP3 등 교재 부가 학습 서비스 및 자세한 교재 정보는 www.nebooks.co.kr 에서 확인하세요.

독해

초1-2
초등영어 리딩이 된다 Start 1
초등영어 리딩이 된다 Start 2
초등영어 리딩이 된다 Start 3
초등영어 리딩이 된다 Start 4

초3
리딩버디 1

초3-4
리딩버디 2
초등영어 리딩이 된다 Basic 1
초등영어 리딩이 된다 Basic 2
초등영어 리딩이 된다 Basic 3
초등영어 리딩이 된다 Basic 4

초4-5
리딩버디 3
주니어 리딩튜터 스타터 1

초5-6
초등영어 리딩이 된다 Jump 1
초등영어 리딩이 된다 Jump 2
초등영어 리딩이 된다 Jump 3
초등영어 리딩이 된다 Jump 4
주니어 리딩튜터 스타터 2

초6-예비중
주니어 리딩튜터 1
Junior Reading Expert 1
Reading Forward Basic 1

중1
1316 Reading 1
주니어 리딩튜터 2
Junior Reading Expert 2
Reading Forward Basic 2
열중 16강 독해+문법 1
Reading Inside Starter

중1-2
1316 Reading 2
주니어 리딩튜터 3
정말 기특한 구문독해 입문
Junior Reading Expert 3
Reading Forward Intermediate 1
열중 16강 독해+문법 2
Reading Inside 1

중2-3
1316 Reading 3
주니어 리딩튜터 4
정말 기특한 구문독해 기본
Junior Reading Expert 4
Reading Forward Intermediate 2
Reading Inside 2

중3
리딩튜터 입문
정말 기특한 구문독해 완성
Reading Forward Advanced 1
열중 16강 독해+문법 3
Reading Inside 3

중3-예비고
Reading Expert 1
리딩튜터 기본
Reading Forward Advanced 2

고1
빠바 기초세우기
리딩튜터 실력
Reading Expert 2
TEPS BY STEP G+R Basic

고1-2
빠바 구문독해
리딩튜터 수능 PLUS
Reading Expert 3

고2-3, 수능 실전
빠바 유형독해
빠바 종합실전편
Reading Expert 4
TEPS BY STEP G+R 1

고3 이상, 수능 고난도
Reading Expert 5
능률 고급영문독해

수능 이상/ 토플 80-89 · 텝스 600-699점
ADVANCED Reading Expert 1
TEPS BY STEP G+R 2
RADIX TOEFL Blue Label Reading 1,2

수능 이상/ 토플 90-99 · 텝스 700-799점
ADVANCED Reading Expert 2
RADIX TOEFL Black Label Reading 1

수능 이상/ 토플 100 · 텝스 800점 이상
RADIX TOEFL Black Label Reading 2
TEPS BY STEP G+R 3

READING TUTOR

고등 독해의
절대 자신감

리딩튜터 기본

정답 및 해설

NE 능률

READING TUTOR

TUTOR 고등 독해의 절대 자신감

리딩튜터 기본
정답 및 해설

SECTION 01

세계의 문화

1   **1** ①   **2** ④   **3** was appeared → appeared
2   **1** ⑤   **2** ⓐ known ⓑ throwing   **3** ③
3   **1** (1) F (2) F (3) T   **2** to make it easier to throw them   **3** ③
4   **1** ③   **2** ⑤   **3** ④   **4** very clean, with little dust or bacteria

01 휘게로 행복하게   P. 10

정답   **1** ①   **2** ④   **3** was appeared → appeared

문제해설   **1** 덴마크인의 생활방식 중 하나로 떠오른 휘게와 그 예시에 관해 다루고 있으므로, 제목으로는 ① '덴마크인의 생활방식'이 알맞다.

② 스트레스가 많은 생활방식을 즐겨라   ③ 덴마크에서의 편안한 휴가

④ 휘게: 덴마크의 최신 단어   ⑤ 행복의 다양한 정의

2 (A) 휘게가 종종 단순하고 편안한 활동을 포함한다는 내용 뒤에 이에 대한 구체적인 예시가 나오므로 빈칸에는 For instance가 적절하다.

(B) 문맥상 '혼자서 무언가를 해도 아무런 문제가 없긴 하지만'의 의미로 양보의 부사절을 이끄는 접속사 Although가 들어가는 것이 적절하다.

3 자동사 appear는 수동태로 쓰이지 않기 때문에 was appeared는 appeared가 되어야 한다.

본문   ① Denmark is considered / one of the happiest countries in the world. ② One of the reasons for this / is something / called *hygge*. ③ The word appeared / in Danish writing / for the first time during the 18th century, / and *hygge* soon became a big part of Danish culture. ④ It is a difficult word / to define / because it refers to a general feeling. ⑤ The goal of a *hygge* lifestyle is / not to seek out excitement, / but to enjoy life's quiet moments.

⑥ Comfort is an important part of *hygge*. ⑦ Denmark's winters are long and cold, / so people like to stay inside their warm homes / and eat their favorite foods. ⑧ Also, this lifestyle often includes simple and relaxing activities. ⑨ <u>For instance</u>, / taking a walk / is a perfect way / to spend an afternoon. ⑩ <u>Although</u> there's nothing wrong / with doing things alone, / it is best / to enjoy *hygge* with good friends. ⑪ If you want to live a *hygge* lifestyle, / take some time every day / to do nothing but relax / and be happy.

해석   ① 덴마크는 세계에서 가장 행복한 국가 중 하나로 여겨진다. ② 이것에 대한 이유 중 하나는 휘게라고 불리는 것에 있다. ③ 이 단어는 18세기에 처음으로 덴마크 글에 등장했으며, 휘게는 곧 덴마크 문화의 큰 부분이 되었다. ④ 그것은 일반적인 느낌을 나타내기 때문에 정의하기 어려운 단어이다. ⑤ 휘게 생활방식의 목표는 신나는 일을 찾아내는 것이 아니라, 인생의 조용한 순간을 즐기는 것이다.

⑥ 안락은 휘게의 중요한 부분이다. ⑦ 덴마크의 겨울은 길고 추워서, 사람들은 따뜻한 집 안에 있으면서 자신들이

가장 좋아하는 음식을 먹는 것을 좋아한다. ⑧ 또한, 이러한 생활방식은 종종 단순하고 편안한 활동을 포함한다. ⑨ 예를 들어, 산책하는 것은 오후를 보내는 완벽한 방법이나. ⑩ 혼자서 무언가를 하는 데 아무런 문제가 없긴 하지만, 좋은 친구들과 함께 휘게를 즐기는 것이 가장 좋다. ⑪ 당신이 휘게 생활방식으로 살고 싶다면, 매일 그저 쉬기만 하면서 행복해지는 시간을 갖도록 하라.

구문해설

① Denmark is considered **one of the happiest countries** in the world.
→ one of the + 최상급 + 복수 명사: 가장 …한 것들 중 하나

⑤ The goal [of a *hygge* lifestyle] **is** *not* to seek out excitement, *but* to enjoy life's quiet moments.
  S ← V
→ 문장의 주어는 전치사구 [ ]의 수식을 받는 The goal이므로 동사는 단수 주어에 일치시킴.
→ 「not A but B」는 'A가 아니라 B'의 의미로 A와 B에는 어법상 동일한 형태의 어구가 옴.

⑨ For instance, taking a walk **is** a perfect way [to spend an afternoon].
  S ← V ← C ←
→ 문장의 주어는 taking이 이끄는 동명사구이므로 동사는 단수 주어에 일치시킴.
→ [ ]는 a perfect way를 수식하는 형용사적 용법의 to부정사구

⑩ Although there's **nothing wrong** with doing things alone, *it* is best [to enjoy *hygge* with good friends].
→ nothing과 같이 -thing으로 끝나는 부정대명사는 형용사가 뒤에서 수식함.
→ it은 가주어, [ ]가 진주어

⑪ ..., take some time every day to **do nothing but** *relax* and *be* happy.
→ do nothing but + 동사원형: 그저 …만 하다
→ relax와 be가 and로 연결된 병렬구조

---

02 이렇게 상큼한 전투가? P. 12

정답　1 ⑤　2 ⓐ known ⓑ throwing　3 ③

문제해설

1 '경비대' 팀이 마차를 타고 다닌다고 했으므로 ⑤는 글의 내용과 일치하지 않는다.

2 ⓐ a three-day festival을 수식하는 분사가 적절한데, 축제는 '알려진' 것이므로 수동의 의미를 나타내는 과거분사 known이 알맞다.
ⓑ 한 문장에서 접속사 없이 동사가 두 개 이상 쓰일 수는 없다. 의미상 〈연속동작〉을 나타내는 분사구문이 적절한데, 분사의 의미상의 주어 The other villagers와 분사가 능동 관계이므로 현재분사 throwing이 적절하다.

3 (A) 역접을 나타내는 연결사 but이 이끄는 절의 내용이, 앞 절의 사악한 영주가 방앗간 주인의 딸과 결혼하기를 원했다는 내용과 상반되어야 하므로 문맥상 resisted가 적절하다. assist는 '돕다'의 의미이다.
(B) 과거에는 돌이었던 것을 이제는 오렌지가 '대체하다'라는 의미가 자연스러우므로 replacing이 알맞다. place는 '놓다'의 의미이다.
(C) 문맥상 서로 다른 팀으로 '나뉜다'는 내용이 되어야 하므로 divided가 적절하다. combine은 '결합하다'의 의미이다.

본문

① Do you like food fights? ② Then you should visit the northern Italian town of Ivrea. ③ The people there / have a very strange tradition. ④ Every February, / they throw rotten oranges / at each other. ⑤ It's part of a three-day festival / known as Battaglia delle Arance, / or "battle of the oranges" in English.

⑥ The origins of the festival / are from the 12th century. ⑦ According to legend, / an evil lord wanted to marry a miller's daughter, / but she resisted. ⑧ The other villagers came to her aid, / throwing rocks at the lord's castle. ⑨ This fight is recreated annually, / with oranges replacing the rocks. ⑩ More than 50,000 crates of rotten oranges / are shipped to the town from Sicily / each year. ⑪ People are then divided into different teams — / some are the lord's guards / and others are villagers. ⑫ The "guards" ride around / in horse-drawn carriages / and the "villagers" are on foot. ⑬ And they all throw rotten oranges / at one another! ⑭ Each day of the festival, / different teams battle. ⑮ It may sound dangerous, / but because the oranges are rotten, / they are quite soft. ⑯ The worst injury / anyone has ever suffered / was a black eye.

해석

① 음식 싸움을 좋아하는가? ② 그렇다면 당신은 이탈리아 북부의 이브레아 마을을 방문해야 한다. ③ 그곳 사람들은 매우 색다른 전통을 가지고 있다. ④ 2월마다, 그들은 서로에게 썩은 오렌지를 던진다. ⑤ 그것은 Battaglia delle Arance, 또는 영어로 '오렌지 전투'라고 알려진 사흘 동안 열리는 축제의 일부이다.

⑥ 이 축제의 기원은 12세기부터이다. ⑦ 전설에 따르면, 한 사악한 영주가 방앗간 주인의 딸과 결혼하기를 원했지만, 그녀는 저항했다. ⑧ 마을의 다른 사람들이 그녀를 도우러 와서 영주의 성에 돌을 던졌다. ⑨ 이 전투는 돌을 오렌지로 대체해서 매년 재현된다. ⑩ 매년 시칠리아에서부터 5만 상자가 넘는 썩은 오렌지가 마을로 운송된다. ⑪ 그런 다음 사람들은 서로 다른 팀으로 나뉘는데, 일부는 영주의 경비대로, 다른 사람들은 마을 사람이 된다. ⑫ '경비대'는 말이 끄는 마차를 타고 다니며, '마을 사람들'은 걷는다. ⑬ 그리고 그들은 모두 서로에게 썩은 오렌지를 던진다! ⑭ 축제 동안 매일, 서로 다른 팀들이 전투를 벌인다. ⑮ 위험하게 들릴지도 모르지만, 오렌지가 썩었기 때문에 매우 부드럽다. ⑯ 지금까지 누군가가 겪은 최악의 부상은 멍든 눈이었다.

구문해설

⑤ It's part of a three-day festival [known as Battaglia delle Arance, ...].

→ [ ]는 a three-day festival을 수식하는 과거분사구

⑨ This fight is recreated annually, **with** oranges **replacing** the rocks.

→ '…가 ~한[된] 채로'의 의미를 나타내는 「with+(대)명사+분사」 구문으로, 명사 oranges와 분사가 능동 관계이므로 현재분사 replacing이 쓰임.

⑯ The worst injury [(that[which]) anyone has ever suffered] was a black eye.
          S   V   C

→ [ ]는 선행사 The worst injury를 수식하는 관계대명사절로, 목적격 관계대명사 that[which]가 생략됨.

정답   **1** (1) F (2) F (3) T   **2** to make it easier to throw them   **3** ③

문제해설   **1** (1) 한 여자는 나무에 종이를 던진 후 병에 걸렸다. → 한 여자가 나무에 종이를 던진 이후 아픈 것이 치유되었다고 했다.

(2) 오렌지를 소원(종이)에 묶는 사람들은 욕심이 많다고 여겨진다. → 던진 종이가 땅에 떨어지면, 그 사람이 너무 욕심이 많다는 것을 의미한다고 했다.

(3) 현재는 실제 나무를 보호하기 위해 인조 나무가 사용된다.

2 '…하기 위해'의 의미인 〈목적〉을 나타내는 부사적 용법의 to부정사와 '가목적어·진목적어 구문'을 이용하여 「동사+가목적어 it+목적격보어+진목적어(to-v)」의 어순으로 배열한다.

3 오렌지에 묶은 소원(종이)의 무게가 나무를 훼손했다는 내용의 (B)가 먼저 오고, 이 문제를 해결하기 위해 현재는 사람들이 진짜 나무 대신 인조 나무를 사용한다는 내용의 (C)가 이어진 후, 이런 변화에도 불구하고 그 전통이 오늘날에도 인기가 있다고 서술한 (A)가 마지막에 오는 순서가 자연스럽다.

본문   ① At the start of every lunar new year, / many people visit Hong Kong's Tin Hau Temple. ② According to a legend, / a sick woman was cured / after throwing a piece of joss paper / into the branches of a tree there. ③ Since then, / people have been journeying to the temple / to make their own wishes.

④ They write a wish / on a piece of joss paper. ⑤ The paper is rolled up / and tied with a piece of string. ⑥ Then they throw it / into the trees, / trying to get it caught / on one of the branches. ⑦ The higher / the branch it gets caught in, / the greater / the chance that their wish will come true. ⑧ But if it falls to the ground, / it means / that the person was too greedy.

⑨ In the past, / people used to tie an orange to wishes / to make it easier to throw them. ⑩ (B) Unfortunately, / the weight of all these wishes / damaged the trees. ⑪ (C) To protect them, / people now attach their wishes / to plastic oranges / and throw them / onto artificial trees. ⑫ (A) Despite these changes, / the tradition remains popular today.

해석   ① 매해 음력 설날 초에, 많은 사람이 홍콩의 틴하우 사원을 방문한다. ② 전설에 따르면, 한 아픈 여자가 그곳에 있는 나뭇가지에 신상 앞에서 태우는 종이를 던진 후 치유되었다. ③ 그 이후로, 사람들은 자신의 소원을 빌기 위해 사원으로 찾아오고 있다.

④ 그들은 신상 앞에서 태우는 종이에 소원을 적는다. ⑤ 그 종이를 말아서 끈으로 묶는다. ⑥ 그런 다음 그들은 그것을 나무에 던져서 나뭇가지 중 하나에 걸리게 한다. ⑦ 종이가 걸리는 나뭇가지가 높을수록, 소원이 이루어질 가능성은 더 커진다. ⑧ 그러나 종이가 땅에 떨어지면, 그 사람이 너무 욕심이 많았다는 것을 의미한다.

⑨ 과거에 사람들은 그것들을 던지는 것을 더 쉽게 하기 위해 소원(종이)에 오렌지를 묶곤 했다. ⑩ (B) 불행히도, 이 모든 소원(종이)의 무게가 나무를 훼손했다. ⑪ (C) 그것들을 보호하기 위하여, 사람들은 이제 플라스틱 오렌지에 그들의 소원(종이)를 붙이고 인공 나무에 던진다. ⑫ (A) 이러한 변화에도 불구하고, 오늘날에도 그 전통은 여전히 인기가 있다.

② ..., a sick woman was cured [after throwing a piece of joss paper into the branches of a tree there].

→ [ ]는 「전치사＋동명사구」의 형태. 또는 〈시간〉을 나타내는 분사구문으로, 의미를 명확하게 하기 위해 접속사를 생략하지 않은 것으로 볼 수도 있음.

③ Since then, people **have been journeying** to the temple *to make* their own wishes.

→ have been journeying은 과거에 시작된 일이 현재에도 진행 중임을 나타내는 현재완료 진행형

→ to make는 〈목적〉을 나타내는 부사적 용법의 to부정사

⑥ Then they throw it into the trees, [**trying to get** it caught on one of the branches].

→ [ ]는 〈연속동작〉을 나타내는 분사구문으로 분사의 의미상의 주어 they와 분사가 능동의 관계이므로 현재분사를 씀.

→ try to-v: …하려고 애쓰다

⑦ **The higher** the branch it gets caught in, **the greater** the chance [that their wish will come true].

→ the＋비교급 ..., the＋비교급 ~: …하면 할수록 더 ~하다

→ [ ]는 the chance의 구체적인 내용을 설명하는 동격의 명사절

04 A Theme Park under the Ground P. 16

정답

1 ③ **2** ⑤ **3** ④ **4** very clean, with little dust or bacteria

문제해설

1 옛 소금 광산에서 다양한 시설을 갖춘 관광명소로 탈바꿈한 루마니아의 투르다 소금 광산에 대한 글이므로, 제목으로는 ③ '옛 광산의 새로운 용도'가 가장 적절하다.

[문제] 이 글의 제목으로 가장 적절한 것은?

① 알레르기를 치료하는 데 소금 사용하기   ② 루마니아에서 소금 발굴하기

④ 고대 소금 광산의 발견   ⑤ 소금: 어제의 보물, 오늘날의 골칫거리

2 A South Korean tourist는 광산을 '떠나고 있는' 주체이므로 ⑤ left는 능동의 의미를 나타내는 현재분사 leaving이 되어야 한다.

[문제] 밑줄 친 ① ~ ⑤ 중, 어법상 틀린 것은?

3 습도는 약 80퍼센트로 유지된다고 했으므로, 습도의 변화가 심하다는 ④는 글의 내용과 일치하지 않는다.

[문제] 다음 중 투르다 소금 광산에 관한 이 글의 내용과 일치하지 <u>않는</u> 것은?

① 지하 100미터가 넘는 곳에 위치해 있다.

② 로마인들에 의해 처음 만들어졌다.

③ 그곳에 가는 방법에는 두 가지가 있다.

④ 습도의 변화가 매우 심하다.

⑤ 방문객들은 배를 타고 호수 관광을 할 수 있다.

4 [문제] 왜 투르다 소금 광산이 알레르기가 있는 사람들에게 유익한가? 빈칸에 알맞은 말을 본문에서 찾아 쓰시오.

투르다 소금 광산의 공기는 <u>먼지나 박테리아가 거의 없이 매우 깨끗하다</u>.

① In Romania, / there is a surprising tourist attraction / located 120 meters beneath the ground / near the city of Turda. ② The place was once a large salt mine / that was dug by the Romans / long ago.

③ Now, however, / it has been turned into / an underground museum and theme park! ④ Visitors can enter / by taking an elevator / or walking down a long tunnel. ⑤ The mine is about 12 degrees Celsius year round / and the air's humidity remains at approximately 80%. ⑥ What's more, / the air itself is very clean, / with little dust or bacteria. ⑦ This makes the salt mine / a great place / for people with allergies! ⑧ The bottom of the mine, / which is covered by a layer of salt, / offers visitors many fun things to do. ⑨ There is a sports arena, a Ferris wheel, a bowling alley and even a miniature golf course. ⑩ People can also check out / the original mine equipment / or rent a boat / to take a tour of an underground lake. ⑪ A South Korean tourist / leaving the mine / told us, / "It's amazing. The mine looks like / something from a fairytale." ⑫ An interesting combination of old and new, / the Turda salt mine is a great example of / how places from the past / can be brought back to life.

해석

① 루마니아에는 투르다 시 인근 지하 120미터에 위치한 놀라운 관광명소가 있다. ② 그 장소는 오래전에 로마인들이 파놓은 한때는 거대한 소금 광산이었던 곳이다.

③ 그러나, 현재 그곳은 지하 박물관이자 테마파크로 바뀌었다! ④ 방문객들은 엘리베이터를 타거나 긴 터널을 걸어 내려가서 입장할 수 있다. ⑤ 광산은 일 년 내내 약 섭씨 12도이고, 공기의 습도는 대략 80퍼센트로 유지된다. ⑥ 게다가, 공기 자체가 먼지나 박테리아가 거의 없이 매우 깨끗하다. ⑦ 이것은 소금 광산을 알레르기가 있는 사람들에게 아주 좋은 장소가 되게 한다! ⑧ 광산의 바닥은 소금층으로 덮여 있는데, 방문객들에게 할 수 있는 많은 재미있는 것들을 제공한다. ⑨ 그곳에는 스포츠 경기장과 대회전 관람차, 볼링장, 그리고 미니 골프 코스까지 있다. ⑩ 사람들은 또한 초기의 광산 장비를 확인하거나 지하 호수를 관광하기 위해 배를 빌릴 수도 있다. ⑪ 광산을 떠나던 한 한국인 관광객은 우리에게 "놀라워요. 광산은 동화에 나오는 것처럼 보여요."라고 말했다. ⑫ 옛것과 새것의 흥미로운 조합인 투르다 소금 광산은 과거의 장소가 어떻게 되살려지는지의 좋은 예이다.

구문해설

① ..., there is a surprising tourist attraction [located 120 meters beneath the ground ...].

→ [ ]는 a surprising tourist attraction을 수식하는 과거분사구

② The place was once a large salt mine [that was dug by the Romans long ago].

→ [ ]는 선행사 a large salt mine을 수식하는 주격 관계대명사절

⑧ The bottom of the mine, [which is covered by a layer of salt], offers visitors many fun things to do.

→ [ ]는 선행사 The bottom of the mine을 부연 설명하는 계속적 용법의 주격 관계대명사절로, 주어와 동사 사이에 삽입됨.

→ to do는 many fun things를 수식하는 형용사적 용법의 to부정사

⑫ ..., the Turda salt mine is a great example of [how places from the past can be brought back to life].

→ [ ]는 전치사 of의 목적어로 쓰인 간접의문문으로 「의문사＋주어＋동사」의 어순으로 쓰임.

Review Test

A 1 ⓒ **2** ⓐ **3** ⓓ **4** ⓑ **5** ⓔ　　**B 1** battle **2** assist **3** combination **4** appearing　　**C 1** refers to **2** make a wish **3** bring, back to life **4** come to your aid　　**D 1** 덴마크는 세계에서 가장 행복한 국가 중 하나로 여겨진다. **2** 이 전투는 돌을 오렌지로 대체해서 매년 재현된다. **3** 종이가 걸리는 나뭇가지가 높을수록, 소원이 이루어질 가능성은 더 커진다. **4** 광산의 바닥은 소금층으로 넒여 있는데, 방문객들에게 힐 수 있는 많은 재미있는 것들을 제공한다. **E 1** not to seek out excitement, but to enjoy life's quiet moments **2** Although there's nothing wrong with doing things alone **3** how places from the past can be brought back to life

해석

A

① 광산: ⓒ 광물을 얻기 위해 구멍이 뚫어진 곳

② 안락, 편안: ⓐ 기분 좋은 편안한 느낌

③ 부상: ⓓ 사람이나 동물의 신체에 생긴 상처나 피해

④ 습도: ⓑ 공기 중의 수분의 양

⑤ 흥분되는[신나는] 일: ⓔ 매우 흥분한 상태

B

1 다행히, 그 전투에서 아무도 심하게 부상당하지 않았다.

2 나는 파일을 분류하는 데 도움을 줄 사람을 찾고 있다.

3 스몸비(smombie)라는 단어는 스마트폰과 좀비라는 두 단어가 결합된 것이다.

4 내가 좋아하는 영화배우가 오늘 밤 토크 쇼에 나온다.

C

1 …을 나타내다: refer to

2 소원을 빌다: make a wish

3 …을 되살리다: bring … back to life

4 …을 도우러 오다: come to one's aid

SECTION 02

동물·식물
1 1 ② 2 ④ **3** the color of the Dutch royal family
2 1 ② 2 ④ **3** poison, digest
3 1 ② 2 ④ 3 ③ **4** It might be hard to believe
4 1 ③ 2 ② **3** (1) T (2) F (3) F (4) T **4** movements and changes in light

---

01 당신이 모르는 당근 이야기 P. 22

정답 1 ② 2 ④ **3** the color of the Dutch royal family

문제해설 **1** 17세기 이전에는 대부분의 당근이 보라색이었다는 사실과 오늘날의 당근이 어떤 과정을 통해 주황색이 되었는지를 설명하는 글이므로 ② '당근의 색은 어떻게 변했는가'가 제목으로 가장 알맞다.

① 당근 재배 비법 ③ 다양한 색, 다양한 맛
④ 당근이 완벽한 식품인 이유 ⑤ 네덜란드 사람들이 당근을 즐겨 먹는 이유

2 주어진 문장의 These mutations는 '이러한 변종들'이라는 뜻으로 ④ 앞 문장에 나온 적은 수의 노란색 또는 흰색 당근을 가리키므로, 주어진 문장은 ④에 들어가는 것이 적절하다.

3 주황색이 <u>네덜란드 왕실의 색깔</u>이기 때문에, 네덜란드 사람들은 주황색 당근을 더 좋아했을 것이다.

본문 ① What color are carrots? ② Ask ten people / and they'll all most likely give you the same answer: / orange. ③ But if you had asked people the same question / before the 17th century, / they probably would have said "purple." ④ This is because / modern carrots were not cultivated / until the late 16th century, / when Dutch farmers created them / through cross-breeding. ⑤ Before that time, / most carrots were purple. ⑥ There were a few, / however, / that were yellow or white. ⑦ <u>These mutations lacked the purple pigment / found in other carrots.</u> ⑧ Modern day orange carrots are / a cross of these two types of mutations, / along with some species of wild carrots. ⑨ No one is sure exactly / why orange carrots became so much more popular / than traditional purple ones. ⑩ Some believe / that people in the Netherlands preferred them / because orange is the color of the Dutch royal family. ⑪ However, / others believe / the real reason is a more practical one — / orange carrots are simply sweeter and bigger / than purple ones.

해석 ① 당근은 무슨 색인가? ② 열 명에게 물어보라. 그러면 그들은 아마 주황색이라는 모두 똑같은 대답을 할 것이다. ③ 그러나 당신이 17세기 이전에 사람들에게 같은 질문을 했다면, 그들은 아마도 보라색이라고 했을 것이다. ④ 이것은 오늘날의 당근이 16세기 후반이 되어서야 비로소 재배되었기 때문인데, 그때 네덜란드 농부들이 품종간 교배를 통해 그것들을 만들어냈다. ⑤ 그 시기 이전에는, 대부분의 당근은 보라색이었다. ⑥ 하지만 적은 수의 노란색 (당근) 또는 흰색 (당근)이 있었다. ⑦ 이 변종들은 다른 당근에서 발견되는 보라색 색소가 없었다. ⑧ 오늘날의 주황색 당근은 몇 가지 야생 당근 종과 더불어 이 두 가지 종류의 변종들의 교배종이다. ⑨ 아무도 왜 주황색 당근이 전통적인 보

라색 당근보다 훨씬 더 인기 있게 되었는지 정확히 모른다. ⑩ 일부 사람들은 주황색이 네덜란드 왕실의 색깔이기 때문에 네덜란드 사람들이 그것들을 선호했다고 믿는다. ⑪ 그러나, 다른 사람들은 진짜 이유는 좀 더 실용적인 것이라고 믿는데, 그것은 단순히 주황색 당근이 보라색 당근보다 더 달고 더 크기 때문이라는 것이다.

구문해설

③ But **if** you **had asked** people the same question before the 17th century, they probably **would have said** "purple."

→ 「if+주어+had p.p., 주어+조동사의 과거형+have p.p.」는 '만약 …했다면 ~했을 텐데'라는 의미의 가정법 과거완료로, 과거 사실의 반대를 가정함.

④ ... modern carrots were **not** cultivated **until** the late 16th century, [when Dutch farmers created them through cross-breeding].

→ not ... until ~: ~이 되어서야 비로소 …하다

→ [ ]는 선행사 the late 16th century를 부연 설명하는 계속적 용법의 관계부사절

⑨ No one is sure exactly [why orange carrots became so **much** more popular than traditional purple ones].

→ [ ]는 간접의문문으로 「의문사+주어+동사」의 어순으로 씀. sure, certain, aware 등의 형용사 다음에는 의문사나 that이 이끄는 명사절이 올 수 있음.

→ much는 '훨씬'의 의미로 비교급을 강조하는 부사임. 이외에도 비교급 강조 부사로 even, still, a lot, far 등이 있음.

⑪ However, others believe the real reason is a more practical **one** — orange carrots are simply sweeter and bigger than purple *ones*.

→ one은 앞에서 언급된 reason을 대신하는 부정대명사

→ ones는 앞에 나온 carrots을 대신하는 부정대명사

---

02 개에게 초콜릿은 독약? P. 24

정답 1 ② 2 ④ 3 poison, digest

문제해설 1 초콜릿의 종류와 먹은 양에 따라 야기되는 증상의 심각성이 다름을 설명하고 있으므로, 빈칸에는 ② '먹은 양'이 들어가는 것이 가장 적절하다.

① 개의 종류 ③ 개의 크기

④ 개가 전에 앓았던 질병 ⑤ 개가 초콜릿을 먹은 시기

2 (A) 초콜릿에 함유된 테오브로민이 개에게 유해하다고 했으므로, '해로운'이라는 의미의 harmful이 적절하다. helpful은 '도움이 되는'의 의미이다.

(B) 개가 많은 양의 초콜릿을 먹었을 때 나타나는 증상의 예가 나열되고 있으므로 '포함하다'의 의미인 include가 적절하다. exclude는 '제외하다'의 의미이다.

(C) 개를 토하게 함으로써 테오브로민 중독이 '치료될' 수 있다는 것이 문맥상 적절하므로, treated가 적절하다. trick은 '속이다'의 의미이다.

3 개는 인간이 할 수 있는 것처럼 그것을 소화시킬 수 없기 때문에, 초콜릿에 든 테오브로민은 개를 독살할 수 있다.

① You may love chocolate, / but don't feed it to your dog — / you may poison your pet! ② How serious the danger is / depends on the type of chocolate / and the amount eaten.
③ Chocolate contains a chemical / called theobromine, / which is similar to caffeine / and is toxic to dogs. ④ Unlike humans, / dogs cannot digest theobromine effectively, / so it can accumulate in the body / and become harmful.
⑤ Theobromine levels differ / depending on the type of chocolate. ⑥ Cocoa, cooking chocolate, and dark chocolate are / all high in theobromine, / but milk chocolate and white chocolate are not. ⑦ A small amount of chocolate / may give your dog an upset stomach / and cause vomiting. ⑧ Larger amounts can have more serious effects. ⑨ These include shaking, internal bleeding, / and, in extreme cases, / even heart attacks.
⑩ Theobromine poisoning can be treated / by getting the dog to vomit. ⑪ So if your dog has eaten too much chocolate, / take it to the vet / right away.

해석

① 당신은 초콜릿을 무척 좋아할지도 모르지만, 당신의 개에게 그것을 먹이지는 마라. 당신은 당신의 애완동물을 독살할지도 모른다! ② 그 위험이 얼마나 심각한지는 초콜릿의 종류와 먹은 양에 달려 있다.
③ 초콜릿은 테오브로민이라고 불리는 화학물질을 함유하고 있는데, 이것은 카페인과 비슷하고 개에게 유해하다.
④ 사람과 달리, 개는 테오브로민을 효과적으로 소화시킬 수 없으므로, 그것이 체내에 쌓이면 해롭게 될 수 있다.
⑤ 테오브로민 수치는 초콜릿의 종류에 따라 달라진다. ⑥ 코코아, 요리용 초콜릿, 그리고 다크 초콜릿은 모두 테오브로민 수치가 높지만, 밀크 초콜릿과 화이트 초콜릿은 그렇지 않다. ⑦ 적은 양의 초콜릿은 개에게 배탈을 일으키고 구토를 유발할 수 있다. ⑧ 더 많은 양은 더 심각한 결과를 낳는다. ⑨ 여기에는 몸을 떠는 것, 내출혈, 그리고 극단적인 경우에는 심장마비까지 포함된다.
⑩ 테오브로민 중독은 개를 토하게 함으로써 치료될 수 있다. ⑪ 그러니 당신의 개가 너무 많은 초콜릿을 먹었다면 곧바로 수의사에게 데려가라.

구문해설

② [How serious the danger is] depends on the type of chocolate ....
　　　　　　S　　　　　　　　V
→ [ ]는 의문사가 이끄는 명사절로 주어 역할을 하고 단수 취급하므로 단수 동사 depends on이 쓰임.

③ Chocolate contains a chemical [called theobromine], [which is similar to caffeine ...].
→ 첫 번째 [ ]는 a chemical을 수식하는 과거분사구
→ 두 번째 [ ]는 a chemical called theobromine을 부연 설명하는 계속적 용법의 주격 관계대명사절

03 굴려야 사는 곤충 P. 26

정답　1 ②　2 ④　3 ③　4 It might be hard to believe

문제해설　1 다른 동물의 배설물을 먹거나 땅에 묻어둠으로써 토양에 영양분을 되돌려주는 쇠똥구리에 대한 글이므로, 제목으로는 ② '쇠똥구리, 자연의 청소부'가 가장 적절하다.
① 멸종 위기에 처한 곤충 종(種)　　　③ 동물 배설물에 의해 야기되는 문제점

④ 쇠똥구리들은 어떻게 먹이를 찾는가   ⑤ 다양한 쇠똥구리들이 어떻게 이름 지어졌나

2 쇠똥구리가 동물의 배설물만을 먹는 이유는 언급되지 않았으므로, 정답은 ④ '왜 동물의 배설물만 먹는가?'이다.

① 지구의 어느 지역에 서식하는가?   ② 주요 집단들의 이름은 무엇인가?

③ 굴리기 집단은 동물의 배설물을 어떻게 사용하는가?   ⑤ 대부분 어떤 종류의 동물 배설물을 좋아하는가?

3 (A) 동사 describe의 목적어 역할을 하는 간접의문문을 이끌며, 뒤에 완전한 문장이 이어지므로 의문사 how 가 들어가야 알맞다.

(B) 앞에 나온 명사 the dung을 대신하는 지시대명사가 필요한데, dung은 셀 수 없는 명사이므로 단수인 that이 와야 한다. those는 앞에 언급된 명사가 복수일 때 쓴다.

(C) 전치사 By의 목적어 역할을 하는 동명사 eating과 병렬구조를 이루는 burying이 알맞다.

4 It은 가주어이고, to believe가 진주어임에 유의하여 It might be hard to believe라고 배열하는 것이 적절하다.

본문

① Sometimes you have to eat things / you don't like. ② But instead of complaining, / just be grateful / you're not a dung beetle. ③ They eat nothing but animal waste!

④ Dung beetles are common / across every continent / except Antarctica. ⑤ There are thousands of different species, / but they can all be divided into three main groups: / rollers, tunnelers, and dwellers. ⑥ These terms describe / how these beetles use the dung / they find. ⑦ Rollers turn bits of dung into balls / and burry them away from the dung pile. ⑧ The balls are then eaten / or used as a nest. ⑨ Tunnelers dig underneath the pile / to bury their treasures. ⑩ And dwellers simply live in dung piles.

⑪ So what sort of dung / do these beetles prefer? ⑫ Different species have different tastes. ⑬ For example, / most dung beetles prefer the dung of plant-eaters, / but some specifically seek out that of meat-eaters. ⑭ No matter what type of dung it is, / there is a dung beetle / that likes feeding on it.

⑮ It might be hard to believe, / but dung beetles make an important contribution to the environment / they live in. ⑯ By eating and burying other animals' waste, / they return nutrients to the soil. ⑰ So, / while you might not want to join them / for a meal, / you can still appreciate the work / they do.

해석

① 때때로 당신은 당신이 좋아하지 않는 것을 먹어야 한다. ② 그러나 불평하는 대신에, 당신이 쇠똥구리가 아니라는 것에 감사하라. ③ 그것들은 오직 동물의 배설물만을 먹는다!

④ 쇠똥구리는 남극 대륙을 제외한 모든 대륙에서 흔하다. ⑤ 수천 가지의 다양한 종이 있지만, 그것들은 모두 굴리기 집단, 굴 파기 집단, 거주 집단이라는 세 개의 주요 집단으로 나눠질 수 있다. ⑥ 이 용어들은 이 쇠똥구리들이 그들이 발견한 똥을 어떻게 사용하는지를 묘사한다. ⑦ 굴리기 집단은 똥 조각들을 공 모양으로 만들어 똥 더미로부터 떨어진 곳에 묻어 둔다. ⑧ 그리고 (똥 조각으로 만든)공들은 먹거나 보금자리로 쓴다. ⑨ 굴 파기 집단은 보물을 묻어두기 위해 똥 더미 아래를 판다. ⑩ 그리고 거주 집단은 단순히 똥 더미에서 산다.

⑪ 그렇다면 이 쇠똥구리들은 어떤 종류의 똥을 선호할까? ⑫ 서로 다른 종마다 취향이 다르다. ⑬ 예를 들어, 대부분의 쇠똥구리는 초식동물의 똥을 선호하지만, 일부는 특별히 육식동물의 똥을 찾기도 한다. ⑭ 그것이 어떤 종류의 똥일지라도, 그것을 먹고 살기를 좋아하는 쇠똥구리가 있다.

⑮ 믿기 어려울지도 모르겠지만, 쇠똥구리들은 자신들이 살고 있는 환경에 중요한 기여를 한다. ⑯ 다른 동물들의 배

설물을 먹거나 묻어둠으로써, 그들은 토양에 영양분을 되돌려준다. ⑰ 그러니, 그것들과 함께 식사를 하고 싶지는 않지라도, 당신은 그것들이 하는 일에 대해 감사할 수는 있을 것이다.

구문해설

① Sometimes you have to eat things [(that[which]) you don't like].

→ [ ]는 선행사 things를 수식하는 관계대명사절로, 목적격 관계대명사 that[which]가 생략됨.

⑭ **No matter what** type of dung it is, there is a dung beetle [that likes feeding on it].

→ no matter what: 어떤 …일지라도 (= whatever)
→ [ ]는 선행사 a dung beetle을 수식하는 주격 관계대명사절

⑮ ..., but dung beetles **make an** important **contribution to** the environment [(that[which]) they live in].

→ make a contribution to ...: …에 기여하다[공헌하다]
→ [ ]는 선행사 the environment를 수식하는 관계대명사절로, 목적격 관계대명사 that[which]가 생략됨.

---

04 Iguanas Have a Third Eye! P. 28

정답

1 ③ **2** ② **3** (1) T (2) F (3) F (4) T **4** movements and changes in light

문제해설

1 역접의 연결사인 However로 시작하는 주어진 문장은 이구아나의 제3의 눈이 어느 정도 볼 수 있다는 내용인데, 이는 제3의 눈의 수정체와 망막이 완전히 형성된 것이 아니라는 내용과 상반되므로, 주어진 문장은 ③에 들어가는 것이 가장 적절하다.
[문제] ① ~ ⑤ 중, 주어진 문장이 들어가기에 가장 적절한 곳은?

2 (A) 제3의 눈이 머리 위에 있기 때문에 맹금류를 피하는 데 유용하다는 내용이 되어야 자연스러우므로, 이유를 나타내는 접속사 Since가 들어가야 한다.
(B) 과거에는 많은 동물들에게 제3의 눈이 있었다는 빈칸 앞 문장의 내용과, 시간이 지나면서 대부분의 종에서 제3의 눈이 사라졌다는 뒤 문장의 내용은 상반되므로, 역접의 연결사인 however가 알맞다.
[문제] 다음 중 빈칸 (A)와 (B)에 들어갈 말로 가장 적절한 것은?

3 (1) 이구아나의 머리 위에 위치해 있다.
(2) 다른 두 개의 눈과 똑같은 기능을 가지고 있다. → 다른 두 개의 눈과 다르다고 했다.
(3) 망막이 완전히 발달했다. → 망막을 가지고 있지만 완전히 형성되진 않았다고 했다.
(4) 이구아나가 천적을 피하도록 도와준다.
[문제] 이구아나의 제3의 눈에 관한 이 글의 내용과 일치하면 T에, 일치하지 않으면 F에 표시하시오.

4 [문제] 밑줄 친 this가 가리키는 것을 본문에서 찾아 쓰시오.
그것은 움직임과 빛의 변화를 알아차리는 두정안의 능력을 가리킨다.

① How many eyes / do green iguanas have? ② That might seem like a simple question. ③ But, surprisingly, / the answer is three! ④ These large lizards have a third eye / located on the top of their head.

⑤ Called a parietal eye, / it is not the same as their other two eyes. ⑥ It has a lens and a retina / like normal eyes, / but they are not fully formed. ⑦ However, / this third eye can still see / to some extent. ⑧ It is able to detect / movements and changes in light. ⑨ Because of this, / iguanas can use it / to help them sense predators. ⑩ Since it is on top of their head, / it is especially useful / for escaping from birds of prey, / such as eagles and hawks. ⑪ Iguanas aren't the only animals / with a parietal eye. ⑫ Some other lizard species, / as well as certain frogs and fish, / also have one. ⑬ Scientists believe / that millions of years ago / many animals had a third, fully functional eye. ⑭ Over time, / however, / it slowly disappeared in most species, / remaining as a parietal eye / in only a few — / including the green iguana.

해석

① 이구아나는 눈이 몇 개인가? ② 그것은 간단한 질문처럼 보일지도 모른다. ③ 그러나 놀랍게도, 정답은 세 개이다! ④ 이 커다란 도마뱀에게는 머리 위에 위치한 제3의 눈이 있다.

⑤ 두정안이라고 불리는 이것은 이구아나의 다른 두 개의 눈과 똑같지는 않다. ⑥ 그것은 보통의 눈처럼 수정체와 망막을 가지고 있지만, 그것들은 완전히 형성된 것은 아니다. ⑦ 그러나, 이 제3의 눈은 그런데도 어느 정도는 볼 수 있다. ⑧ 그것은 움직임과 빛의 변화를 감지할 수 있다. ⑨ 이 때문에, 이구아나는 그들이 포식자를 감지하는 데 도움이 되도록 그것을 사용할 수 있다. ⑩ 이것은 머리 위에 위치해 있기 때문에, 독수리와 매 같은 맹금류로부터 도망치는 데 특히 유용하다. ⑪ 이구아나가 두정안을 가진 유일한 동물은 아니다. ⑫ 특정 개구리와 물고기뿐만 아니라 일부 다른 도마뱀 종들도 이것을 가지고 있다. ⑬ 과학자들은 수백만 년 전에는 많은 동물들이 완전하게 기능하는 제 3의 눈을 가지고 있었다고 믿는다. ⑭ 그러나, 세월이 흐르면서, 그것은 대부분의 종에서 서서히 사라졌고, 이구아나를 포함한 소수에만 두정안으로 남게 되었다.

구문해설

④ These large lizards have a third eye [located on the top of their head].

→ [ ]는 a third eye를 수식하는 과거분사구

⑨ Because of this, iguanas can use **it** to *help* **them** *sense* predators.

→ it은 앞 문장의 this third eye를 가리키고, them은 iguanas를 가리킴.

→ help + 목적어 + 동사원형: …가 ~하도록 돕다

⑫ Some other lizard species, **as well as** certain frogs and fish, also have *one*.
   S   V

→ 「A as well as B」는 'B뿐만 아니라 A도'라는 의미이며, A와 B에는 문법적으로 대등한 요소가 옴.

→ one은 앞 문장에서 언급한 a parietal eye를 대신하는 부정대명사

⑭ ..., it slowly disappeared in most species, [remaining as a parietal eye in only a few ...].

→ [ ]는 〈연속동작〉을 나타내는 분사구문으로, 분사의 의미상의 주어 it(= a third, fully functional eye)과 분사가 능동 관계이므로 현재분사 remaining이 쓰임.

A 1 ⑤   B 1 ④ 2 ③ 3 ⑤ 4 ②   C 1 feed on 2 seek out 3 depends on 4 divide, into
D 1 이것은 오늘날의 당근이 16세기 후반이 되어서야 비로소 재배되었기 때문이다. 2 그 위험이 얼마나 심각한지는 초콜릿의 종류와 먹은 양에 달려 있다. 3 그것이 어떤 종류의 똥일지라도, 그것을 먹고 살기를 좋아하는 쇠똥구리가 있다. 4 특정 개구리와 물고기뿐만 아니라 일부 다른 도마뱀 종들도 이것을 가지고 있다.   E 1 may give your dog an upset stomach and cause vomiting 2 a third eye located on the top of their head 3 use it to help them sense predators

해석

A

① 기능하는: 적절한 방식으로 작동하는

② 극도의, 극심한: 정도나 강도가 엄청난

③ 재배하다: 특정 작물을 심고 키우다

④ 용어: 특정한 의미의 단어

⑤ 불평하다: 규칙을 따르거나 누군가가 부탁한 일을 하다

B

1 코는 1조 개의 냄새를 감지할 수 있다.

　① 나누다　　　② 거부하다　　　③ 요구하다　　　④ 감지하다　　　⑤ 묘사하다

2 뱀은 위산 때문에 뼈를 소화시킬 수 있다.

　① 저항하다　　② 공급하다　　　③ 소화하다　　　④ 제공하다　　　⑤ 비교하다

3 그 회사는 불법적으로 강에 유독성 폐기물을 버렸다.

　① 평범한　　　② 무해한　　　③ 생산적인　　　④ 영양분이 많은　　⑤ 유독성의

4 그녀는 내게 항상 실용적인 조언을 해 주기 때문에 나는 그녀의 의견을 물었다.

　① 대략적인　　② 실용적인　　　③ 전통적인　　　④ 어려운　　　⑤ 효과 없는

C

1 …을 먹고 살다: feed on

2 …을 찾아내다: seek out

3 …에 달려 있다: depend on

4 A를 B로 나누다: divide A into B

SECTION 03

시사·사회
1 1 ① 2 ② 3 ⓐ to stand up to ⓑ teasing
2 1 ① 2 ② 3 seem like a shocking way to raise money
3 1 ④ 2 ④ 3 choices, facilities, specialize, local
4 1 (1) T (2) F (3) F 2 ③ 3 nurses, help

---

01 땋은 머리 소녀의 반격   P. 34

정답 　**1** ① **2** ② **3** ⓐ to stand up to ⓑ teasing

문제해설 **1** 학교 폭력 가해자에게 맞서기 위해 친구들에게 땋은 머리를 해 줄 것을 부탁하고, 이를 확산하기 위해 블로그를 개설하여 문제를 해결한 소녀의 이야기이므로, 제목으로는 ① '학교 폭력 가해자를 제지하기 위해 단결하기'가 가장 적절하다.

② 사이버 폭력: 심각한 문제　　　③ 작은 친절이 학교 폭력 가해자를 변화시키다

④ 학급 블로그를 갖는 것의 이점　　　⑤ 학생들이 블로그를 하는 것이 허용되어야 하는가?

2 소녀가 땋은 머리를 했다는 이유로 괴롭힘을 당했다는 내용에 이어, 소녀가 처음에는 울었지만 곧 울음을 멈췄다는 내용의 (B)가 오고, 친구들에게 함께 땋은 머리를 해 줄 것을 부탁함으로써 가해자에게 맞서기로 결정했다는 내용의 (A)로 이어진 후, 그 대응의 일환으로 블로그까지 만들었다는 내용의 (C)로 이어지는 것이 자연스럽다.

3 ⓐ 동사 decide는 목적어로 to부정사를 취하므로 to stand up to가 되어야 한다.

ⓑ 문맥상 '…하는 것을 멈추다'라는 의미가 되어야 하는데 동사 stop은 목적어로 동명사를 취하므로 teasing이 와야 한다. 「stop to-v」는 '…하기 위해 (하던 일을) 멈추다'라는 뜻이며, 이때 to부정사는 목적을 나타내는 부사적 용법의 to부정사이다.

본문 ① One day, / a bully teased 15-year-old Maisie Kate Miller / about her hair, / which she was wearing in pigtails. ② She had been picked on / by bullies before / and just ignored them. ③ But this time / it really bothered her. ④ (B) Although she cried / for a while, / Maisie soon wiped away her tears. ⑤ (A) She decided to stand up to the bully / by continuing to wear pigtails / and asking all of her friends / to do the same. ⑥ (C) She even set up a blog, / called "Pigtails 4 Peace," / that urged other students at her school / to join her protest against bullying. ⑦ She wrote: / "We're forming this group / to fight against bullies / of every gender, race, and social class." ⑧ The response was amazing. ⑨ Many people posted / encouraging messages on her blog, / and hundreds of her classmates / came to school the next day / with their hair in pigtails. ⑩ What's more, / the bully stopped teasing her / and even apologized through a friend. ⑪ Clearly, / Maisie's efforts paid off.

해석 ① 어느 날, 학교 폭력 가해자는 15세의 메이지 케이트 밀러의 머리에 대해 놀렸는데, 그녀는 땋은 머리를 하고 있었다. ② 그녀는 전에도 학교 폭력 가해자들에게 괴롭힘을 당했었는데 그들을 그냥 무시했었다. ③ 그러나 이번에는 그

것이 정말로 그녀를 신경 쓰이게 했다. ④ (B) 비록 잠시 울긴 했지만, 메이지는 곧 눈물을 닦아냈다. ⑤ (A) 그녀는 계속 땋은 머리를 하고 그녀의 모든 친구들에게 똑같이 해 줄 것을 부탁함으로써 학교 폭력 가해자에게 맞서기로 결심했다. ⑥ (C) 그녀는 학교 내 다른 학생들에게 학교 폭력에 맞서는 자신의 저항에 동참해 줄 것을 촉구하는 '평화를 위한 땋은 머리'라는 블로그도 개설했다. ⑦ 그녀는 '우리는 모든 성별과 인종, 사회 계층을 괴롭히는 가해자에 대항하기 위해 이 모임을 결성한다.'라고 썼다. ⑧ 반응은 놀라웠다. ⑨ 많은 사람들이 그녀의 블로그에 격려의 메시지를 올렸고, 다음날 수백 명의 학교 친구들이 땋은 머리를 하고 등교했다. ⑩ 게다가, 학교 폭력 가해자는 그녀를 놀리는 것을 그만두었고 친구를 통해 사과까지 했다. ⑪ 분명히, 메이지의 노력은 성과를 거두었다.

구문해설

① One day, a bully teased 15-year-old Maisie Kate Miller about her hair, [which she was wearing in pigtails].
→ [ ]는 선행사 her hair를 부연 설명하는 계속적 용법의 목적격 관계대명사절

② She **had been picked on** by bullies before and just (*had*) ignored them.
→ 학교 폭력 가해자가 놀렸다는 내용의 앞 문장의 과거 시점(teased)보다 더 이전에 일어난 일이며 괴롭힘을 '당한' 것이므로, 과거완료 수동태인 had been picked on이 쓰임.
→ 반복을 피하기 위해 ignored 앞에 had가 생략됨.

⑤ She decided to stand up to the bully **by continuing** to wear pigtails and **asking** all of her friends to do the same.
→ 전치사 by의 목적어로 쓰인 동명사 continuing과 asking이 and로 병렬 연결된 구조임.

⑥ She even set up a blog, [called "Pigtails 4 Peace,"] [that **urged** other students at her school **to join** her protest against bullying].
→ 첫 번째 [ ]는 a blog를 부연 설명하는 삽입어구
→ 두 번째 [ ]는 선행사 a blog를 수식하는 주격 관계대명사절
→ urge+목적어+to-v: …에게 ~해 줄 것을 촉구하다

02 이상한 물 자판기 P. 36

정답 **1** ① **2** ② **3** seem like a shocking way to raise money

문제해설

1 오염된 물로 고통받는 아이들에게 깨끗한 물을 제공하기 위해 더러운 물을 판매하여 기금을 모은다는 내용의 글이므로, 주제로는 ① '깨끗한 물을 제공하기 위해 더러운 물 이용하기'가 적절하다.
② 배고픈 아이들을 위해 모금하는 방법   ③ 세계 물 주간의 기원과 역사
④ 더러운 물을 마심으로써 생기는 주요 질병들   ⑤ 뉴욕시의 물 부족을 해결하는 비결

2 세계 물 수간에 더러운 물 판매를 통해 깨끗한 물 부족 문제에 대한 인식을 높인다고 서술하는 도중에, 뉴욕시가 복잡한 도시라는 내용의 ②의 문장은 글의 흐름과 맞지 않는다.

3 동사로 '…처럼 보이다'라는 의미의 seem like를 쓰고, 전치사 like의 목적어로 a shocking way를, 명사구를 뒤에서 수식하는 형용사적 용법의 to부정사구 to raise money를 차례대로 배열한다.

① Would you pay a dollar / for a bottle / full of dirty water? ② What if it was labeled "malaria" or "cholera"? ③ You could buy this unusual bottled water / from a vending machine / during World Water Week / in New York City. ④ (It is one of the most populous and crowded cities / in America.) ⑤ The water was sold / as part of an effort / to raise awareness in America / about the lack of clean water / in many areas of the world. ⑥ Thousands of children die from / water-related diseases / every day, / and millions more have no clean water to drink. ⑦ Most New Yorkers / who passed by the vending machine / were disgusted by the bottles of dirty water / at first. ⑧ But / once they learned more / about the world's serious water problem, / many of them donated money. ⑨ The fundraiser was organized / by the charitable organization UNICEF. ⑩ They promised / that each dollar would allow them to provide fresh, clean water / to 40 children for one day. ⑪ It may seem like / a shocking way to raise money, / but UNICEF's innovative method / was extremely effective.

해석

① 당신은 더러운 물로 가득 찬 병을 1달러를 내고 사겠는가? ② 만약 그것이 '말라리아'나 '콜레라'라는 상표가 붙여져 있다면 어떻게 하겠는가? ③ 당신은 세계 물 주간에 뉴욕시에서 이 특이한 병에 든 물을 자동판매기에서 살 수 있다. ④ (그곳은 미국에서 가장 인구가 많고 붐비는 도시 중 하나이다.) ⑤ 이 물은 세계 여러 지역에서 깨끗한 물이 부족한 것에 관한 미국 내 인식을 높이려는 노력의 일환으로 판매되었다. ⑥ 매일 수천 명의 아이들이 물과 관련된 질병으로 죽고, 또 수백만 명 이상은 마실 깨끗한 물이 없다. ⑦ 자동판매기를 지나쳐간 대부분의 뉴욕 시민들은 처음에는 더러운 물이 담긴 병을 보고 역겨워했다. ⑧ 그러나 세계의 심각한 물 문제에 대해 더 알게 되자, 그들 중 많은 사람들이 돈을 기부했다. ⑨ 그 모금 행사는 자선 단체인 유니세프에 의해 조직되었다. ⑩ 그들은 1달러가 하루에 40명의 아이들에게 신선하고 깨끗한 물을 공급해 줄 것이라고 약속했다. ⑪ 그것은 돈을 모으는 충격적인 방법처럼 보일 수도 있지만, 유니세프의 이 혁신적인 방법은 매우 효과적이었다.

구문해설

② **What if it *was labeled* "malaria" or "cholera"?**

→ what if + 주어 + 동사 ...?: 만약 …라면 어떨까?

→ it은 앞 문장의 a bottle full of dirty water를 가리키며, 물병에 상표가 '붙여진' 것이므로 수동태 was labeled가 쓰임.

⑤ **The water was sold as part of an effort [to raise awareness in America about the lack of clean water ...].**

→ as는 '(자격·기능 등이) …로서'를 뜻하는 전치사

→ [ ]는 an effort를 수식하는 형용사적 용법의 to부정사구

⑦ **Most New Yorkers [who passed by the vending machine] were disgusted ....**
　　　　　　　 S　　　　　　　　　　　　　　　　　　　　　　V

→ [ ]는 선행사 Most New Yorkers를 수식하는 주격 관계대명사절

⑩ **They promised [that each dollar would allow them to provide fresh, clean water ...].**

→ [ ]는 promised의 목적어 역할을 하는 명사절

→ allow + 목적어 + to-v: …가 ~하도록 하다

03 어디서 쇼핑해야 할까?

정답 1 ④ 2 ④ 3 choices, facilities, specialize, local

문제해설 **1** 토론자 A는 대형 슈퍼마켓의 이점을 이야기하고 있고, 토론자 B는 전통 시장 및 소규모 지역 상점의 이점을 이야기하고 있으므로, 토론의 주제로는 ④ '대형 슈퍼마켓에서 쇼핑하기 대 전통 시장에서 쇼핑하기'가 적절하다.
  ① 전통 시장을 이용하는 것의 경제적인 이점
  ② 상점에 의해 야기되는 환경에 해로운 영향
  ③ 지역 주민을 위해 더 많은 대형 슈퍼마켓을 지어야 할 필요성
  ⑤ 전통 시장에 의해 지역 사업체에 제공되는 몇 가지 이점

2 '게다가'라는 뜻의 Besides로 보아, 앞 문장에서 전통 시장의 장점으로 상품들이 항상 신선하고 품질이 우수하다는 내용에 이어 가격적인 측면에서의 장점이 언급되어야 하므로, ④ higher를 lower로 바꿔야 한다.

3 토론자 A: • 대형 슈퍼마켓은 고객들에게 다양한 선택의 기회를 제공한다.
        • 대형 슈퍼마켓이 소규모 상점보다 더 좋은 시설을 갖추고 있기 때문에, 사람들은 대형 슈퍼마켓에서 편안한 쇼핑 환경을 즐길 수 있다.
  토론자 B: • 전통 시장은 특정 상품을 전문으로 한다.
        • 소규모 상점과 전통 시장은 지역 경제 건전성에 기여한다.

본문

Today's Topic: shopping at superstores vs. shopping at traditional markets

Person A ① I believe / that superstores provide customers with a convenient shopping experience. ② Let's say / you want unsalted butter / or vanilla extract. ③ It is difficult / to find these things / in small stores or traditional markets. ④ Yet / because superstores offer a wider range of choices, / they can easily be found there. ⑤ Superstores sell many kinds of things / all in one place. ⑥ At a traditional market, / on the other hand, / you have to go to numerous places / to buy different things. ⑦ Also, / the facilities at superstores are much nicer / than those at traditional markets. ⑧ Superstores are large buildings / with proper heating and cooling systems / that create a comfortable shopping environment. ⑨ They also have large parking areas.

Person B ⑩ I think / people should see the value of / small local stores and traditional markets. ⑪ Small stores and traditional markets are able to offer / more personal service. ⑫ Their staff are friendly / and often know / what their regular customers like and want. ⑬ Traditional markets also specialize in certain products / like baked goods, fruit, or fish. ⑭ So / their products are always fresh and high-quality. ⑮ Besides, / research shows / that prices in traditional markets are lower / than superstores. ⑯ Some people may not like the fact / that traditional markets often do not have / heating and cooling systems / like superstores. ⑰ However, / this makes them better / for the environment. ⑱ Small stores and traditional markets are / an important part of the local economy. ⑲ We should help protect them / from superstores.

오늘의 주제: 대형 슈퍼마켓에서 쇼핑하기 대 전통 시장에서 쇼핑하기

토론자 A ① 나는 대형 슈퍼마켓이 고객들에게 편리한 쇼핑 경험을 제공한다고 생각한다. ② 당신이 무염 버터나 바닐라 추출액이 필요하다고 해보자. ③ 이런 물건들을 소규모 상점이나 전통 시장에서 찾기는 어렵다. ④ 그렇지만 대형 슈퍼마켓은 보다 폭넓은 선택의 기회를 제공하기 때문에, 그곳에서 그것들을 쉽게 찾아볼 수 있다. ⑤ 대형 슈퍼마켓은 많은 종류의 물건들을 전부 한 장소에서 판다. ⑥ 반면에, 전통 시장에서는 여러 물건들을 사기 위해서 수많은 장소에 가야만 한다. ⑦ 또한, 대형 슈퍼마켓의 시설들은 전통 시장의 시설보다 훨씬 더 좋다. ⑧ 대형 슈퍼마켓은 편안한 쇼핑 환경을 만드는 적절한 난방과 냉방 시설을 갖춘 큰 건물이다. ⑨ 대형 슈퍼마켓은 넓은 주차장도 갖추고 있다.

토론자 B ⑩ 나는 사람들이 소규모 지역 상점과 전통 시장의 가치를 알아야 한다고 생각한다. ⑪ 소규모 상점과 전통 시장은 보다 개개인에 맞춘 서비스를 제공할 수 있다. ⑫ 그곳의 직원들은 친절하고 단골손님들이 무엇을 좋아하고 원하는지 대개 알고 있다. ⑬ 전통 시장은 또한 빵류나 과일, 또는 생선 같은 특정 상품을 전문으로 한다. ⑭ 그래서 그곳의 상품들은 항상 신선하고 품질이 높다. ⑮ 게다가, 연구는 전통 시장의 가격이 대형 슈퍼마켓보다 더 낮다는 것을 보여준다. ⑯ 어떤 사람들은 전통 시장에는 보통 대형 슈퍼마켓처럼 난방이나 냉방 시설이 없다는 사실을 좋아하지 않을지도 모른다. ⑰ 그러나, 이것은 전통 시장이 환경에는 더 좋게 만든다. ⑱ 소규모 상점과 전통 시장은 지역 경제의 중요한 부분이다. ⑲ 우리는 대형 슈퍼마켓으로부터 그것들을 지키는 것을 도와야 한다.

구문해설 ③ It is difficult **to find** these things in small stores or traditional markets.

　→ It은 가주어, to find 이하가 진주어

⑦ Also, the facilities at superstores are **much** nicer than *those* at traditional markets.

　→ much는 비교급을 강조하는 부사로 '더욱 더, 훨씬'의 의미임. much 외에도 비교급 강조 부사로 even, still, far, a lot 등이 있음.

　→ those는 앞에 나온 복수 명사 the facilities를 대신하는 지시대명사

⑫ Their staff are friendly and often know [what their regular customers like and want].

　→ [ ]는 동사 know의 목적어로 쓰인 간접의문문으로 「의문사＋주어＋동사」의 어순으로 쓰임.

⑯ Some people may not like the fact [that traditional markets often do not have heating and cooling systems like superstores].

　→ [ ]는 앞에 나온 명사 the fact의 구체적인 내용을 설명하는 동격의 명사절

04　A Special Village of Their Own　P. 40

정답 **1** (1) T　(2) F　(3) F　**2** ③　**3** nurses, help

문제해설 **1** (1) 알츠하이머병 환자들이 이용할 수 있는 시설들이 있다.

(2) 간호사와 직원들은 마을 안에서 특별한 유니폼을 입고 있다. → 간호사와 직원들은 일상복을 입고 마을 사람처럼 행동한다고 했다.

(3) 마을에 거주하는 것은 일반적인 요양원보다 비용이 훨씬 더 많이 든다. → 거주민당 비용이 전통적인 요양원보다 크게 더 비싸지는 않다고 했다.

[문제] Hogewey에 관한 이 글의 내용과 일치하면 T에, 일치하지 않으면 F에 표시하시오.

2 (A) 문장의 주어 역할을 하는 동명사구를 이끄는 Taking이 적절하다.

(D) 뒤에 명사구 their memory problems가 있으므로 전치사 역할을 하는 because of가 알맞다.

(C) 장소를 나타내는 선행사 a whole village와 함께 쓸 수 있는 관계부사 where가 와야 한다.

[문제] (A), (B), (C)에서 어법에 맞는 표현으로 가장 적절한 것을 고르시오.

3 돌아다니다가 그들이 길을 잃더라도, 그들을 도와줄 간호사와 다른 직원들이 있다.

[문제] 무엇이 Hogewey의 거주민들이 마을을 돌아다니는 것을 가능하게 하는가? 빈칸에 알맞은 말을 본문에서 찾아 쓰시오.

본문

① Taking care of people with Alzheimer's disease / requires a lot of effort. ② They tend to wander around a lot. ③ And, / because of their memory problems, / they easily forget / where they are.

④ That's why / Hogewey was created / in the Netherlands in 2009. ⑤ Unlike usual nursing homes, / it's a whole village / where people with Alzheimer's can walk around, shop and socialize. ⑥ There are shops, cafes, restaurants and a movie theater. ⑦ This means / its residents can wander around / as much as they want. ⑧ Nurses and other employees wear normal clothes / and act like villagers. ⑨ So if residents get lost or confused, / there's always someone there / to help them. ⑩ Hogewey has more than 150 residents / and is staffed by about 250 employees. ⑪ Six to eight residents / share an apartment / in one of the village's 23 residential buildings. ⑫ Surprisingly, / the cost per resident is not that much higher / than at traditional nursing homes.

⑬ Above all, / Hogewey gives patients a comfortable environment / where they can enjoy some of the freedoms / they have lost in their daily lives. ⑭ Moreover, / Hogewey is changing / how people think about Alzheimer / by allowing its residents to live in a normal community.

해석

① 알츠하이머병 환자들을 돌보는 일은 많은 노력을 필요로 한다. ② 그들은 많이 돌아다니는 경향이 있다. ③ 그리고 기억력 문제 때문에 그들은 자신이 어디에 있는지 쉽게 잊는다.

④ 그것이 Hogewey가 2009년에 네덜란드에서 생겨난 이유이다. ⑤ 보통의 요양원과 달리, 그곳은 알츠하이머병 환자들이 돌아다니고 쇼핑하고 사람들과 어울릴 수 있는 온전한 마을이다. ⑥ 그곳에는 상점, 카페, 음식점 그리고 영화관이 있다. ⑦ 이것은 거주민들이 그들이 원하는 만큼 돌아다닐 수 있다는 의미이다. ⑧ 간호사들과 다른 직원들은 일상복을 입고 마을 사람들처럼 행동한다. ⑨ 그래서 거주민들이 길을 잃거나 혼란스러워하면, 그곳에는 항상 그들을 도와줄 누군가가 있다. ⑩ Hogewey에는 150명 이상의 거주민들이 있고, 약 250명의 직원들로 구성되어 있다. ⑪ 6명에서 8명의 거주민이 마을의 23개 주거용 건물 중 하나의 아파트를 공유한다. ⑫ 놀랍게도, 각 거주민당 비용은 전통적인 요양원에서보다 그렇게 크게 더 비싸지는 않다.

⑬ 무엇보다도, Hogewey는 환자들에게 그들이 일상 생활 속에서 잃어버린 자유의 일부를 즐길 수 있는 편안한 환경을 제공한다. ⑭ 게다가, Hogewey는 거주자들이 평범한 공동체에 살도록 허용함으로써 사람들이 알츠하이머병에 관해 어떻게 생각하는지를 바꾸고 있다.

구문해설

① [Taking care of people with Alzheimer's disease] **requires** a lot of effort.

                S   V

→ [　]는 문장의 주어로 쓰인 동명사구이며, 동명사구 주어는 단수 취급하므로 단수 동사 requires가 쓰임.

⑦ This means its residents can wander around **as much as** they want.
　→ as + 부사의 원급 + as: …만큼 ~하게

⑨ So if residents **get lost** or **confused**, there's always someone there *to help* them.
　→ get + 형용사: …한 상태가 되다
　→ to help는 someone을 수식하는 형용사적 용법의 to부정사

⑬ Above all, Hogewey gives patients a comfortable environment [where they can enjoy some
　　　　　　　　　　　V　　IO　　　　DO
of the freedoms {(that[which]) they have lost in their daily lives}].
　→ give + 간접목적어 + 직접목적어: …에게 ~을 주다
　→ [ ]는 선행사 a comfortable environment를 수식하는 관계부사절로, where의 선행사로 추상적인 의미의 장소를 나타내는 명사가 쓰임.
　→ { }는 선행사 the freedoms를 수식하는 관계대명사절로, freedoms와 they 사이에 목적격 관계대명사 that[which]가 생략됨.

Review Test

A **1** ⓓ **2** ⓔ **3** ⓐ **4** ⓒ **5** ⓑ　　B **1** socialize **2** raise **3** effective **4** proper　　C **1** stand up to **2** specializes in **3** pick on **4** pass by　　D **1** 게다가, 학교 폭력 가해자는 그녀를 놀리는 것을 그만두었고 친구를 통해 사과까지 했다. **2** 그들은 1달러가 하루에 40명의 아이들에게 신선하고 깨끗한 물을 공급해 줄 것이라고 약속했다. **3** 또한, 대형 슈퍼마켓의 시설들은 전통 시장의 시설보다 훨씬 더 좋다. **4** 어떤 사람들은 전통 시장에는 보통 대형 슈퍼마켓처럼 난방이나 냉방 시설이 없다는 사실을 좋아하지 않을지도 모른다.　　E **1** that urged other students at her school to join **2** pay a dollar for a bottle full of dirty water **3** wander around as much as they want

해석　A
1 인식: ⓓ 어떤 것에 대한 인식이나 이해
2 기부하다, 기증하다: ⓔ 단체에 돈이나 물건을 주다
3 수많은: ⓐ 수가 많은
4 약자를 괴롭히는 사람: ⓒ 더 약한 사람에게 못되게 구는 사람
5 촉구하다, 권고하다: ⓑ 무언가를 할 것을 강력히 권하다

B
1 제이슨은 이웃과 어울리고 새 친구를 사귀는 것을 좋아한다.
2 학생들은 유기견을 위해 돈을 모을 것이다.
3 컴퓨터 바이러스를 피하는 가장 효과적인 방법은 무엇인가?
4 치과 의사는 나에게 이를 닦는 적절한 방법을 가르쳐줬다.

C

1 …에 맞서다: stand up to

2 …을 전문으로 하다: specialize in

3 …을 괴롭히다: pick on

4 …을 스쳐 지나가다: pass by

SECTION 04

문화·예술

1 **1** ⑤ **2** ② **3** ④ **4** an old bicycle seat, some rusty handlebars

2 **1** ④ **2** ③ **3** in the military, they first began

3 **1** ③ **2** ④ **3** ⓐ has won ⓑ entertaining

4 **1** ① **2** ④ **3** cloth, background, wave, repeat

01 피카소의 남다른 안목!   P. 46

정답   **1** ⑤ **2** ② **3** ④ **4** an old bicycle seat, some rusty handlebars

문제해설 **1** 피카소가 기존의 사물들을 재구성하여 예술 작품으로 만든 일화를 통해 파운드 아트(found art)를 설명하는 글
이므로 ⑤ '평범한 사물을 예술로 변형하기'가 제목으로 가장 적절하다.

① 예술품으로서의 동물들   ② 한 예술적 천재의 생애

③ 누가 걸작을 버렸는가?   ④ 피카소의 독특한 화법

2 아름다움을 '만들어 내는' 대부분의 예술과 대비되는 표현으로, 기존의 사물에서 아름다움을 '보는 것'이 파운드
아트라고 하는 것이 문맥상 적절하므로 ② seeing이 알맞다.

① 감추는 것 ③ 채색하는 것 ④ 설명하는 것 ⑤ 파괴하는 것

3 문맥상 '나도 할 수 있었겠다.'라고 생각할지도 모른다는 것이므로, '…할 수도 있었다'의 의미인 「could have
p.p.」가 되어야 한다. 「must have p.p.」는 '…했음에 틀림없다'의 의미이다.

4 그것은 낡은 자전거 안장과 녹슨 핸들을 가리킨다.

본문

① In 1942, / Pablo Picasso was looking through / a pile of junk. ② He saw an old bicycle seat
/ lying next to some rusty handlebars. ③ Suddenly, / he imagined them / rearranged in the
shape of a bull's head.

④ Once the idea came to him, / all he had to do was / join the two objects together. ⑤ He called
it *Tête de taureau*, / which simply means "bull's head" / in French. ⑥ It might sound strange,
/ but this type of art has been around / since the early 20th century. ⑦ It's called "found art."

⑧ While most art is about making beauty, / found art is about <u>seeing</u> the beauty / in existing objects. ⑨ Looking at *Tête de taureau*, / you might think, / "That's simple! / I could have done that." ⑩ But here's the point — / you didn't! ⑪ Picasso was the only person / who saw the possibility of a bull's head / in a couple of pieces of junk. ⑫ This imaginative creativity is / what makes *Tête de taureau* such a special work of art.

해석

① 1942년에, 파블로 피카소는 쓰레기 더미를 살펴보고 있었다. ② 그는 녹슨 핸들 옆에 놓인 낡은 자전거 안장을 보았다. ③ 갑자기, 그는 그것들이 황소 머리 모양으로 재구성된 것을 상상했다.

④ 일단 그에게 아이디어가 떠오르자, 그가 해야 할 일은 그 두 사물을 결합하는 것뿐이었다. ⑤ 그는 그것을 *Tête de taureau*라고 불렀는데, 이는 단순히 프랑스어로 '황소의 머리'를 의미한다. ⑥ 이상하게 들릴지도 모르지만, 이런 예술 형태는 20세기 초기 이후로 존재해왔다. ⑦ 그것은 '파운드 아트'라고 불린다. ⑧ 대부분의 예술이 아름다움을 만들어 내는 것에 관한 것인 반면, 파운드 아트는 기존의 사물들에서 아름다움을 <u>보는 것</u>에 관한 것이다. ⑨ *Tête de taureau*를 보면, 당신은 '간단하군! 저건 나도 할 수 있었겠어.'라고 생각할지도 모른다. ⑩ 그러나 요점은 바로, 당신은 하지 않았다는 것이다! ⑪ 피카소는 몇 개의 쓰레기에서 황소 머리가 될 수 있는 가능성을 본 유일한 사람이었다. ⑫ 이 상상력으로 풍부한 창의력이 *Tête de taureau*를 아주 특별한 예술 작품으로 만드는 것이다.

구문해설

② He saw an old bicycle seat [lying next to some rusty handlebars].

→ [ ]는 an old bicycle seat를 수식하는 현재분사구

③ Suddenly, he **imagined** them **rearranged** in the shape of a bull's head.

→ 동사 imagined의 목적어와 목적격보어가 수동 관계이므로, 목적격보어로 과거분사 rearranged가 쓰임.

④ ..., all [**(that)** he had to do] was (*to*) *join* the two objects together.

→ [ ]는 선행사 all을 수식하는 관계대명사절로, 목적격 관계대명사 that이 생략됨. all이 선행사로 사용되는 경우 주로 관계대명사 that이 사용됨.

→ (to) join은 주격보어로 쓰인 to부정사. be동사의 주어 부분이 do를 포함하는 경우, 주격보어로 쓰인 to부정사에서 to가 흔히 생략됨.

⑫ This imaginative creativity is **what** *makes Tête de taureau such a special work of art.*

→ what은 선행사를 포함한 관계대명사로 문장에서 보어 역할을 하는 명사절을 이끔.

→ make+목적어+목적격보어(명사구): …을 ~로 만들다

---

02 악단의 원래 정체는? P. 48

정답 **1** ④ **2** ③ **3** in the military, they first began

문제해설 **1** ④ 누가 최초의 행진 악단을 시작했는지에 관한 정보는 언급되지 않았다.
① 행진 악단은 어떤 활동들 결합하는가?
② 행진 악단은 행진하는 동안 무엇을 하는가?
③ 행진 악단의 원래 목적은 무엇이었는가?

④ 최초의 행진 악단은 누가 시작했는가?

⑤ 행진 악단을 요즘 어디서 주로 볼 수 있는가?

2 (A) 뒷부분에 나오는 '댄스 그룹처럼 통합된 패턴으로'라는 내용으로 비추어 볼 때, '함께' 움직인다는 내용이 문맥상 적절하므로 together가 되어야 한다. separately는 '따로따로, 별도로'의 의미이다.

(B) 과거에는 '현대의' 통신 장치가 없었기 때문에 악단이 이용되었던 것이므로, modern이 알맞다. outdated는 '구식인'의 의미이다.

(C) 악단의 전통이 계속되었기 때문에 오늘날에도 행진 악단의 모습을 볼 수 있는 것이므로, continued가 알맞다. stop은 '중단되다'의 의미이다.

3 '~하는 것은 바로 …이다[였다]'의 의미인 「It is[was] … that ~」 강조 구문은 It is[was]와 that 사이에 강조하고자 하는 어구를 쓴다.

<u>그것들이 처음 시작된 것은 바로 군대에서</u>였다.

본문

① Everyone loves a parade. ② And one of the most popular parts of a parade / is the marching band! ③ Marching bands combine music and motion, / which makes them exciting / to watch. ④ Most of a band's members play musical instruments / as they march. ⑤ Others throw sticks in the air / or wave flags back and forth. ⑥ Often, / the entire band moves together / in a coordinated pattern, / like a dance group.

⑦ Interestingly, / marching bands were not originally developed / for entertainment. ⑧ They first began / in the military. ⑨ At that time, / soldiers didn't have modern communication devices. ⑩ So bands were used / to help coordinate the movements of the soldiers / during battles. ⑪ These bands were later replaced by radios, / but the tradition continued.

⑫ Today / marching bands can be seen / in parades, at sporting events, and in amusement parks. ⑬ They vary in size / from about 20 members to more than 100. ⑭ In fact, / a high school marching band from Texas, USA, / has more than 800 members! ⑮ They claim / that their marching band is the largest in the world.

해석

① 모든 사람은 퍼레이드를 좋아한다. ② 그리고 퍼레이드에서 가장 인기 있는 부분 중 하나는 행진 악단이다! ③ 행진 악단은 음악과 동작을 결합하여 그것들을 보기에 흥겹게 만든다. ④ 악단의 멤버 대부분은 행진하면서 악기를 연주한다. ⑤ 다른 멤버들은 공중에 막대기를 던지거나 깃발을 앞뒤로 흔든다. ⑥ 종종 악단 전체는 댄스 그룹처럼 통합된 패턴으로 함께 움직인다.

⑦ 흥미롭게도, 행진 악단은 원래 오락을 위해 개발되지 않았다. ⑧ 그것은 군대에서 처음 시작되었다. ⑨ 그 당시, 병사들은 현대의 통신 장치를 가지고 있지 않았다. ⑩ 그래서 악단은 전투 중 병사들의 움직임을 조율하는 것을 돕는 데 이용되었다. ⑪ 이 악단은 이후 무선 통신 장치로 대체되었지만, 전통은 계속되었다.

⑫ 오늘날 행진 악단은 퍼레이드, 스포츠 행사 및 놀이 공원에서 볼 수 있다. ⑬ 악단은 규모가 약 20명에서 100명 이상으로 다양하다. ⑭ 실제로, 미국 텍사스 출신의 고교 행진 악단은 800명이 넘는다! ⑮ 그들은 자신들의 행진 악단이 세계에서 가장 크다고 주장한다.

구문해설

② And **one of the most popular parts** of a parade is the marching band!

→ one of the+최상급+복수 명사: 가장 …한 것들 중 하나

③ Marching bands combine music and motion, [which **makes** them <u>exciting *to watch*</u>].

→ [ ]는 앞의 절 전체를 부연 설명하는 계속적 용법의 관계대명사절

→ make+목적어+목적격보어(형용사): …를 ~하게 만들다

→ to watch는 형용사 exciting을 수식하는 부사적 용법의 to부정사

⑩ So bands **were used to** *help* *coordinate* the movements of the soldiers during battles.

→ be used to-v: …하는 데 사용되다

→ help+동사원형[to-v]: …하는 것을 돕다

03 두 마녀의 숨겨진 이야기 P. 50

정답   **1** ③   **2** ④   **3** ⓐ has won ⓑ entertaining

문제해설   **1** 엘파바는 서쪽의 나쁜 마녀가 된다고 했으므로 ③은 글의 내용과 일치하지 않는다.

2 엘파바가 오즈의 마법사를 만난 이후에 '서쪽의 나쁜 마녀'라는 이름을 얻게 되는 배경에 대한 내용이다. 엘파바가 오즈의 마법사가 사악한 사람임을 알게 된다는 내용의 (C) 다음에, 엘파바가 자신의 비밀을 누설할까 봐 두려워한 마법사가 사람들에게 그녀가 나쁜 마녀라고 말한다는 (A)가 오고, 사람들은 마법사의 말을 듣고 그녀를 서쪽의 나쁜 마녀라고 부르게 된다는 (B)로 이어지는 것이 자연스럽다.

3 ⓐ '지금까지'라는 뜻의 so far가 함께 쓰인 것으로 볼 때 과거에 시작된 일이 현재까지 계속되고 있음을 나타내므로 현재완료인 has won으로 써야 한다.

ⓑ 이야기는 '흥미로운' 감정을 유발하는 주체이므로 능동의 의미인 현재분사 entertaining이 되어야 한다.

본문

WICKED

① Do you think / you know the whole story about *The Wizard of Oz*? ② Think again!

Introduction

③ One of the best musicals of all time, / *Wicked* has been amazing audiences / since opening in 2003. ④ It tells the story of the two witches / from the famous movie *The Wizard of Oz*. ⑤ *Wicked* has won many awards so far, / including a Grammy Award and several Tony Awards.

Summary

⑥ *Wicked* is about the relationship / between Elphaba and Glinda. ⑦ The green-skinned Elphaba later becomes the Wicked Witch of the West, / and the pretty Glinda becomes the Good Witch of the North. ⑧ The two first meet at university / and dislike each other. ⑨ But they eventually become friends. ⑩ One day / they visit the ruler of Oz, the Wizard. ⑪ (C) Elphaba discovers / he is an evil man and not a good ruler. ⑫ (A) Scared of her revealing his secret, / the Wizard tells everyone / that Elphaba is a "wicked witch." ⑬ (B) The people of Oz listen to him / and call her the Wicked Witch of the West. ⑭ *Wicked*'s entertaining story includes / references to some well-known scenes / from the movie *The Wizard of Oz*.

⑮ **Price** $52 ~ $142

⑯ **Location** The Gershwin Theatre in New York

⑰ **Running Time** 2 hours and 30 minutes (plus a 15-minute intermission)

해석 **위키드**

① 당신은 오즈의 *마법사*에 관한 이야기 전부를 안다고 생각하는가? ② 다시 생각해보라!

소개

③ 역대 최고 뮤지컬 중 하나인 *위키드*는 2003년 초연 이후로 관객들을 놀라게 해오고 있다. ④ 그것은 유명한 영화 *오즈의 마법사*에 나오는 두 마녀의 이야기를 말해준다. ⑤ 위키드는 지금까지 그래미 상과 몇몇 토니 상을 포함해서 많은 상을 받았다.

줄거리

⑥ *위키드*는 엘파바와 글린다 간의 관계에 관한 것이다. ⑦ 초록색 피부의 엘파바는 이후에 서쪽의 나쁜 마녀가 되고, 예쁜 글린다는 북쪽의 착한 마녀가 된다. ⑧ 그 둘은 대학에서 처음 만나고 서로를 싫어한다. ⑨ 그러나 그들은 결국 친구가 된다. ⑩ 어느 날, 그들은 오즈의 통치자인 마법사를 찾아간다. ⑪ (C) 엘파바는 그가 사악한 사람이며 좋은 통치자가 아니라는 것을 알게 된다. ⑫ (A) 그녀가 자신의 비밀을 폭로할까 봐 두려워서 마법사는 모두에게 엘파바가 '나쁜 마녀'라고 말한다. ⑬ (B) 오즈의 사람들은 그의 말을 듣고 그녀를 서쪽의 나쁜 마녀라고 부른다. ⑭ *위키드*의 흥미로운 이야기는 영화 *오즈의 마법사*에 나오는 유명한 몇몇 장면들의 인용을 포함한다.

⑮ **가격** 52 ~ 142달러

⑯ **장소** 뉴욕 거슈윈 극장

⑰ **상연 시간** 2시간 30분 (15분 중간 휴식 시간 추가)

⑱ **어린이 규정** 모든 어린이는 입장권이 필요합니다. ⑲ 4세 미만 어린이는 입장할 수 없습니다.

구문해설 ③ ..., *Wicked* **has been amazing** audiences since opening in 2003.

→ has been amazing은 과거에 시작된 일이 현재에도 진행 중임을 나타내는 현재완료 진행형

⑪ Elphaba discovers [(that) he is an evil man and not a good ruler].

→ [ ]는 동사 discovers의 목적어로 쓰인 명사절로, 명사절을 이끄는 접속사 that이 생략됨.

⑫ [(Being) Scared of *her* **revealing** his secret], the Wizard tells everyone that Elphaba is a "wicked witch."

→ [ ]는 〈이유〉를 나타내는 분사구문으로 문두에 Being이 생략되어 있음.

→ 전치사 of의 목적어로 동명사 revealing이 쓰였으며 her는 동명사의 의미상의 주어임.

04 The Art of Dripping   P. 52

정답 **1** ① **2** ④ **3** cloth, background, wave, repeat

문제해설 **1** 잭슨 폴락의 드리핑 기법을 소개하고 그것을 따라할 수 있는 방법을 설명하는 글이므로, 제목으로는 ① '유명한 화가처럼 그리기'가 적절하다.

[문제] 이 글의 제목으로 가장 적절한 것은?

② 캔버스 각도의 중요성   ③ 초보자에게 추상 미술 가르치기

④ 한 천재의 새로운 화법   ⑤ 그리기의 복잡한 과정

2 (A) 〈동시동작〉을 나타내는 분사구문으로, 분사의 의미상의 주어 anyone과 분사가 능동 관계이므로 현재분사 using이 알맞다.

(B) cause는 목적격보어로 to부정사를 취하므로 to drip이 적절하다.

(C) 진지사 al의 목적어가 필요한데 관계사절의 수식을 받는 명사구가 없으므로 선행사를 포함하는 관계대명사 what이 이끄는 명사절이 오는 것이 알맞다.

[문제] (A), (B), (C)에서 어법에 맞는 표현으로 가장 적절한 것을 고르시오.

3 [문제] 다음은 잭슨 폴락의 그리기 과정이다. 빈칸에 알맞은 말을 본문에서 찾아 쓰시오.

물감과 그림 붓, 캔버스, 그리고 커다란 천을 준비하라.

⇩

배경을 위한 색을 고르고 그것을 캔버스 위에 칠하라.

⇩

붓에 다른 색을 묻혀 그것을 캔버스 위로 흔들어라.

⇩

물감이 마를 때까지 기다린 다음, 원하는 만큼 이 과정을 반복하라.

본문

① The American painter Jackson Pollock / was one of the greatest abstract artists of the 20th century. ② He is known for his unique style of painting, / which is called the drip technique. ③ Unlike most painters, / Pollock laid his canvases flat / on the floor. ④ He then dripped paint onto them / in interesting patterns.

⑤ Pollock was a genius, / but anyone can paint / using his style. ⑥ To get started, / you'll need several colors of paint, some paintbrushes, a canvas, / and a large cloth to protect your floor. ⑦ Next, / choose a place to paint. ⑧ You'll need enough space / to lay your canvas down / and move around it. ⑨ Once you're ready, / pick a color for the background of your painting / and use it to cover your canvas. ⑩ After it dries, / dip one of your brushes / in another color / and wave it over the canvas. ⑪ This will cause the paint / to drip in patterns. ⑫ You can also use plastic squeeze bottles / to do this — / the kind / restaurants use for ketchup and other sauces. ⑬ Once this paint dries, / repeat the process over and over / until you're satisfied.

⑭ When you're painting, / try not to think too much about / what you're doing. ⑮ Pollock believed / that you can express your unconscious feelings / using this style. ⑯ So relax and follow your instincts. ⑰ You may be surprised at / what you create.

해석

① 미국인 화가 잭슨 폴락은 20세기의 가장 위대한 추상파 화가들 중 한 명이었다. ② 그는 그의 독특한 화법으로 유명한데, 그것은 드리핑 기법이라고 불린다. ③ 대부분의 화가들과 달리, 폴락은 캔버스를 바닥에 평평하게 놓았다. ④ 그리고 나서 그는 흥미로운 모양으로 물감을 그 위에 떨어뜨렸다.

⑤ 폴락은 천재였지만, 누구나 그의 방식을 이용해 그림을 그릴 수 있다. ⑥ (그림 그리는 것을) 시작하기 위해서, 몇 가지 색의 물감과 그림 붓, 캔버스, 바닥을 보호할 커다란 천이 필요할 것이다. ⑦ 다음으로, 그림을 그릴 장소를 골라라. ⑧ 캔버스늘 놓고 그 주위로 들이디닐 흥분한 공간이 필요할 것이다. ⑨ 준비가 되면, 그림의 배경을 위한 색을 하나 고르고 캔버스를 칠하는 데 그것을 사용하라. ⑩ 마르고 난 후에는, 붓 중 하나를 다른 색에 담갔다가 그것을 캔버

스 위로 흔들어라. ⑪ 이것은 물감이 모양을 만들며 떨어지게 할 것이다. ⑫ 이것을 하기 위해, 음식점에서 케첩이나 다른 소스 위에 사용하는 종류인, 써서 쓰는 플라스틱 봉기를 사용할 수도 있다. ⑬ 이 물감이 마르고 나면, 만족할 때까지 이 과정을 계속해서 반복하라.

⑭ 그림을 그리고 있을 때, 하고 있는 것에 대해 너무 많이 생각하지 않도록 하라. ⑮ 폴락은 이 기법을 사용해서 무의식적인 감정을 표현할 수 있다고 믿었다. ⑯ 그러니 긴장을 풀고 본능을 따르라. ⑰ 당신은 자신이 만들어 낸 것에 놀랄지도 모른다.

구문해설

② He is known for his unique style of painting, [which is called the drip technique].
  → [ ]는 선행사 his unique style of painting을 부연 설명하는 계속적 용법의 주격 관계대명사절

⑥ **To get started**, you'll need several colors of paint, ..., and a large cloth [to protect your floor].
  → To get started는 〈목적〉을 나타내는 부사적 용법의 to부정사구
  → [ ]는 a large cloth를 수식하는 형용사적 용법의 to부정사구

⑫ ... the kind [(that[which]) restaurants use for ketchup and other sauces].
  → [ ]는 선행사 the kind를 수식하는 관계대명사절로, 목적격 관계대명사 that[which]가 생략됨.

⑭ When you're painting, try **not to think** too much about *what* you're doing.
  → to부정사의 부정은 부정어 not을 to부정사 앞에 써서 나타냄.
  → what은 선행사를 포함하는 관계대명사로 전치사 about의 목적어 역할을 하는 명사절을 이끔.

Review Test

P. 54

A ④   B 1 ② 2 ④ 3 ③ 4 ①   C 1 back and forth 2 throw away 3 look through 4 of all time
D 1 일단 그에게 아이디어가 떠오르자, 그가 해야 할 일은 그 두 사물을 결합하는 것뿐이었다. 2 행진 악단은 음악과 동작을 결합하여 그것들을 보기에 흥겹게 만든다. 3 그녀가 자신의 비밀을 폭로할까 봐 두려워서 마법사는 모두에게 엘파바가 '나쁜 마녀'라고 말한다. 4 그림을 그리고 있을 때, 하고 있는 것에 대해 너무 많이 생각하지 않도록 하라. E 1 saw an old bicycle seat lying next to some rusty handlebars 2 the only person who saw the possibility of a bull's head 3 were used to help coordinate the movements of the soldiers

해석

A

① 쓰레기: 쓸모 없다고 여겨지는 것

② 드러내다: 비밀인 무언가가 다른 사람에게 알려지게 하다

③ 재구성하다, 재배열하다: 사물이 정리되는 방식을 바꾸다

④ 무의식적인: 감각을 이용하여 무언가를 완전히 인식하고 있는

⑤ (몹시) 놀라게 하다: 누군가를 몹시 놀라게 하다

B

1 새 시스템은 기존의 시스템보다 훨씬 더 빠를 것이다.
  ① 이상적인   ② 기존의   ③ 독특한   ④ 효율적인   ⑤ 상호적인

29

2 고객들이 만족하지 않는다면, 저는 메뉴를 바꿀 것입니다.

　① 영향을 받은　　② 지연된　　③ 의도된　　④ 만족한　　⑤ 복잡한

3 그는 사악한 사람이며 모든 등장인물들 중에서 최악이다.

　① 재치있는　　② 다양한　　③ 사악한　　④ 현명한　　⑤ 전형적인

4 콘서트에 너무 늦게 오면 중간 휴식 시간이 시작될 때까지 기다려야 한다.

　① 중간 휴식 시간　② 오케스트라　③ 의사　　④ 부분, 구획　⑤ 모임

C

1 앞뒤로: back and forth

2 …을 버리다: throw away

3 …을 살펴보다[훑어보다]: look through

4 역대, 지금껏: of all time

SECTION 05

건강·의학

1　**1** ③　**2** ②　**3** that prevents viruses from entering your body
2　**1** ⑤　**2** ④　**3** ⑤　**4** sebum, water
3　**1** ⑤　**2** less often, adults　**3** ②
4　**1** ⓐ removes　ⓑ allows　**2** ⑤　**3** ④　**4** ①

01　에취, 재채기가 또!　　　　　　　　　　P. 58

정답　　**1** ③　**2** ②　**3** that prevents viruses from entering your body

문제해설　**1** 재채기를 참지 말아야 하는 이유에 관해 서술한 글이므로, 제목으로는 ③ '재채기하고 싶은 욕구를 참지 마라'가 가장 적절하다.

　① 당신을 재채기하게 하는 바이러스들　　② 재채기를 멈추는 비결

　④ 재채기를 멈출 수 없는 남자　　⑤ 재채기: 심각한 질병의 징후

2 (A) 뒤에 주어와 동사가 있는 완전한 절이 오며 장소를 나타내는 선행사 some places가 있으므로 관계부사 where가 와야 한다.

　(B) 문맥상 '…하려고 애쓰다'의 의미가 적절하므로, to stop이 와야 한다. 「try v-ing」는 '시험 삼아 …하다'의 의미이다.

　(C) 공기가 '빠져나오게 되는' 대상이므로 수동태인 is forced가 와야 한다.

3 재채기는 바이러스가 몸 안으로 들어가는 것을 막는 과정의 일부이다.

① There are some places / where sneezing seems rude. ② Perhaps you are studying in the library / or watching a serious movie in the theater / when you suddenly have to sneeze. ③ But it might disturb other people. ④ So you may try to hold it in. ⑤ Unfortunately, / doctors warn / that this can be dangerous. ⑥ Recently, / a man seriously injured his throat / while trying to stop a sneeze. ⑦ He could barely speak / because his neck was swollen. ⑧ It hurt so much / that he had to go to the hospital, / and it took him a long time / to fully recover.

⑨ And there's another reason / why you shouldn't hold in a sneeze. ⑩ It is part of a process / that prevents viruses / from entering your body. ⑪ If something enters your nose, / a message is sent to your brain. ⑫ Then / your brain signals your eyes, mouth, and throat / to close. ⑬ Next, / your chest muscles move powerfully, / and your throat quickly relaxes. ⑭ Finally, / air is forced out / through your nose and mouth, / along with any viruses / that are trying to get in. ⑮ So the next time you have to sneeze, / let it out. ⑯ Just be sure to cover your mouth / to prevent the spread of viruses to other people!

해석

① 재채기하는 것이 무례하게 보이는 몇몇 장소들이 있다. ② 갑자기 재채기해야 할 때 당신은 도서관에서 공부하거나 극장에서 진지한 영화를 보고 있을지도 모른다. ③ 그러나 그것은 다른 사람들을 방해할 수 있다. ④ 그래서 당신은 그것을 참으려고 할지도 모른다. ⑤ 안타깝게도, 의사들은 이것이 위험할 수 있다고 경고한다. ⑥ 최근에, 한 남자가 재채기를 멈추려고 애쓰다가 목을 심각하게 다쳤다. ⑦ 그는 목이 부었기 때문에 거의 말할 수 없었다. ⑧ 그것이 너무 아파서 그는 병원에 가야만 했고, 완전히 회복하는 데 오랜 시간이 걸렸다.

⑨ 그리고 재채기를 참지 말아야 하는 또 다른 이유가 있다. ⑩ 그것은 바이러스가 몸 안으로 들어가는 것을 막는 과정의 일부이다. ⑪ 무언가가 코에 들어오면, 뇌에 메시지가 전달된다. ⑫ 그러면 당신의 뇌는 눈과 입과 목을 닫도록 신호를 보낸다. ⑬ 다음으로, 당신의 가슴 근육이 강력하게 움직이고, 목(근육)이 빠르게 이완된다. ⑭ 마지막으로, 몸 안으로 들어오려는 바이러스와 함께 공기가 코와 입을 통해 밖으로 빠져나간다. ⑮ 따라서 다음에 재채기해야 할 때, 그것을 해라. ⑯ 다른 사람들에게 바이러스가 퍼지는 것을 막기 위해 입은 꼭 막도록 해라!

구문해설

⑥ Recently, a man seriously injured his throat [while trying to stop a sneeze].
→ [ ]는 접속사 while을 생략하지 않은 분사구문으로, 분사의 의미상의 주어 a man과 분사가 능동 관계이므로 현재분사 trying이 쓰임.

⑧ It hurt **so** much **that** he had to go to the hospital, and *it took* him a long time *to* fully *recover*.
→ so+형용사[부사]+that+주어+동사: 너무 …해서 ~하다
→ it takes+사람+시간+to-v: …가 ~하는 데 (시간)이 걸리다

⑨ And there's another reason [why you shouldn't hold in a sneeze].
→ [ ]는 이유를 나타내는 선행사 another reason을 수식하는 관계부사절

⑩ It is part of a process [that **prevents** viruses **from entering** your body].
→ [ ]는 선행사 a process를 수식하는 주격 관계대명사절
→ prevent A from v-ing: A가 …하는 것을 막다

02 물속에 오래 있으면?

정답　　1 ⑤　　2 ④　　3 ⑤　　4 sebum, water

문제해설　　**1** 오랜 시간 물속에 있으면 손가락과 발가락 끝이 주름지는 이유에 관해 설명하는 글이므로, 주제로는 ⑤ '물속에서 손가락과 발가락이 주름지는 원인'이 적절하다.
① 피부에 의해 생성되는 유용한 기름　　② 피지와 케라틴의 차이
③ 피부의 주름을 예방하는 방법들　　④ 피부가 촉촉하게 유지되어야 하는 이유

2 목적어로 쓰인 that절의 내용이 (사람들에 의해) '믿어지는' 것이므로 수동태가 되어야 한다. 여기서는 가주어 it을 사용하여 「it + be동사 + p.p. + that + 주어 + 동사」의 형태로 쓰였으므로, ④ is believing은 is believed가 되어야 한다.

3 다른 신체 부위보다 손가락과 발가락에 더 많은 케라틴이 있다고 했으므로 ⑤는 글의 내용과 일치하지 않는다.

4 오랫동안 목욕을 하면, 피지가 제거되는데, 이는 물이 피부로 침투하게 한다.

본문

① After a long bath / or a day of swimming, / something strange happens to your body. ② The tips of your fingers and toes / get wrinkled. ③ Why does this happen? ④ And why does it only occur / on your fingers and toes?
⑤ The answers to these questions / involve "sebum" and "keratin". ⑥ Even though it can't be seen, / there is a layer of oil / covering your skin. ⑦ Called sebum, / it protects your skin / and keeps it moist. ⑧ It also makes it waterproof. ⑨ So water runs off of your skin / instead of being absorbed. ⑩ But spending a long time in the water / can wash away your sebum. ⑪ This allows the water to enter your skin, / causing it to become waterlogged. ⑫ It is believed / that this water causes your skin to expand, / and this extra skin forms wrinkles. ⑬ The reason / this happens mostly on your fingers and toes / has to do with a kind of protein in your skin / called keratin. ⑭ Keratin absorbs a great deal of water. ⑮ And your fingers and toes contain more keratin / than other parts of your body.
⑯ This process doesn't harm your skin. ⑰ And your body quickly creates a new layer of sebum.
⑱ So if you enjoy long, relaxing baths, / you have nothing to worry about!

해석

① 오랫동안 목욕을 하거나 수영을 하고 난 날이면, 뭔가 이상한 일이 신체에 생긴다. ② 손가락과 발가락 끝이 주름지는 것이다. ③ 왜 이런 일이 생기는 것일까? ④ 그리고 왜 이것은 손가락과 발가락에만 생기는 것일까?
⑤ 이 질문들에 대한 대답은 '피지'와 '케라틴'과 관련이 있다. ⑥ 비록 보이지는 않지만, 피부를 덮고 있는 기름층이 있다. ⑦ 피지라고 불리는 그것은 피부를 보호하고 촉촉하게 유지한다. ⑧ 그것은 또한 피부에 물이 스며들지 않게 한다. ⑨ 그래서 물은 흡수되는 대신에 피부를 따라 흘러내린다. ⑩ 그러나 물속에서 오랜 시간을 보내는 것은 피지를 씻겨 나가게 할 수 있다. ⑪ 이것은 물이 피부로 들어가도록 해서, 피부가 물을 잔뜩 머금게 만든다. ⑫ 이 물이 피부를 팽창하게 만들고, 이 늘어난 피부가 주름을 형성한다고 여겨진다. ⑬ 이것이 주로 손가락과 발가락에 생기는 이유는 케라틴이라고 불리는 피부에 있는 단백질의 한 종류와 관계 있다. ⑭ 케라틴은 다량의 수분을 흡수한다. ⑮ 그리고 손가락과 발가락에는 신체의 다른 부분보다 더 많은 케라틴이 있다.
⑯ 이 과정이 피부에 해로운 것은 아니다. ⑰ 그리고 신체는 빠르게 새로운 피지층을 생성한다. ⑱ 그러니 당신이 길

고 느긋한 목욕을 즐긴다 하더라도, 걱정할 것이 전혀 없다!

구문해설　⑥ ..., there is a <u>layer of oil</u> [covering your skin].

→ [ ]는 a layer of oil을 수식하는 현재분사구

⑨ So water runs off of your skin instead of **being absorbed**.

→전치사 instead of의 목적어로 동명사가 왔으며, 물은 '흡수되는' 대상이므로 수동형인 being absorbed가 쓰임.

⑪ This **allows** the water **to enter** your skin, [causing *it* to become waterlogged].

→ allow+목적어+to-v: …가 ~하도록 하다

→ [ ]는 〈연속동작[결과]〉를 나타내는 분사구문이며, it은 your skin을 가리킴.

⑬ The reason [(why) this happens mostly on your fingers and toes] has to do with <u>a kind of</u>

<u>protein in your skin</u> [called keratin].

→ 첫 번째 [ ]는 선행사 The reason을 수식하는 관계부사절로, 관계부사 why가 생략됨. 선행사로 the place, the time, the reason 등 장소, 시간, 이유를 나타내는 일반적인 명사가 오는 경우, 관계부사는 흔히 생략됨.

→ 두 번째 [ ]는 a kind of protein in your skin을 수식하는 과거분사구

---

03 눈 깜박임의 비밀　　　　　　　　P. 62

정답　**1** ⑤　**2** less often, adults　**3** ②

문제해설　**1** ⑤ 아기가 성인보다 눈을 덜 자주 깜박이는 데에는 다양한 이유가 있을 수 있지만, 이 현상은 정상적이라는 것이 스미스 의사 답변의 요지이다.

2 그녀의 아들은 성인보다 눈을 <u>덜 자주</u> 깜박인다.

3 주어진 문장은 결과적으로 더 적은 양의 티끌과 먼지가 아기들의 눈에 들어간다는 내용으로, 그 이유에 해당하는 문장 뒤에 위치하는 것이 적절하다. 따라서 아기들의 눈이 성인보다 작다는 점을 언급한 문장 다음인 ②에 들어가는 것이 알맞다.

본문　Q ① I'm the mother / of a newborn son. ② He's my first child, / so I am learning something new / every day. ③ The other day, / as I was watching him, / I noticed something strange — / he rarely seems to blink. ④ Is it normal / for babies / to blink less often than adults? ⑤ And if so, / why?

A ⑥ Thanks for visiting Johnson Hospital online. ⑦ This is Dr. Smith. ⑧ The fact is / that adults usually blink 10 to 15 times a minute; / but babies only blink once or twice / in the same amount of time. ⑨ No one is sure exactly / why this is. ⑩ Some doctors think / it's because babies have much smaller eyes than adults. ⑪ <u>Therefore, less dust and dirt, / which often cause us to blink, / can get in them.</u> ⑫ Another theory is / that since babies get more sleep than adults, / they don't need to blink as often. ⑬ Having dry eyes / is a common reason for blinking. ⑭ Since babies have their eyes shut / for as many as 15 hours a day, / their eyes are less likely to dry out. ⑮ But whatever the reason, / there's no need to worry. ⑯ It's perfectly normal / for your young son / to blink infrequently.

해석

Q ① 저는 갓 태어난 아들의 엄마예요. ② 그 아이가 첫 애라서 저는 매일 새로운 것을 배우고 있습니다. ③ 며칠 전에, 저는 아이를 보다가 뭔가 이상한 것을 발견했어요. 아이가 눈을 거의 깜박이지 않는 거 같더라구요. ④ 성인보다 아기들이 눈을 덜 자주 깜박이는 것이 정상인가요? ⑤ 그리고 만약 그렇다면, 왜 그렇죠?

A ⑥ 존슨 병원 온라인 사이트를 방문해 주셔서 감사합니다. ⑦ 저는 스미스 박사입니다. ⑧ 사실은 성인은 보통 1분에 10번에서 15번 눈을 깜박이지만, 아기들은 같은 시간에 한두 번만 눈을 깜박인다는 것입니다. ⑨ 아무도 왜 그런지 정확히 알지는 못합니다. ⑩ 어떤 의사들은 아기가 성인보다 눈이 훨씬 더 작기 때문이라고 생각해요. ⑪ 그래서, 종종 우리가 눈을 깜박이게 하는 티끌이나 먼지가 눈에 덜 들어갈 수 있죠. ⑫ 또 다른 이론은 아기들이 성인보다 잠을 더 많이 자기 때문에 그들은 눈을 자주 깜박일 필요가 없다는 것입니다. ⑬ 눈이 건조한 것이 눈을 깜박이는 보편적인 이유입니다. ⑭ 아기들은 하루에 15시간 동안이나 눈을 감고 있기 때문에, 눈이 건조해질 가능성이 더 적습니다. ⑮ 그러나 이유가 무엇이든, 걱정할 필요는 없습니다. ⑯ 당신의 어린 아들이 눈을 드물게 깜박이는 것은 완벽히 정상이니까요.

구문해설

④ Is **it** normal **for babies to blink** *less often than* adults?
→ it은 가주어, to blink 이하가 진주어, for babies는 to부정사의 의미상의 주어
→ less + 부사의 원급 + than ...: …보다 덜 ~하게

⑨ No one is **sure** exactly [why this is].
→ [ ]는 간접의문문으로 「의문사 + 주어 + 동사」의 어순으로 씀. aware, sure, certain 등의 형용사 다음에는 의문사나 that이 이끄는 명사절이 올 수 있음.

⑭ Since babies **have** their eyes **shut** for as many as 15 hours a day, ...
→ 「have(사역동사) + 목적어 + 목적격보어」 구문에서 목적어 their eyes와 목적격보어 shut이 수동 관계이므로, 목적격보어로 과거분사를 씀.

⑮ But **whatever** the reason (is), there's no need *to worry*.
→ whatever는 '무엇이 …하더라도'라는 뜻으로 부사절을 이끄는 복합관계대명사이며, whatever가 be동사의 주격보어일 때 be동사는 생략될 수 있음.
→ to worry는 need를 수식하는 형용사적 용법의 to부정사

04 Panicking? Use a Paper Bag!

정답 1 ⓐ removes ⓑ allows 2 ⑤ 3 ④ 4 ①

문제해설 1 ⓐ 동사 brings와 and로 연결된 병렬구조이므로 removes가 알맞다.
ⓑ 동사 traps와 and로 연결된 병렬구조이므로 allows가 알맞다.
[문제] ⓐ와 ⓑ를 어법에 알맞은 형태로 쓰시오.

2 주어진 문장은 '이것'으로 인해 체내의 산소와 이산화탄소 수치의 균형이 정상으로 돌아간다는 내용으로, '이것'
에 해당하는 내용을 언급한 종이봉투에 대고 호흡하는 것이 이산화탄소를 들이마시게 해준다는 문장 뒤인 ⑤에
들어가는 것이 가장 적절하다.
[문제] ① ~ ⑤ 중, 주어진 문장이 들어가기에 가장 적절한 곳은?

3 settle down은 '진정되다'의 의미이므로 '안정되다'라는 뜻의 ④ stabilize가 의미상 가장 유사하다.
[문제] 밑줄 친 settle down과 의미가 가장 가까운 것은?
① 치유하다 ② 해결하다 ③ 움직이다 ⑤ 강화하다

4 종이봉투에 대고 호흡하면 내쉰 이산화탄소를 '다시 호흡하는' 것이 가능하고, 이는 과호흡 증상을 '멈추기' 위한
것이므로, (A)와 (B)에는 각각 rebreathe와 stop이 들어가는 것이 적절하다.
[문제] 요약문의 빈칸에 들어갈 알맞은 말을 고르시오.
과호흡을 멈추기 위해 종이봉투를 사용하는 것은 내쉰 이산화탄소를 다시 호흡하게 한다.

본문 ① In the movies or in real life, / you may have seen someone / breathing into a paper bag.
② The person was probably suffering from hyperventilation. ③ It is a condition / that causes
people to breathe too quickly. ④ But how does breathing into a paper bag help? ⑤ To
understand this, / you must first know / why we breathe.
⑥ The body requires oxygen. ⑦ Breathing brings fresh oxygen into the body / and removes
unneeded carbon dioxide. ⑧ Still, / the body needs to maintain / a certain amount of carbon
dioxide. ⑨ However, / when you're stressed or upset about something, / hyperventilation can
sometimes occur. ⑩ Hyperventilation causes you to breathe out / more than you breathe in, /
so the level of carbon dioxide in your body / drops. ⑪ This is why / a paper bag helps. ⑫ As you
breathe into the paper bag, / it traps your carbon dioxide / and allows you to breathe it back
in. ⑬ Because of this, / the balance between your oxygen and carbon dioxide levels / slowly
returns to normal. ⑭ This allows your body / to settle down and relax.

해석 ① 영화나 현실에서, 당신은 아마 누군가 종이봉투에 대고 호흡하는 것을 본 적이 있을지도 모른다. ② 그 사람은 아
마 과호흡 증후군에 시달리고 있었을 것이다. ③ 그것은 사람이 너무 빠르게 호흡하도록 하게 하는 의학적 문제를 말
한다. ④ 그런데 종이봉투에 대고 호흡하는 것이 어떻게 도움이 될까? ⑤ 이것을 이해하기 위해, 당신은 우선 우리가
왜 호흡하는지를 알아야 한다.
⑥ 신체는 산소를 필요로 한다. ⑦ 호흡은 체내에 신선한 산소를 공급하고 불필요한 이산화탄소를 제거한다. ⑧ 그
에도 불구하고, 신체는 일정량의 이산화탄소를 유지하는 것이 필요하다. ⑨ 그러니 당신이 무언가에 스트레스를 받거
나 화가 날 때, 과호흡 증후군은 종종 일어날 수 있다. ⑩ 과호흡 증후군은 당신이 숨을 들이쉬는 것보다 숨을 더 내쉬

도록 해서, 당신 체내의 이산화탄소 수치를 떨어트린다. ⑪ 이것이 종이봉투가 도움이 되는 이유이다. ⑫ 당신이 종이봉투에 숨을 내쉴 때, 그것이 이산화탄소를 가두어서 당신이 그것을 다시 들이쉴 수 있게 한다. ⑬ 이 때문에, 산소와 이산화탄소 수치 간의 균형은 서서히 정상으로 돌아간다. ⑭ 이는 당신의 신체가 진정되고 편안하게 해준다.

구문해설

① ..., you **may have** *seen* someone *breathing* into a paper bag.
  → may have p.p.: …했을지도 모른다
  → 지각동사 see의 목적격보어로 현재분사가 쓰임.

③ It is a condition [that causes people to breathe too quickly].
  → [ ]는 선행사 a condition을 수식하는 주격 관계대명사절

⑤ **To understand** this, you must first know [why we breathe].
  → To understand는 〈목적〉을 나타내는 부사적 용법의 to부정사
  → [ ]는 동사 know의 목적어 역할을 하는 「의문사+주어+동사」 어순의 간접의문문

Review Test P. 66

A **1** ⓓ **2** ⓒ **3** ⓐ **4** ⓔ **5** ⓑ B **1** absorb **2** rarely **3** remove **4** expand C **1** hold in **2** settles down **3** dry out **4** had, to do with D **1** 그것이 너무 아파서 그는 병원에 가야만 했고, 완전히 회복하는 데 오랜 시간이 걸렸다. **2** 이것이 주로 손가락과 발가락에 생기는 이유는 케라틴이라고 불리는 피부에 있는 단백질의 한 종류와 관계 있다. **3** 아기들은 하루에 15시간 동안이나 눈을 감고 있기 때문에, 눈이 건조해질 가능성이 더 적다. **4** 영화나 현실에서, 당신은 아마 누군가 종이봉투에 대고 호흡하는 것을 본 적이 있을지도 모른다. E **1** a process that prevents viruses from entering your body **2** normal for babies to blink less often than adults **3** causes you to breathe out more than you breathe in

해석

A
1 가두다: ⓓ 어떤 것을 잡아서 그것이 빠져나가는 것을 막다
2 눈을 깜박이다: ⓒ 재빨리 눈을 감았다가 다시 뜨다
3 촉촉한: ⓐ 살짝 젖은
4 방해하다: ⓔ 누군가가 무언가를 할 때 방해하다
5 방수의, 물이 스며들지 않는: ⓑ 물에 영향을 받지 않는

B
1 어두운색은 밝은색보다 더 많은 열을 흡수한다.
2 릴리는 아주 외딴 지역에 살기 때문에 그녀에게는 방문객이 거의 없다.
3 식물은 대기에서 이산화탄소를 없애는 데 도움을 준다.
4 이 운동은 당신의 가슴 근육을 팽창하게 할 것이다.

C
1 …을 참다: hold in
2 진정되다: settle down

3 메말라지다: dry out

4 ~와 관계가 있다: have to do with

SECTION 06

연예·스포츠
1 **1** ③ **2** ③ **3** ④ **4** happiness, health
2 **1** ② **2** ② **3** it is the speed that makes wingsuit flying most thrilling
3 **1** ③ **2** ② **3** easier to learn and cheaper than snowboarding
4 **1** ② **2** ③ **3** ⑤ **4** famous figure, independence

01 세상에서 가장 화려한 경주 P. 70

정답 **1** ③ **2** ③ **3** ④ **4** happiness, health

문제해설 **1** 경주의 각 구간마다 주자들에게 색색의 가루를 뿌려 주는 흥미로운 경주인 컬러 런에 대한 글이므로, 제목으로는 ③ '재미를 가져다주는 이색 경주'가 가장 적절하다.
① 컬러 런의 기원 　　　　　　　　　② 달리는 동안 그림을 그려라
④ 사람들에게 영감을 주는 예술가들의 경주　　⑤ 세계의 재미있는 경주들

2 (A) 관계대명사 that은 전치사 바로 뒤에 쓸 수 없으므로 관계대명사 which가 알맞다.
(B) 문장의 주어 역할을 하는 동명사구를 이끄는 Taking이 알맞다.
(C) 〈동시동작〉을 나타내는 분사구문으로, 분사의 의미상의 주어 The race와 분사가 능동 관계이므로 현재분사 promoting이 알맞다.

3 한국의 서울을 포함한 세계 여러 도시에서 개최되고 있다고 했으므로 ④는 글의 내용과 일치하지 않는다.

4 킬러 런은 지역 주민들의 행목과 건강을 향상시킨다.

본문
① Join a Colorful Race!

② Are you interested in / running in a race? ③ Does that sound a little boring? ④ How about one / in which the runners are covered in / yellow, red, blue and green / when they cross the finish line?

⑤ If that sounds more exciting, / you should sign up for the Color Run, / a race known as the "Happiest 5k on the Planet." ⑥ Taking part is quite simple. ⑦ Just be sure to wear a white T-shirt. ⑧ Then, / as you pass through / each zone of the five-kilometer race, / powder of a different color / will be thrown on you. ⑨ By the time you finish, / you will look like a rainbow! ⑩ The race was first run / in the American city of Phoenix / in January of 2012. ⑪ Since then,

37

해석

① 화려한 경주에 참가하세요!

② 경주에서 달리는 것에 관심 있으세요? ③ 그것이 좀 지루하게 들리시나요? ④ 주자들이 결승선을 통과할 때 노란 색과 빨간색, 파란색, 녹색으로 뒤덮이는 경주는 어떠세요?

⑤ 그것이 더 흥미 있게 들린다면, 당신은 '세상에서 가장 행복한 5킬로미터'라고 알려진 경주인 컬러 런(Color Run)을 신청해야 합니다. ⑥ 참가하는 것은 아주 간단합니다. ⑦ 그저 반드시 흰색 티셔츠만 입으세요. ⑧ 그러면, 당신이 5킬로미터 경주의 각 구간을 통과할 때, 다양한 색의 가루가 당신에게 뿌려질 거예요. ⑨ 완주할 때쯤이면 당신은 무지개처럼 보일 것입니다! ⑩ 이 경주는 2012년 1월에 미국의 피닉스시에서 처음으로 시행되었습니다. ⑪ 그 때 이후로, 그것은 한국의 서울을 포함하여 전 세계의 많은 다른 도시들에서 개최되어 왔습니다. ⑫ 당신은 우사인 볼 트처럼 달리지 않아도 됩니다. 아무도 당신이 완주하는 데 얼마나 오래 걸리는지 기록하지 않을 거니까요. ⑬ 그 경주 는 지역 사회의 행복과 건강을 증진하면서 사람들을 화합하게 합니다. ⑭ 경주의 마지막에는, 모두가 음악과 춤, 더 많은 색의 가루가 있는 열광적인 파티인 '마무리 축제'에 참가하게 됩니다! ⑮ 그것이 재미있을 것 같나요? ⑯ 그럼 흰색 티셔츠를 찾아 준비하세요!

구문해설

④ How about **one** [*in which* the runners are covered in yellow, red, blue …]?

→ one은 앞 문장에서 나온 a race를 대신하는 부정대명사

→ [ ]는 선행사 one을 수식하는 목적격 관계대명사절. 관계대명사가 전치사의 목적어일 때, 전치사는 관계대명 사 바로 앞 또는 관계대명사절의 끝에 씀.

⑨ **By the time** you *finish*, you will look like a rainbow!

→ By the time은 '…할 때쯤'이라는 뜻의 시간을 나타내는 접속사 대용어구

→ 시간을 나타내는 부사절에서는 현재시제가 미래시제를 대신하므로 현재시제 finish가 쓰임.

⑫ … — no one will keep track of [how long **it takes** you **to finish**].

→ [ ]는 keep track of의 목적어로 쓰인 간접의문문으로 「의문사＋주어＋동사」의 어순으로 쓰임.

→ it takes＋사람＋시간＋to-v: …가 ~하는 데 (시간)이 걸리다

---

02 하늘을 나는 상상은 현실이 된다 P. 72

정답   **1** ② **2** ② **3** it is the speed that makes wingsuit flying most thrilling

문제해설   **1** 윙슈트 플라잉의 빠른 속도와 이로 인한 위험성에 관해 서술하는 도중에, 제트 엔진의 발전으로 비행기의 속도가 점점 더 빨라지고 있다는 ②의 문장은 글의 흐름과 맞지 않는다.

2 (A) 무슨 일이 있어도 공중을 나는 꿈을 추구한다는 문장을 통해 '용감한'의 의미인 courageous가 알맞다는 것은 유추할 수 있다. courteous는 '공손한, 정중한'의 의미이다.

(B) 빠른 속도로 움직이는 것은 위험을 '증가시킨다'는 내용이 적절하므로 increases가 알맞다. decrease는 '감소시키다'의 의미이다.

(C) 앞 문장에서 윙슈트 플라잉의 위험성이 언급되어 문맥상 '철저히' 훈련을 받을 필요가 있다는 말이 어울리므로 thoroughly가 적절하다. roughly는 '대략, 거의'라는 뜻이다.

3 '~하는 것은 바로 …이다'의 의미인 「it is ... that ~」 강조 구문을 이용해 강조하려는 말 the speed를 it is와 that 사이에 쓰고, that 다음에는 '…을 ~한 상태로 만들다'의 의미인 「make+목적어+형용사」의 어순으로 배열한다.

본문

① Many people dream of / flying through the air / like a bird. ② Some courageous people pursue this dream / at any cost. ③ People can have this exciting experience / with a wingsuit. ④ A wingsuit is comprised of a jumpsuit / with fabric / that stretches between the legs and under the arms. ⑤ This extra fabric catches the air / and acts like a small pair of wings. ⑥ The wingsuit allows a person / to jump from a plane or a mountain / and glide through the air / at extremely fast speeds.

⑦ In fact, / it is the speed / that makes wingsuit flying most thrilling. ⑧ An experienced wingsuit flyer can reach speeds of 235 km/hr, / which is faster / than a single-engine airplane. ⑨ (With jet engines continuing to develop, / the speed of planes is getting faster and faster.) ⑩ But this speed also makes wingsuit flying very dangerous. ⑪ Moving at such high speeds / increases the danger / because there is less time / to correct any mistakes. ⑫ So people / who want to fly with a wingsuit / must be thoroughly trained / and use all necessary safety equipment.

해석

① 많은 사람들이 새처럼 공중을 날아다니는 것을 꿈꾼다. ② 일부 용감한 사람들은 무슨 일이 있어도 이 꿈을 추구한다. ③ 사람들은 윙슈트를 입고 이 신나는 경험을 할 수 있다. ④ 윙슈트는 다리 사이와 팔 아래가 늘어나는 원단을 가진 점프슈트로 이루어져 있다. ⑤ 이 여분의 원단은 공기를 받아내어 작은 한 쌍의 날개와 같은 역할을 한다. ⑥ 윙슈트는 사람이 비행기 또는 산에서 뛰어내려서 매우 빠른 속도로 하늘을 활공하도록 해 준다.

⑦ 실제로, 윙슈트 플라잉을 가장 짜릿하게 만드는 것은 바로 속도이다. ⑧ 경험이 풍부한 윙슈트 플라이어는 시속 235km의 속도를 낼 수 있는데, 이는 단일 엔진 비행기보다 더 빠른 속도이다. ⑨ (제트 엔진이 계속 발전됨에 따라, 비행기의 속도가 점점 더 빨라지고 있다.) ⑩ 그러나 이 속도는 또한 윙슈트 플라잉을 매우 위험하게 만든다. ⑪ 이렇게 빠른 속도로 움직이는 것은 실수를 바로 잡을 시간이 더 적기 때문에 위험을 증가시킨다. ⑫ 따라서 윙슈트를 입고 날고 싶은 사람들은 철저히 훈련을 받고 모든 필수 안전 장비를 사용해야 한다.

구문해설

④ A wingsuit is comprised of a jumpsuit [with fabric {that stretches between the legs and under the arms}].

→ [ ]는 a jumpsuit을 수식하는 전치사구

→ { }는 선행사 fabric을 수식하는 주격 관계대명사절

⑥ The wingsuit **allows** a person *to jump* from a plane or a mountain and (*to*) *glide* through ....

→ allow+목적어+to-v: …가 ~하도록 하다

→ to jump와 (to) glide는 and로 연결된 병렬구조

⑪ Moving at such high speeds **increases** the danger because there is less time *to correct* ....
  <u>S</u> <u>V</u>

→ 문장의 주어는 Moving이 이끄는 동명사구이므로 단수 동사 increases가 쓰임.

→ to correct는 time을 수식하는 형용사적 용법의 to부정사

⑫ So <u>people</u> [who want to fly with a wingsuit] must **be** thoroughly trained and **use** all ....

→ [ ]는 선행사 people을 수식하는 주격 관계대명사절

→ be와 use는 and로 연결된 병렬구조

---

03 모래 위를 씽씽! P. 74

정답   **1** ③   **2** ②   **3** easier to learn and cheaper than snowboarding

문제해설

1 뒤에 샌드보딩의 장점이 열거되어 있으므로 ③ disadvantages는 advantages가 되어야 한다.

2 (A) 빈칸 앞에서 언급한 스노보딩과 샌드보딩 장소에 대한 접근 용이성에 따라 빈칸 뒤에 두 스포츠의 인기가 각각 달라졌다는 결과에 해당하는 내용이 이어지므로, '그래서, 그러므로'의 의미인 Therefore가 적절하다.
(B) 빈칸 앞에 샌드보딩의 이점이 언급되었고, 빈칸 뒤에 또 다른 이점이 나열되고 있으므로 '게다가, 더욱이'의 의미인 Furthermore가 적절하다.

3 샌드보딩이 무엇인지 소개하면서, 처음 타더라도 배우기 쉽고 스노보딩에 비해 저렴하게 즐길 수 있는 등의 장점을 설명하는 글이다.
보드를 타고 모래 언덕을 내려오는 스포츠인 샌드보딩은 <u>스노보딩보다 배우기 더 쉽고 더 저렴하다</u>.

본문

① You probably know all / about surfboarding, skateboarding, and snowboarding, / but have you ever seen people sandboarding? ② It's a sport / in which people ride boards down hills of sand / at speeds of up to 80 kilometers per hour. ③ Sandboarding gained attention / at the same time / as snowboarding. ④ However, / snowboarders had easy access to ski resorts, / while sandboarders had few places / to practice their sport. ⑤ <u>Therefore</u>, / snowboarding became very popular / and sandboarding did not. ⑥ Nowadays, / though, / more and more people are starting to sandboard. ⑦ It does have several advantages / over snowboarding. ⑧ For one thing, / it can be enjoyed year-round. ⑨ <u>Furthermore</u>, / it is easier to learn, / even if you've never tried a boarding sport before. ⑩ And it's also cheaper than snowboarding, / since snowboarding requires expensive equipment / such as protective gloves or special boots. ⑪ When you sandboard, / all you need / is a sandboard and comfortable clothes to wear. ⑫ In addition, / once you find a nice sand dune, / you can sandboard for free.

① 당신은 아마 파도타기, 스케이트보딩, 그리고 스노보딩에 대해서는 모두 알고 있겠지만, 사람들이 샌드보딩을 하는 것을 본 적이 있는가? ② 이것은 시속 80킬로미터에 이르는 속도로 보드를 타고 모래 언덕을 내려오는 스포츠이다. ③ 샌드보딩은 스노보딩과 동시에 주목을 받았다. ④ 그러나, 스노보더들은 스키징에 쉽게 집근힐 수 있었던 반면, 샌드보더들은 그들의 스포츠를 연습할 장소가 거의 없었다. ⑤ 그래서, 스노보딩은 매우 인기를 얻게 되었지만, 샌드보딩은 그렇지 못했다. ⑥ 그러나, 요즘 점점 더 많은 사람들이 샌드보딩을 시작하고 있다. ⑦ 그것은 스노보딩에 비해 몇 가지 장점이 있다. ⑧ 우선 첫째로, 그것은 연중 계속 즐길 수 있다. ⑨ 게다가, 그것은 당신이 이전에 보드 스포츠를 한 번도 해본 적이 없다고 하더라도 배우기가 더 쉽다. ⑩ 그리고 스노보딩은 보호 장갑이나 특수 부츠와 같은 값비싼 장비를 필요로 하기 때문에, 샌드보딩은 또한 스노보딩보다 더 저렴하기도 하다. ⑪ 샌드보딩을 할 때, 당신에게 필요한 것은 샌드보드와 입기에 편한 옷이 전부이다. ⑫ 게다가, 멋진 모래 언덕을 발견하면, 당신은 공짜로 샌드보딩을 할 수 있다.

구문해설

① ..., but **have** you ever *seen* people *sandboarding*?
→ have seen은 〈경험〉을 나타내는 현재완료
→ 지각동사 see의 목적격보어로 현재분사 sandboarding이 쓰여 동작의 진행을 강조함.

② It's a sport [**in which** people ride boards down hills of sand at speeds of ...].
→ [ ]는 선행사 a sport를 수식하는 목적격 관계대명사절로 「전치사＋관계대명사」 형태의 in which는 관계부사 where로 바꿔쓸 수 있음.

⑦ It **does** have several advantages over snowboarding.
→ does는 동사를 강조하기 위해 사용된 조동사이며 뒤에 동사원형이 옴.

⑨ Furthermore, it is easier to learn, even if you**'ve** never **tried** a boarding sport before.
→ have tried는 〈경험〉을 나타내는 현재완료

04 Korea's First Hollywood Star P. 76

정답 1 ② 2 ③ 3 ⑤ 4 famous figure, independence

문제해설 1 1934년은 필립 안이 대학에 들어간 해이고, 그로부터 2년 후에 영화에서 첫 배역을 맡았다고 했으므로 ② '1934년에 그의 첫 영화에 출연했다.'는 글의 내용과 일치하지 않는다.
[문제] 다음 중 필립 안에 관한 이 글의 내용과 일치하지 <u>않는</u> 것은?
① 한때 공학을 공부했다.
③ 40년 넘게 다양한 배역을 연기했다.
④ 영화뿐만 아니라 TV 시리즈에도 출연했다.
⑤ 폐암으로 사망했다.

2 come after는 '…의 뒤를 잇다'의 뜻이므로 '뒤따랐다'의 의미인 ③ followed가 의미상 가장 유사하다.
[문제] 밑줄 친 <u>come after</u>와 의미가 가장 가까운 것은?
① 방문했다 ② 존경했다 ④ 동반했다 ⑤ 이해했다

3 필립 안의 생애와 업적을 소개하고, 마지막에 한국인 스타들에게 귀감이 되고 있다는 내용으로 볼 때, 필립 안에

대한 필자의 태도는 ⑤ admiring(존경하는)이 가장 적절하다.

[문제] 필립 안에 대한 필자의 태도로 가장 적절한 것은?

① 부끄러워하는   ② 동정하는   ③ 무관심한   ④ 적대적인

4 [문제] 빈칸에 알맞은 말을 본문에서 찾아 쓰시오.

필립 안의 아버지는 <u>독립</u>을 위해 투쟁한 한국의 <u>유명한</u> 인물이다.

본문

① More and more Korean stars are appearing in Hollywood movies / these days. ② However, / half a century ago, / there was only one: / Philip Ahn. ③ A television and film actor, / Ahn was the first Korean-American in Hollywood.

④ Born in Los Angeles in 1905, / Ahn was the son of Dosan Ahn Changho, / a famous figure in the Korean struggle for independence. ⑤ He studied electrical engineering in school / but soon developed a passion for drama. ⑥ With the blessing of his father, / he entered the University of Southern California in 1934 / to become an actor. ⑦ Just two years later, / he got his first role in a film / called *Anything Goes*.

⑧ Over the next 40 years, / Ahn played more than 270 character roles. ⑨ He worked with stars / such as John Wayne, Gary Cooper, Humphrey Bogart, and Julie Andrews, / and he appeared in many popular TV series, / including *Kung Fu*, *M*A*S*H**, and *Bonanza*. ⑩ Six years after his death from lung cancer in 1978, / Philip Ahn received a star / on the Hollywood Walk of Fame. ⑪ Through his groundbreaking career / and tremendous talent, / he's been an inspiration / to all the Korean stars / who've come after him.

해석

① 요즘에는 점점 더 많은 한국 스타들이 할리우드 영화에 출연하고 있다. ② 그러나 반세기 전에는 필립 안, 단 한 명 뿐이었다. ③ 텔레비전 (출연) 배우이자 영화 배우인 안은 할리우드 최초의 한국계 미국인이었다.

④ 1905년 로스앤젤레스에서 태어난 안은 한국 독립 투쟁의 유명 인물인 도산 안창호 선생의 아들이다. ⑤ 그는 학교에서 전기 공학을 공부했지만 곧 드라마에 대한 열정을 키웠다. ⑥ 아버지의 허락을 얻어, 그는 배우가 되기 위해 1934년에 남부 캘리포니아 대학에 들어갔다. ⑦ 단 2년 만에, 그는 영화 *무엇이든 좋아*에서 첫 배역을 얻었다.

⑧ 그 후 40년 넘게 안은 270개 이상의 배역을 연기했다. ⑨ 그는 존 웨인, 게리 쿠퍼, 험프리 보거트, 줄리 앤드류스와 같은 스타들과 함께 작업했고, 쿵푸, *매쉬*, *보난자*를 포함한 여러 인기 있는 TV 시리즈에 출연했다. ⑩ 1978년에 폐암으로 사망한 지 6년 후, 필립 안은 할리우드 명예의 거리의 별에 이름을 새겼다. ⑪ 획기적인 경력과 훌륭한 재능으로 인해, 그는 그의 뒤를 잇는 모든 한국인 스타들에게 귀감이 되고 있다.

구문해설

① **More and more** Korean stars are appearing in Hollywood movies these days.

→ 비교급+and+비교급: 점점 더 …한

③ A television and film actor, Ahn was the first Korean-American in Hollywood.

→ A television and film actor와 Ahn은 동격 관계

④ [Born in Los Angeles in 1905], Ahn was the son of Dosan Ahn Changho, ...

→ [ ]는 과거분사 Born으로 시작하는 수동형 분사구문

⑪ ..., he's **been** an inspiration to all the Korean stars [who've come after him].

→ has been과 have come after는 〈계속〉을 나타내는 현재완료

→ who는 선행사 all the Korean stars를 수식하는 주격 관계대명사절

Review Test

A ②   B 1 ② 2 ③ 3 ① 4 ④   C 1 Be sure to 2 signed up for 3 takes place 4 keep track of
D 1 완주할 때쯤이면 당신은 무지개처럼 보일 것입니다! 2 이렇게 빠른 속도로 움직이는 것은 실수를 바로 잡을 시간이 더 적기 때문에 위험을 증가시킨다. 3 이것은 시속 80킬로미터에 이르는 속도로 보드를 타고 모래 언덕을 내려오는 스포츠이다. 4 1905년 로스앤젤레스에서 태어난 안은 한국 독립 투쟁의 유명 인물인 도산 안창호 선생의 아들이다.
E 1 keep track of how long it takes you to finish 2 all you need is a sandboard and comfortable clothes to wear 3 while sandboarders had few places to practice their sport

해석

A

① 증진시키다: 무언가를 지지하거나 적극적으로 장려하다

② 열정: 평화롭고 차분한 기분

③ 공손한, 정중한: 예의 바르고 행실이 좋은

④ 추구하다: 무언가를 성취하기 위해 따르거나 계속 해나가다

⑤ 지역 사회: 구성원들이 특정 지역이나 장소에 사는 사회적 집단

B

1 이 대회는 학생들에게 대단한 기회이다.
　① 독특한　　　② 훌륭한　　　③ 내구성이 있는　　④ 수익성이 있는　　⑤ 현재의
2 넬슨 만델라는 민주주의와 인권을 위한 투쟁의 영웅이었다.
　① 어려움　　　② 변화　　　③ 싸움　　　④ 대조　　　⑤ 균형
3 부모님의 허락을 얻어, 자넷은 혼자 여행을 떠났다.
　① 허락　　　② 반대　　　③ 생각　　　④ 인사　　　⑤ 기대
4 스티브 잡스는 많은 사람들에게 영감을 주는 사람이었다.
　① 제안　　　② 예방　　　③ 우울함　　　④ 동기 부여　　⑤ 숙고

C

1 반드시 …하다: be sure to-v

2 …을 신청하다: sign up for

3 개최되다: take place

4 …을 기록하다: keep track of

SECTION 07

01 유령 부대를 아시나요?   P. 82

정답   1 ③ 2 ② 3 ③ 4 fight, believe, powerful

문제해설 1 ③ 적이 고스트 아미에 어떻게 대응했는지에 대한 내용은 글에 언급되지 않았다.
① 고스트 아미는 언제 작전을 벌였는가?
② 고스트 아미에는 어떤 사람들이 참여했는가?
④ 고스트 아미는 어떤 전략을 사용했는가?
⑤ 고스트 아미는 언제 대중에게 공개되었는가?

2 get the better of는 '…을 이기다, 능가하다'의 뜻이므로 '…을 패배시키다'의 의미인 ② defeat으로 바꿔 쓸 수 있다.
① 모방하다 ③ 감명을 주다 ④ 반응하다 ⑤ 발견하다

3 빈칸 뒤에 미국의 고스트 아미가 적들을 속이기 위해 펼친 특수 작전의 구체적인 내용이 열거되므로, 빈칸에는 ③ '특수 효과로 적을 속였다'가 들어가는 것이 적절하다.
① 독일에 간첩을 보냈다   ② 전쟁에 관한 가짜 보도 기사를 썼다
④ 독일인에게 미군 부대에 합류하라고 돈을 지불했다   ⑤ 미군들에게 오락거리를 제공했다

4 고스트 아미가 한 일은 싸우는 것이 아니라, 미군 부대가 실제보다 더 크고 더 강력하다는 것을 적들이 믿게 하는 것이었다.

본문
① Did you know / that a ghost army existed in Europe during WWII? ② The Ghost Army was a special unit / that America created / to get the better of the Nazi army. ③ The Ghost Army was actually made up of 1100 men, / who were artists, sound specialists, and radio experts. ④ Their purpose was not to fight. ⑤ Instead, / the Ghost Army's mission was / to fool the enemy / so that they would believe / that America had a larger and more powerful army / than it really had. ⑥ To accomplish this, / they deceived the enemy / with special effects. ⑦ Artists made fake tanks / out of painted rubber. ⑧ They were inflatables, / so the army could set up many of them / in a few hours. ⑨ Radio experts sent fake messages / over the airwaves. ⑩ Sound specialists blasted the noises of vehicles and soldiers / out of powerful speakers. ⑪ This Ghost Army was often placed / near the front lines of battle / where it confused the enemy. ⑫ The members of the Ghost Army were forced / to keep their mission a secret / for

national security reasons, / even after the war was over. ⑬ It was not until 1996 / that the world learned of this creative mission.

해석　① 제2차 세계 대전 중에 유령 부대가 유럽에 존재했다는 것을 알고 있었는가? ② 고스트 아미는 미국이 나치 부대를 물리치기 위해 만든 특수 부대이다. ③ 고스트 아미는 실제로 1,100명의 남성으로 구성되었는데, 그들은 예술가, 음향 전문가 및 전파 전문가였다. ④ 그들의 목적은 싸우는 것이 아니었다. ⑤ 대신, 고스트 아미의 임무는 미국이 실제보다 더 크고 더 강력한 부대를 가지고 있다고 적들이 믿도록 그들을 속이는 것이었다. ⑥ 이것을 달성하기 위해, 그들은 특수 효과로 적을 속였다. ⑦ 예술가들은 색칠된 고무로 가짜 탱크를 만들었다. ⑧ 그것은 부풀려지는 물질이었기 때문에, 부대는 몇 시간 내에 많은 가짜 탱크를 설치할 수 있었다. ⑨ 전파 전문가들은 전파를 통해 가짜 메시지를 보냈다. ⑩ 음향 전문가들은 강력한 스피커를 통해 차량 및 병사들의 소음이 쾅쾅 울리게 했다. ⑪ 이 고스트 아미는 적을 혼란스럽게 만드는 최전방 근처에 배치되었다. ⑫ 고스트 아미의 구성원들은 전쟁이 끝난 후에도 국가 보안상의 이유로 그들의 임무를 비밀로 유지해야 했다. ⑬ 1996년이 되어서야 비로소 세계가 이 기발한 임무에 대해 알게 되었다.

구문해설　② The Ghost Army was a special unit [that America created **to get the better of** the Nazi army].
　→ [ ]는 선행사 a special unit을 수식하는 목적격 관계대명사절
　→ to get the better of는 〈목적〉을 나타내는 부사적 용법의 to부정사

③ The Ghost Army **was** actually **made up of** 1100 men, [who were artists, sound specialists, ...].
　→ be made up of: …로 구성되다
　→ [ ]는 선행사 1100 men을 부연 설명하는 계속적 용법의 주격 관계대명사절

⑤ Instead, the Ghost Army's mission was [to fool the enemy **so that** they would believe {that America had a larger and more powerful army than it really had}].
　→ [ ]는 주격보어 역할을 하는 명사적 용법의 to부정사구
　→ so that+주어+동사: …가 ~하도록
　→ { }는 동사 believe의 목적어 역할을 하는 명사절

⑬ It was **not until** 1996 **that** the world learned of this creative mission.
　→ it is[was] not until ... that ~: …이 되어서야 비로소 ~하다[했다]

02 경제 대공황 덕분에! P. 84

정답　1 ⑤　2 ⓐ was invented　ⓑ was used　3 ⑤

문제해설　1 스크래블의 발명 배경 및 현재 인기를 얻기까지의 과정 등에 관한 글이므로, 제목으로는 ⑤ '스크래블의 탄생 비화'가 가장 적절하다.
　① 크리스-크로스워드가 실패한 이유　② 스크래블: 매번 이기는 법
　③ 휴가 때 하기 가장 좋은 게임들　④ 세계에서 가장 훌륭한 게임 발명가

45

2 ⓐ 게임이 '발명되었다'는 의미가 적절하므로 과거시제 수동태인 was invented가 되어야 한다.

ⓑ 알파벳의 철자는 '사용되는' 것이므로 수동태가 알맞고, 주절과 같은 과거시제가 쓰이는 것이 적절하므로 was used가 되어야 한다.

3 제임스 브루놋이라는 사람이 이 게임의 저작권을 산 이후 스크래블이라는 이름으로 바뀌었다고 했으므로 ⑤는 글의 내용과 일치하지 않는다.

본문

① Scrabble is / one of the world's most beloved board games. ② Players must spell words / using small wooden squares / with letters on them. ③ They put these squares / on a board / full of empty boxes. ④ Surprisingly, / this fun game was invented / during the Great Depression. ⑤ At that time, / an architect named Alfred Mosher Butts / was unemployed, / so he didn't have anything to do. ⑥ He decided to use his free time / to invent a fun word game. ⑦ His idea was / to combine anagrams and crossword puzzles / into one game. ⑧ Butts started by studying the *New York Times* / to figure out / how frequently each letter of the alphabet was used. ⑨ He decided / that common letters, such as E and A, / would be worth / only one or two points. ⑩ But uncommon letters, such as Q and Z, / would be worth 10. ⑪ He named his game Criss-Crosswords, / but, unfortunately, / it did not sell very well / at first. ⑫ The name was eventually changed / to Scrabble / after a man named James Brunot / bought the rights to the game. ⑬ Years later, / the president of Macy's, / a famous department store, / played it / while on vacation. ⑭ He thought / it was great, / so he decided to sell it / in his stores. ⑮ Because of this, / Scrabble soon became / one of America's most popular games. ⑯ Now, / it is famous / all over the world.

해석

① 스크래블은 세계에서 가장 인기가 많은 보드 게임 중 하나이다. ② 참가자들은 철자가 쓰여 있는 작은 정사각형 나무 조각을 사용하여 단어의 철자를 나열해야 한다. ③ 그들은 이 정사각형 조각들을 빈 네모 칸으로 가득 찬 보드 위에 놓는다. ④ 놀랍게도, 이 재미있는 게임은 대공황 동안에 발명되었다. ⑤ 그 당시에, 알프레드 모셔 버츠라는 이름의 건축가는 실직 상태여서 할 일이 없었다. ⑥ 그는 자신의 여유 시간을 재미있는 단어 게임을 발명하는 데 쓰기로 했다. ⑦ 그의 아이디어는 철자 바꾸기 게임과 십자말풀이 퍼즐을 하나의 게임으로 결합하는 것이었다. ⑧ 버츠는 각 알파벳 철자가 얼마나 자주 사용되는지 파악하기 위해 뉴욕 *타임즈*를 연구하는 것으로 시작했다. ⑨ 그는 E와 A 같은 흔한 철자들은 단 1점이나 2점의 가치가 있다고 정했다. ⑩ 그러나, Q와 Z 같은 흔하지 않은 철자들은 10점의 가치가 되었다. ⑪ 그는 자신의 게임을 크리스-크로스워드(Criss-Crosswords)라고 이름 지었는데, 안타깝게도 처음에 그것은 잘 팔리지 않았다. ⑫ 그 명칭은 마침내 제임스 브루놋이라는 사람이 게임의 저작권을 산 이후에 스크래블(Scrabble)로 바뀌었다. ⑬ 몇 년 후, 유명한 백화점인 메이시(Macy's)의 회장이 휴가 중에 그 게임을 했다. ⑭ 그는 그 게임이 훌륭하다고 생각해서, 자신의 백화점에서 그것을 판매하기로 결정했다. ⑮ 이로 인해, 스크래블은 곧 미국의 가장 인기 있는 게임 중 하나가 되었다. ⑯ 현재 그것은 전 세계적으로 유명하다.

구문해설

② Players must spell words [using small wooden squares with letters on them].

→ [ ]는 〈동시동작〉을 나타내는 분사구문

③ They put these squares on a board [full of empty boxes].

→ [ ]는 a board를 수식하는 형용사구

⑤ ..., an architect [named Alfred Mosher Butts] was unemployed, so he didn't have anything **to do**.

→ [ ]는 an architect를 수식하는 과거분사구

→ to do는 anything을 수식하는 형용사적 용법의 to부정사

⑧ ... to figure out [how frequently each letter of the alphabet was used].

→ [ ]는 동사구 figure out의 목적어로 쓰인 간접의문문으로, 「의문사+주어+동사」의 어순임.

⑬ Years later, the president of Macy's, a famous department store, played it while (**he was**) on vacation.

→ Macy's와 a famous department store는 동격 관계

→ while이 이끄는 시간의 부사절에서 「주절의 주어와 같은 주어+be동사」가 생략됨.

03 어떤 군대보다도 힘이 셌다구요! P. 86

정답
1 ③　2 an even more horrifying weapon came → came an even more horrifying weapon　3 ⑤
4 ⑤

문제해설
1 ③ 스페인 군대가 전쟁을 시작한 계기에 관한 내용은 언급되지 않았다.
① 마야, 아즈텍, 잉카가 3대 문명이었다.
② 천연두가 퍼져 스페인 군대가 이길 수 있었다.
④ 스페인 군인들은 천연두에 면역이 있었다.
⑤ 1525년 천연두가 남부로 확산되어 잉카인들에게 영향을 미쳤다.

2 부사구(with the armies)가 강조를 위해 문두로 나오면서 주어와 동사의 어순이 바뀌므로, came과 an even more horrifying weapon을 도치시킨다.

3 잉카제국의 왕과 후계자도 천연두로 죽었다는 내용으로 보아 아즈텍인이나 마야인들처럼 잉카인들도 천연두에 면역이 없어 피해를 입었다는 것을 추측할 수 있으므로 '준비되지 않은'의 의미인 ⑤ unprepared가 적절하다.
① 계획된 ② 의도된 ③ 교체된 ④ 결정되지 않은

4 ①, ②, ③, ④는 아즈텍과 마야 군대, 잉카제국에 퍼진 smallpox를 가리키고, ⑤는 지도자를 잃고 스페인 군대에게 패배한 후 사라진 잉카제국(the Inca Empire)을 가리킨다.

본문
① Before the year 1500, / the Mayas, Aztecs, and Incas / had three great civilizations / in Mexico and South America. ② All three were defeated / by Spanish armies, / but some historians say / that with the armies / came / an even more horrifying weapon: / smallpox.
③ In the early 1500s, / the Spanish attacked the Aztecs and Mayas. ④ At first, / the Spanish army couldn't defeat the Mayas and Aztecs, / who were much more powerful / and familiar with the area. ⑤ However, / one of the slaves / in the Spanish army / was infected with smallpox, / and it quickly spread / throughout the whole region. ⑥ The Spanish soldiers were immune to

the disease, / but the Maya and Aztec soldiers / had never encountered smallpox before. ⑦ It weakened their armies / and allowed the Spanish / to defeat them.

⑧ Smallpox quickly spread south, / reaching the Incas of South America / in 1525. ⑨ Like the Aztecs and Mayas, / the Incas were <u>unprepared</u> / for the disease. ⑩ It killed their king and his successor. ⑪ Without a leader, / the Inca Empire was easily defeated / by the invading Spanish soldiers, / and it fell into ruin.

해석

① 서기 1500년 이전에 마야인, 아즈텍인, 그리고 잉카인은 멕시코와 남아메리카에 위대한 3대 문명을 가지고 있었다. ② 이 세 문명 모두 스페인의 군대에 패배하였는데, 일부 역사학자들은 그 군대와 함께 더욱 더 끔찍한 무기가 들어왔다고 말한다. 바로 천연두이다.

③ 1500년대 초반에, 스페인 사람들이 아즈텍과 마야를 공격했다. ④ 처음에는 스페인 군대가 마야와 아즈텍의 군대를 이길 수가 없었는데, 그들이 훨씬 더 강력했고 그 지역에 익숙했기 때문이다. ⑤ 그러나 스페인 군대의 노예 중 한 명이 천연두에 감염되어 있었고, 그것은 전 지역에 급속하게 퍼졌다. ⑥ 스페인 군인들은 그 질병에 면역이 있었지만, 마야와 아즈텍의 군인들은 이전에 천연두에 걸려본 적이 전혀 없었다. ⑦ 천연두는 그들의 군대를 약화시켰고, 스페인 사람들이 그들을 무찌를 수 있도록 해주었다.

⑧ 천연두는 빠르게 남쪽으로 퍼져서 1525년에는 남아메리카의 잉카제국에 이르렀다. ⑨ 아즈텍인들이나 마야인들과 마찬가지로, 잉카인들도 그 질병에 준비되어 있지 않았다. ⑩ 천연두는 그들의 왕과 후계자의 목숨을 앗아갔다. ⑪ 지도자가 없는 상태로, 잉카제국은 침략한 스페인 군인들에게 쉽게 패배했고, 멸망해 버렸다.

구문해설

④ ... the Mayas and Aztecs, [who were **much** more powerful and familiar with the area].
→ [ ]는 선행사 the Mayas and Aztecs를 부연 설명하는 계속적 용법의 관계대명사절
→ much는 '훨씬'의 의미로 비교급 more를 강조하는 부사

⑦ It weakened their armies and **allowed** the Spanish **to defeat** them.
→ allow+목적어+to-v: …가 ~하도록 하다

⑧ Smallpox quickly spread south, [reaching the Incas of South America in 1525].
→ [ ]는 〈연속동작〉을 나타내는 분사구문으로, 분사의 의미상의 주어 Smallpox와 분사가 능동 관계이므로 현재분사를 씀.

04 A Scent for Going to Heaven P. 88

정답

1 ②　2 ①　3 ③　4 gods, smelled

문제해설

1 고대 이집트 시대에 처음으로 사용된 향수의 형태와 용도에 관한 내용이므로 ② '향수 사용의 기원'이 제목으로 가장 적절하다.
[문제] 이 글의 제목으로 가장 적절한 것은?
① 향수를 만드는 방법　　　　　　③ 이집트 무덤의 역사
④ 매력적으로 보이기 위한 다양한 방법　⑤ 향수 사용의 부작용

2 사역동사 make는 목적어와 목적격보어가 능동 관계일 때 목적격보어로 동사원형을 취하므로 ① to smell은

smell이 되어야 한다.

[문제] 밑줄 친 ① ~ ⑤ 중, 어법상 틀린 것은?

3 투탕카멘의 무덤을 언급하는 문장 뒤에, 그 무덤에서 향수를 발견했다는 내용의 (B)가 오고, 오랜 세월이 지났음에도 여전히 그 향수의 향기를 맡을 수 있었다는 (C)가 온 후, 이를 근거로 그것이 진한 향수였음을 추측하는 내용의 (A)로 연결되는 것이 자연스럽다.

[문제] 글의 흐름에 맞게 (A), (B), (C)를 배열한 것을 고르시오.

4 [문제] 고대 이집트인들은 왜 일상생활에서 향수를 많이 사용했는가? 빈칸에 알맞은 말을 본문에서 찾아 쓰시오.
그들은 <u>신</u>들이 좋은 <u>향이 나는</u> 사람들을 선호한다고 믿었다.

본문

① Perfume has always been an important part / of human culture. ② These days, / of course, / we use perfume / to make ourselves / smell nicer and feel more attractive. ③ But this wasn't always / what perfume was used for.

④ The earliest known use of perfume was / in ancient Egypt. ⑤ These perfumes were sticks / that were burned / to give off a pleasant smell. ⑥ They were designed / to be used in religious rituals. ⑦ It was thought / the nice smell would attract / the favor of the gods. ⑧ The Egyptians believed / the gods would treat / those who smelled nice / more kindly than others. ⑨ So / they used a lot of perfume / in their daily lives. ⑩ Amazingly, / they even thought / that perfume would help them / after they died. ⑪ According to evidence / found in ancient tombs, / they believed / that having lots of perfumes, / especially strong ones, / would increase their chances / of going to heaven.

⑫ Tutankhamen's tomb provides / a good example of this. ⑬ (B) The tomb's discoverers found / jars of perfumes and oils / surrounding the body. ⑭ (C) Surprisingly, / their fragrances could still be smelled / nearly 3,300 years after the tomb was created. ⑮ (A) Those must have been strong perfumes / when they were put in the tomb!

해석

① 향수는 항상 인류 문화의 중요한 부분이었다. ② 물론, 요즘에 우리는 우리 자신이 더 좋은 향이 나게 하고 더 매력적으로 느끼게 하기 위해 향수를 사용한다. ③ 그런데 항상 이것이 향수가 사용된 목적은 아니었다.

④ 향수가 최초로 사용된 것으로 알려진 시기는 고대 이집트에서였다. ⑤ 이 향수는 기분 좋은 향을 내뿜기 위해 태워지는 막대기였다. ⑥ 그것들은 종교적인 의식에 사용되도록 만들어졌다. ⑦ 좋은 향은 신의 은혜를 불러올 것이라고 여겨졌다. ⑧ 이집트인들은 신들이 좋은 향이 나는 사람들을 다른 사람들보다 더 친절하게 대할 것이라고 믿었다. ⑨ 그래서 그들은 일상생활에서 많은 향수를 사용했다. ⑩ 놀랍게도, 그들은 심지어 향수가 그들이 죽은 후에도 도움이 될 것이라고 생각했다. ⑪ 고대 무덤에서 발견된 증거에 따르면, 그들은 많은 향수, 특히 진한 (향의) 향수를 가지고 있으면 천국에 갈 확률을 높일 것이라고 믿었다.

⑫ 투탕카멘의 무덤이 이것의 좋은 예를 제시한다. ⑬ (B) 그 무덤의 발견자들은 시체를 둘러싸고 있는 향수와 기름 단지를 발견했다. ⑭ (C) 놀랍게도, 그 무덤이 만들어진 지 거의 3,300년이 지났지만 여전히 그것들의 향기를 맡을 수 있었다. ⑮ (A) 그것들은 무덤에 놓였을 때 진한 향수였음이 틀림없다!

구문해설

② ..., we use perfume **to** *make* ourselves *smell* nicer and *feel* more attractive.

to make는 〈목적〉을 나타내는 부사적 용법의 to부정사

→ 「사역동사(make)+목적어+동사원형」은 '…가 ~하게 하다'라는 의미이며, 목적격보어인 smell과 feel이

and로 연결된 병렬구조임.

→ 주어 we와 make의 목적어가 지칭하는 대상이 같으므로 재귀대명사 ourselves가 쓰임.

③ But this was**n't always** *what* perfume was used for.

→ 「not always ...」는 '항상 …하는 것은 아니다'라는 의미로, 부분 부정을 나타냄.

→ what은 선행사를 포함하는 관계대명사

⑧ ... the gods would treat those [who smelled nice] more kindly than others.

→ [ ]는 선행사 those를 수식하는 주격 관계대명사절

⑪ According to evidence [found in ancient tombs], they believed [that {having lots of perfumes},
S'
especially strong **ones**, would increase their chances ...].
삽입어구   V'

→ 첫 번째 [ ]는 evidence를 수식하는 과거분사구

→ 두 번째 [ ]는 동사 believed의 목적어 역할을 하는 명사절

→ { }는 that절의 주어 역할을 하는 동명사구

→ ones는 앞에 나온 perfumes를 대신하는 부정대명사

Review Test P. 90

A 1 ⓑ **2** ⓔ **3** ⓓ **4** ⓒ **5** ⓐ   **B 1** treat **2** attracts **3** combining **4** confused   **C 1** gave off **2** figure out **3** was worth **4** fell into ruin   **D 1** 고스트 아미의 임무는 미국이 실제보다 더 크고 더 강력한 부대를 가지고 있다고 적들이 믿도록 그들을 속이는 것이었다.   **2** 1996년이 되어서야 비로소 세계가 이 기발한 임무에 대해 알게 되었다.   **3** 스페인 군인들은 그 질병에 면역이 있었지만, 마야와 아즈텍의 군인들은 이전에 천연두에 걸려본 적이 전혀 없었다.   **4** 그런데 항상 이것이 향수가 사용된 목적은 아니었다.   **E 1** were forced to keep their mission a secret for national security reasons   **2** how frequently each letter of the alphabet was used   **3** to make ourselves smell nicer and feel more attractive

해석

A

1 실직한: ⓑ 직업이 없는

2 증거: ⓔ 무언가가 사실임을 보여주는 정보

3 전문가: ⓓ 특별한 지식이나 기술을 가진 사람

4 고대의: ⓒ 매우 오래되거나 매우 오랜 시간 전에 존재한

5 향기: ⓐ 기분 좋은 향기

B

1 우리는 연장자를 존경심을 갖고 대해야 한다.

2 그 축제는 전 세계에서 많은 사람들을 끌어모은다.

3 그 소스는 간장, 설탕, 그리고 마늘을 혼합하여 만들어진다.

4 그 정치인은 불분명한 발언으로 대중을 혼란스럽게 했다.

C

1 …를 내뿜나: give off

2 …을 알아내다: figure out

3 …의 가치가 있다: be worth

4 파멸에 빠지다: fall into ruin

SECTION 08

유머·교훈

1   **1** (1) F (2) F (3) T   **2** ④   **3** ④   **4** realizing

2   **1** ⑤   **2** ③   **3** (1) F (2) T (3) T   **4** point of view

3   **1** ①   **2** ⑤   **3** giving → to give

4   **1** ③   **2** ④   **3** ⓑ-ⓐ-ⓔ-ⓒ-ⓓ   **4** too spicy for Norwegians' taste

01   모니카는 누구?
P. 94

정답   **1** (1) F (2) F (3) T   **2** ④   **3** ④   **4** realizing

문제해설

1 (1) 아이는 사탕과 껌을 갖지 못해 소리를 지르거나 울었다고 했으므로 글의 내용과 일치하지 않는다.

(2) 남자는 여자가 아이에게 침착하게 말하는 모습을 보았으며, 여자가 화를 냈다는 내용은 나오지 않았다.

2 (A) 지각동사 see는 목적어와 목적격보어의 관계가 능동이고 목적어의 진행 중인 동작을 강조할 때 목적격보어로 현재분사를 취한다.

(B) 자신이 아무것도 가질 수 없다는 것을 아이가 '들은' 것이므로 수동태 was told가 알맞다.

(C) '…하지 않을 수 없다'라는 뜻의 「can't help v-ing」 구문이므로 동명사 noticing이 알맞다.

3 ④는 아이의 엄마인 모니카를 가리키고, 나머지는 모두 그녀의 딸인 소피아를 가리킨다.

4 한 문장에 접속사 없이 콤마(,)로만 동사가 두 개 이상 연결되어 쓰일 수 없으며, 문맥상 〈이유〉를 나타내는 분사구문이 되어야 적절하다. 분사구문의 의미상의 주어 she와 분사가 능동 관계이므로 현재분사 realizing이 되어야 한다.

본문

① A man was walking / through a grocery store / when he saw a woman / shopping with a three-year-old little girl. ② As the woman passed some cookies, / the little girl asked for them. ③ And when she was told / she couldn't have any, / the little girl whined. ④ But her mother quietly said, / "Don't get upset, Monica. / We will be done soon." ⑤ Then the woman walked down the candy aisle, / and the little girl began to scream / that she wanted candy. ⑥ The mother patiently said, / "No, Monica. / Don't scream. / We only have two more aisles / to go."

⑦ When they reached the cash register, / she saw some gum / and began crying, / realizing that her mother would not buy any. ⑧ But she gently said, / "Don't cry, Monica. / We will be done / in five minutes." ⑨ As they were leaving the store, / the man walked up to the woman and said, / "I couldn't help noticing / how patient you were with little Monica." ⑩ The woman replied, / "I am Monica, / and she is my daughter, Sofia."

해석
① 한 남자가 3살짜리 어린 여자아이와 쇼핑하고 있는 한 여자를 봤을 때 그는 식료품점을 걷고 있었다. ② 여자가 쿠키를 지나치자, 그 어린 여자아이는 쿠키를 (사달라고) 요청했다. ③ 그리고 자신이 어떤 것도 가질 수 없다고 들었을 때, 그 어린 여자아이는 징징거렸다. ④ 그러나 그녀의 엄마는 조용히 말했다. "화내지 마, 모니카. 우리는 곧 끝날 거야." ⑤ 그리고 나서 여자는 사탕 통로를 따라 걸었고, 어린 여자아이는 사탕을 원한다며 소리 지르기 시작했다. ⑥ 엄마는 참을성 있게 말했다. "안 돼, 모니카. 소리 지르지 마. 우리는 두 통로만 더 가면 돼." ⑦ 그들이 계산대에 다다랐을 때, 그녀는 껌을 봤고 엄마가 아무것도 사주지 않을 것을 알고서 울기 시작했다. ⑧ 그러나 그녀는 부드럽게 말했다. "울지 마, 모니카. 우리는 5분 안에 끝날 거야." ⑨ 그들이 가게를 나갈 때, 그 남자가 여자에게 다가와 말했다. "저는 당신이 어린 모니카를 데리고 얼마나 참을성이 있는지를 알아차리지 않을 수가 없었어요." ⑩ 여자는 대답했다. "제가 모니카입니다, 그리고 그녀는 제 딸 소피아고요."

구문해설
③ And when she **was told** [(that) she couldn't have any], ...
→ was told는 「tell+간접목적어+직접목적어」(…에게 ~을 말하다)의 수동태 형태로, [ ]는 직접목적어 역할을 하는 명사절이며, 이를 이끄는 접속사 that이 생략되어 있음.

⑥ ... We only have two more aisles to go."
→ to go는 aisles를 수식하는 형용사적 용법의 to부정사

⑨ ..., "I couldn't help noticing [how patient you were with little Monica]."
→ [ ]는 noticing의 목적어 역할을 하는 간접의문문으로 「의문사+주어+동사」의 어순으로 씀.

---

02 왕이 내린 현명한 결정   P. 96

정답
1 ⑤   **2** ③   **3** (1) F   (2) T   (3) T   **4** point of view

문제해설
1 밑줄 친 ⑤는 문맥상 주어인 He(=king)와 동일 인물이므로 재귀대명사 himself가 쓰여야 한다.

2 고문의 조언을 듣고 난 후 왕이 백성들에게 가죽 신발을 신으라고 말했으므로, 고문의 조언이 ③ '발바닥을 씌우다'임을 유추할 수 있다.
① 말을 타고 다니다   ② 길을 돌로 포장하다
④ 왕국 주변을 여행하는 것을 멈추다   ⑤ 가죽보다 저렴한 재료를 사용하다

3 (1) 왕은 자신의 왕국 주변을 소를 타고 다녔다. → 왕은 이 고장 저 고장으로 걸어 다녔다고 했다.
(2) 처음에, 왕은 가죽으로 길을 덮고 싶어 했다.
(3) 왕은 가장 현명한 고문의 조언을 따랐다.

4 세상을 바꾸는 것보다 너의 관점을 전환하는 것이 더 쉽다.

① In ancient times, / a king decided to go traveling / throughout his kingdom. ② He walked / from town to town, / looking at the sights / and speaking with the people / he met. ③ When he returned to his palace, / however, / he found / that his feet hurt. ④ Complaining that the kingdom's roads were too hard, / he ordered his servants / to cover them with leather / in order to make them more comfortable. ⑤ The servants / who heard this order / were shocked. ⑥ Covering every road in leather / would be almost impossible. ⑦ Nearly every cow in the kingdom / would have to be killed! ⑧ They ran to the king's wisest advisor / and asked for his help. ⑨ After some thought, / the wise man approached the king. ⑩ "Instead of covering all the roads with leather," / he suggested, / "why don't you just cover the bottom of your feet?" ⑪ The king thought / this was a wonderful idea. ⑫ He had a pair of leather shoes made for himself / and told everyone / to do the same. ⑬ Simply by changing the king's point of view, / the wise man helped him make a good decision.

해석

① 고대에, 한 왕이 왕국 전역을 돌아다니기로 했다. ② 그는 광경들을 보고 자신이 만난 사람들과 대화를 나누면서 이 고장 저 고장으로 걸어 다녔다. ③ 그러나, 궁으로 돌아왔을 때, 그는 발이 아프다는 것을 알게 되었다. ④ 왕국의 길이 너무 딱딱하다고 불평하면서, 그는 길을 더 편안하게 만들기 위해 자신의 신하들에게 가죽으로 길을 덮으라고 명령했다. ⑤ 이 명령을 들은 신하들은 충격을 받았다. ⑥ 가죽으로 모든 길을 덮는 것은 거의 불가능했다. ⑦ 왕국의 거의 모든 소가 죽어야 했다! ⑧ 그들은 왕의 가장 현명한 고문에게 달려가 도움을 청했다. ⑨ 얼마간 생각한 후, 이 현명한 남자는 왕에게 다가갔다. ⑩ "가죽으로 모든 길을 덮는 대신에, 전하의 발바닥을 씌우는 게 어떻겠습니까?"라고 그는 제안했다. ⑪ 왕은 이것이 훌륭한 아이디어라고 생각했다. ⑫ 그는 자신을 위해 가죽 신발 한 켤레가 만들어지도록 했고 모두에게 똑같이 하라고 말했다. ⑬ 단순히 왕의 관점을 바꿈으로써, 이 현명한 남자는 왕이 좋은 결정을 내리도록 도왔다.

구문해설

② He walked from town to town, [looking at the sights and speaking with the people {(that [who(m)]) he met}].
→ [ ]는 〈동시동작〉을 나타내는 분사구문
→ { }는 선행사 the people을 수식하는 관계대명사절로, 목적격 관계대명사 that 또는 who(m)이 생략됨.

④ [Complaining {that the kingdom's roads were too hard}], he **ordered** his servants **to cover** them with leather *in order to make* them more comfortable.
→ [ ]는 〈동시동작〉을 나타내는 분사구문
→ { }는 complaining의 목적어 역할을 하는 명사절
→ order+목적어+to-v: …에게 ~하라고 명령하다
→ in order to-v: …하기 위하여

⑤ The servants [who heard this order] **were** shocked.
→ [ ]는 선행사 The servants를 수식하는 주격 관계대명사절
→ 문장의 주어는 The servants이므로 be동사는 복수 주어에 일치시킴.

⑫ He **had** a pair of leather shoes **made** for himself and *told* everyone *to do* the same.
→ 사역동사 have의 목적어 a pair of leather shoes의 목적격보어가 수동 관계이므로 과거분사 made가 쓰임.

03 대작가, 소년에게 한 수 배우다 P. 98

정답   **1** ①   **2** ⑤   **3** giving → to give

문제해설

1 ① 문맥상 선물을 기쁘게 '받았다'라는 의미가 적절하므로 received가 되어야 적절하다. conceive는 '상상하다'라는 의미이다.

2 어느 날 소년이 스위프트에게 무례하게 선물 꾸러미를 던져 놓으며 말했다는 내용의 (C)가 가장 먼저 오고, 스위프트가 소년을 훈계하며 어떻게 행동해야 하는지 시범을 보이기 위해 밖으로 나갔다는 내용인 (B)가 이어진 후, 실제로 시범을 보이는 내용의 (A)가 마지막에 오는 것이 자연스럽다.

3 문맥상 소년에게 팁을 '주었던' 것이 아니라 '줄' 것을 잊지 않았다는 내용이 적절하므로, forgot의 목적어 giving을 to give로 고쳐 써야 한다.

본문

① More than 200 years ago, / the writer Jonathan Swift lived / near a rich, elderly woman's house. ② The woman sometimes had a boy / bring presents to Swift. ③ Swift received her presents gladly, / but he never gave the boy anything / for bringing them.
(C) ④ One day, / when Swift was busy with his writing, / the boy ran into his room. ⑤ He threw his package / on the desk / and said, / "Mrs. Anderson has sent you two of her rabbits."
(B) ⑥ Swift looked at him / and said, / "That is not the way / to give me a package. ⑦ Now, / sit in my chair / and watch how I do it." ⑧ Swift then went out, / knocked on the door / and waited.
(A) ⑨ The boy said, "Come in." ⑩ Swift entered, / walked to his desk / and said, "Good morning, sir. ⑪ Mrs. Anderson says hello to you. ⑫ She hopes / that you will accept these rabbits. ⑬ They were shot by her son / in the field / this morning."
⑭ The boy answered, / "Thank you, my boy. ⑮ Give Mrs. Anderson and her son / my thanks for their kindness, / and here is sixpence / for yourself."
⑯ Swift laughed, / and after that, / he never forgot to give the boy a tip.

해석

① 200년 보다 더 이전에, 작가 조나단 스위프트는 한 부유한 노부인의 집 근처에 살았다. ② 그 노부인은 때때로 한 소년을 시켜 스위프트에게 선물을 갖다 주게 했다. ③ 스위프트는 그녀의 선물을 기쁘게 받았지만, 선물을 가져다준 대가로 소년에게는 아무것도 주지 않았다.

(C) ④ 어느 날, 스위프트가 글을 쓰느라 바빴을 때, 소년이 그의 방으로 뛰어들어 왔다. ⑤ 소년은 꾸러미를 책상 위에 던지고는, "앤더슨 부인이 선생님께 그녀의 토끼 중 두 마리를 보냈어요."라고 말했다.

(B) ⑥ 스위프트는 그를 쳐다보고는 "그런 식으로 내게 꾸러미를 전해서는 안 된단다. ⑦ 자, 내 의자에 앉아서 내가 어떻게 하는지 보아라."라고 말했다. ⑧ 그리고 나서 스위프트는 밖으로 나가서 문을 두드리고 기다렸다.

(A) ⑨ 소년은 "들어오세요."라고 말했다. ⑩ 스위프트는 들어와 자신의 책상 쪽으로 걸어가서, "안녕하세요, 선생님. ⑪ 앤더슨 부인이 선생님께 안부를 전하라고 하십니다. ⑫ 그분은 선생님께서 이 토끼들을 받아 주시길 바라세요. ⑬ 그것들은 그분의 아드님이 오늘 아침에 들판에서 사냥하신 거예요."라고 말했다.

⑭ 소년은 "고맙구나, 얘야. ⑮ 앤더슨 부인과 그녀의 아드님께 그들의 친절함에 감사드린다고 전해다오. 그리고 이 것은 너에게 주는 6펜스란다."라고 대답했다.

⑯ 스위프트는 웃음을 터트렸고, 그 이후로 그는 소년에게 팁을 주는 것을 절대 잊지 않았다.

구문해설 ② The woman sometimes **had** a boy **bring** presents to Swift.

→ have(사역동사)＋목적어＋동사원형: …가 ~하도록 시키다

⑦ Now, sit in my chair and watch [how I do it].

→ [ ]는 watch의 목적어로 쓰인 간접의문문

⑮ <u>Give</u> <u>Mrs. Anderson and her son</u> <u>my thanks for their kindness</u>, ...
   V   IO   DO

→ give＋간접목적어＋직접목적어: …에게 ~을 주다

---

04 A Delicious Success Story P. 100

정답 **1** ③ **2** ④ **3** ⓑ-ⓐ-ⓔ-ⓒ-ⓓ **4** too spicy for Norwegians' taste

문제해설 **1** 전쟁고아였던 이철호가 노르웨이에서 자신의 라면 브랜드를 만들어 성공하기까지의 과정을 서술한 글이므로, 제목으로 가장 적절한 것은 ③ '노르웨이의 라면 왕'이다.

[문제] 이 글의 제목으로 가장 적절한 것은?

① 접시닦이에서 요리사까지   ② 세계화되는 한국 음식

④ 한 전쟁고아의 힘겨운 삶   ⑤ 왜 노르웨이에서 라면이 사랑받는가

2 (A) 앞 문장에서 치료를 받기 위해 노르웨이로 보내졌다고 했으므로 '회복했다'는 의미의 recovered가 알맞다. discover는 '발견하다'의 의미이다.

(B) 노르웨이 사람들에게 라면을 '소개하길' 원했다는 내용이 적절하므로 introduce가 알맞다. indicate는 '나타내다'의 뜻이다.

(C) 문맥상 '성공한' 사업가라는 말이 어울리므로 successful이 적절하다. successive는 '연속적인, 잇따른'의 의미이다.

[문제] (A), (B), (C)에서 문맥에 맞는 낱말로 가장 적절한 것을 고르시오.

3 [문제] 이철호에 관한 다음 사건을 시간순으로 배열하시오.

ⓑ 한국 전쟁 중에 심하게 부상을 당했다.

ⓐ 노르웨이에서 치료를 받았다.

ⓔ 요리사 자격증을 획득하고 호텔의 요리사가 되었다.

ⓒ 한국을 방문하여 처음으로 라면을 맛보았다.

ⓓ 미스터 리로 알려진 자신만의 라면 브랜드를 만들었다.

4 한국에서 수입한 라면은 노르웨이인들의 입맛에는 너무 매워서 순한 맛을 찾을 때까지 다양한 방식으로 실험을 했다고 했다.

[문제] 이씨는 왜 여러 종류의 라면으로 실험을 했는가? (5단어)

그가 수입한 라면은 노르웨이인들의 입맛에는 너무 매웠다.

① As a child, / Chul-Ho Lee was separated from his family / during the Korean War. ② After being badly injured, / he was sent to Norway / to receive medical treatment. ③ After he recovered, / he stayed in Norway, / where he eventually became a king. ④ Not the actual king of Norway, / of course! ⑤ Instead, / Lee became Norway's "Ramen King." ⑥ He started out working / as a dishwasher at a hotel, / but he soon learned how to cook. ⑦ After receiving a cooking license, / he became a chef / at a popular hotel. ⑧ In 1968, / Lee returned to Korea / for a visit. ⑨ While he was there, / he tasted ramen / for the first time. ⑩ He thought / it was delicious, / so he wanted to introduce it / to Norwegians. ⑪ In 1989, / he began importing ramen to Norway, / but people found it too spicy / for their taste. ⑫ So Lee began to experiment / with different styles / until he found a mild flavor / that Norwegians enjoyed. ⑬ He used this flavor / to create his own brand of ramen, / known as Mr. Lee. ⑭ Today, / nearly 80% of the ramen / sold in Norway / is Mr. Lee Ramen. ⑮ Chul-Ho Lee started out / as an injured child without any family, / alone in a strange country. ⑯ Today, / however, / he is an extremely successful businessman. ⑰ So / next time you feel discouraged, / remember the Ramen King of Norway. ⑱ If he could succeed / despite his difficulties, / so can you!

해석

① 어렸을 때, 이철호는 한국 전쟁 중에 가족과 헤어지게 되었다. ② 심하게 부상을 당한 후, 그는 치료를 받기 위해 노르웨이로 보내졌다. ③ 그는 회복한 후, 노르웨이에 남았는데, 그곳에서 마침내 왕이 되었다. ④ 물론 노르웨이의 진짜 왕은 아니다! ⑤ 대신, 이씨는 노르웨이의 '라면 왕'이 되었다. ⑥ 그는 호텔에서 접시닦이로 일을 시작했지만, 곧 요리하는 법을 배웠다. ⑦ 요리사 자격증을 받은 뒤, 그는 유명 호텔의 요리사가 되었다. ⑧ 1968년에 이씨는 한국을 다시 방문했다. ⑨ 그곳에 있는 동안 그는 처음으로 라면을 맛보았다. ⑩ 그는 라면이 맛있다고 생각해서, 그것을 노르웨이인들에게 소개하고 싶었다. ⑪ 1989년에, 그가 노르웨이에 라면을 수입하기 시작했지만, 사람들은 그것이 자신들의 입맛에 너무 맵다고 여겼다. ⑫ 그래서 이씨는 노르웨이인들이 좋아하는 순한 맛을 찾을 때까지 다양한 방식으로 실험하기 시작했다. ⑬ 그는 이 맛으로 자신만의 라면 브랜드를 만들었는데, 그것은 미스터 리라고 알려져 있다. ⑭ 오늘날, 노르웨이에서 판매되는 라면의 거의 80퍼센트가 미스터 리 라면이다. ⑮ 이철호는 가족도 없이 낯선 나라에서 홀로 부상당한 아이로 시작했다. ⑯ 그러나, 오늘날 그는 매우 성공한 사업가이다. ⑰ 그러니 다음에 당신이 좌절감을 느낄 때 노르웨이의 라면 왕을 기억하라. ⑱ 그가 어려움에도 불구하고 성공할 수 있었다면, 당신도 할 수 있다!

구문해설

② [After being badly injured], he was sent to Norway to receive medical treatment.
→ [ ]는 접속사를 생략하지 않은 분사구문으로, 분사의 의미상의 주어 he와 분사가 수동 관계이므로 수동형 분사구문이 쓰임.

③ After he recovered, he stayed in Norway, [where he eventually became a king].
→ [ ]는 선행사 Norway를 부연 설명하는 계속적 용법의 관계부사절

⑭ Today, nearly 80% of **the ramen** [sold in Norway] **is** Mr. Lee Ramen.
　　　　　　　　　　　　S 　　　　　　　　　　　V
→ 「부분을 나타내는 표현(퍼센트, most, 분수, the rest 등)+of+명사」가 주어로 사용되면, 동사는 of 뒤에 오는 명사의 수에 일치시킴.
→ [ ]는 the ramen을 수식하는 과거분사구

⑱ If he could succeed **despite** his difficulties, *so can you*!

despite는 ' 에도 불구하고'라는 뜻의 전치사로 뒤에 명사구인 his difficulties가 옴.

→ so+(조)동사+주어: …도 그러하다, …도 마찬가지이다

Review Test

A ③   B 1 ② 2 ① 3 ② 4 ④   C 1 covered, with 2 say hello to 3 make a decision 4 point of view   D 1 저는 당신이 어린 모니카를 데리고 얼마나 참을성이 있는지를 알아차리지 않을 수가 없었어요. 2 그 여성은 때때로 한 소년을 시켜 스위프트에게 선물을 갖다 주게 했다. 3 1989년에, 그가 노르웨이에 라면을 수입하기 시작했지만, 사람들은 그것이 자신들의 입맛에 너무 맵다고 여겼다. 4 그가 어려움에도 불구하고 성공할 수 있었다면, 당신도 할 수 있다! E 1 began to scream that she wanted candy 2 had a pair of leather shoes made for himself, told everyone to do the same 3 until he found a mild flavor that Norwegians enjoyed

해석

A

① 헤어지게 하다, 떼어놓다: 사람들 또는 사물을 멀리 떨어지게 하다

② 고문, 조언자: 당신에게 조언을 해주는 사람

③ 하인, 신하: 자신을 위해 일해주는 사람들이 있는 사람

④ 연속적인, 잇따른: 차례로 발생하거나 뒤따르는

⑤ 상상하다: 무언가를 상상하거나 마음 속에 생각을 형성하다

B

1 그는 그 상을 겸손하고 감사하게 <u>받았다</u>.

　① 막았다　　　　② 받았다　　　　③ 저항했다　　　④ 깨달았다　　　⑤ 실험했다

2 우리 할아버지는 허리 수술로부터 <u>회복하고 있는</u> 중이다.

　① 회복하고 있는　② 참가하고 있는　③ 판단하고 있는　④ 접근하고 있는　⑤ 다가오고 있는

3 내 여동생은 며칠 전에 차에 치여서 <u>다쳤다</u>.

　① 신이 나있는　　② 부상을 입은　　③ 치료받는　　　④ 수리된　　　　⑤ 실망한

4 시험이 너무 어려우면 학생들은 <u>좌절할</u> 수 있다.

　① 자신감 있는　　② 무관심한　　　③ 만족한　　　　④ 낙담한　　　　⑤ 통합된

C

1 A를 B로 덮다: cover A with B

2 …에게 안부를 전하다: say hello to

3 결정하다: make a decision

4 관점: point of view

01 조금 특별한 옥수수　　　　　　P. 106

정답　1 ①　2 (1) F　(2) T　(3) F　3 ④　4 escape, pressure

문제해설　1 팝콘이 터지는 원리를 과학적으로 설명하고 있으므로, 제목으로 ① '왜 팝콘이 터지는가'가 가장 적절하다.
② 옥수수의 여러 가지 용도　　③ 팝콘의 건강상의 이점
④ 증기로 간식 요리하기　　⑤ 재미있는 요리법으로 과학을 배우다

2 (1) 특별한 품종의 옥수수로 팝콘이 만들어지며, 다른 품종은 터지지 않는다고 했다.
(3) 팝콘이 터지는 소리는 갑자기 증기가 빠져나오는 것 때문에 발생한다고 했다.

3 get to는 '…에 닿다, …에 이르다'의 의미로, '…에 이르다[도달하다]'의 의미인 ④ reach로 바꿔 쓸 수 있다.
① 반복하다　② 피하다　③ 계속[여전히] …이다　⑤ 통제하다

4 팝콘 알맹이가 뜨거워지면, 그 안에 있는 물이 증기로 변하지만 빠져나갈 수 없고, 그것은 압력이 증가하게 한다.

본문

① Corn may seem like an ordinary vegetable, / but some corn has a secret superpower: ② It can pop! ③ Have you ever wondered / why corn can do this? ④ Popcorn is actually made from / a special variety of corn. ⑤ If you use other varieties, / they won't pop. ⑥ The popcorn variety is special / because its kernels have a hard outer layer / that water and other materials can't pass through. ⑦ There is a little water / inside each kernel, / and when the kernels are heated up, / this water eventually turns into steam. ⑧ However, / due to the hard outer layer, / the steam can't escape, / which results in a build-up of pressure. ⑨ Finally, / when the temperature and pressure get to a certain point, / the kernels explode with a popping sound, / turning themselves inside out. ⑩ Scientists used to think / that the popping sound came from / the cracking of the kernels, / but it has been found / that the sound is actually caused / by the sudden escape of the steam. ⑪ If you want to hear popcorn pop for yourself, / try making some at home. ⑫ It will be the most delicious science experiment / you ever try!

해석

① 옥수수가 평범한 채소처럼 보일지 모르겠지만, 일부 옥수수에는 비밀의 슈퍼파워가 있다. ② 그것은 펑 하고 터질 수 있다! ③ 옥수수가 왜 이렇게 할 수 있는지 궁금해한 적이 있는가? ④ 팝콘은 실제로 특별한 품종의 옥수수로 만들어진다 ⑤ 만약 다른 품종을 사용한다면, 그것은 터지지 않을 것이다. ⑥ 팝콘 품종은 특별한데 그것의 알맹이가 물과 다른 물질이 빠져나갈 수 없는 단단한 껍질을 가지고 있기 때문이다. ⑦ 각 알맹이 안에는 물이 조금 있는데, 알맹이가 가열되면 이 물은 결국 증기로 변한다. ⑧ 그러나 단단한 껍질로 인해, 증기가 빠져나갈 수 없고, 이것은 압력 상

승을 일으킨다. ⑨ 마지막으로, 온도와 압력이 특정 지점에 도달하면, 알맹이는 터지는 소리와 함께 폭발하여 스스로 뒤집힌다. ⑩ 과학자들은 이 터지는 소리가 알맹이의 균열로 인한 것으로 생각했지만, 실제로는 갑자기 증기가 빠져 나오는 것으로 인해 소리가 발생하는 것으로 밝혀졌다. ⑪ 팝콘이 터지는 소리를 직접 듣고 싶다면 집에서 팝콘 만들 기를 시도해 보라. ⑫ 그것은 당신이 지금껏 시도한 것 중에서 가장 맛있는 과학 실험일 것이다!

구문해설

③ Have you ever wondered [why corn can do this]?

→ [ ]는 동사 wondered의 목적어로 쓰인 간접의문문으로 「의문사+주어+동사」의 어순임.

⑥ ... its kernels have a hard outer layer [that water and other materials can't pass through].

→ [ ]는 선행사 a hard outer layer를 수식하는 목적격 관계대명사절

⑧ However, due to the hard outer layer, the steam can't escape, **which** results in a build-up of pressure.

→ which는 앞의 절 전체를 부연 설명하는 계속적 용법의 관계대명사

⑨ ..., the kernels explode with a popping sound, [turning themselves inside out].

→ [ ]는 〈연속동작[결과]〉를 나타내는 분사구문

⑩ Scientists **used to think** [that the popping sound came from the cracking of the kernels], but *it* has been found [that the sound is actually caused by the sudden escape of the steam].

→ used to+동사원형: (과거에) …하곤 했다

→ 첫 번째 [ ]는 동사 think의 목적어 역할을 하는 명사절

→ it은 가주어, 두 번째 [ ]가 진주어

02 슈퍼맨이 아니라 슈퍼문! P. 108

정답 1 ⑤ 2 ⑤ 3 the moon is as close to the earth as possible

문제해설 1 평소보다 더 밝고 크게 보이는 보름달인 슈퍼문이 생기는 이유에 관한 글이므로, 주제로는 ⑤ '달이 때때로 더 커 보이는 원인'이 적절하다.

① 보름달이 지구에 어떤 영향을 줄 수 있는가 ② 왜 달이 지구 주변을 움직이는가

③ 달의 모양이 바뀌는 이유 ④ 태양과 달의 관계

2 주어진 문장의 This는 ⑤ 바로 앞 문장에 나온 '달이 완벽한 원이 아닌 타원형에 가까운 모양으로 지구 주변을 도는 것'을 가리키고 ⑤ 뒤에 달과 지구 사이의 거리를 기준으로 슈퍼문이 발생한다는 내용이 나오므로, 주어진 문장은 ⑤에 들어가는 것이 적절하다.

3 달이 가능한 한 지구에 가까울 때 당신은 슈퍼문을 볼 수 있다.

① If you have ever seen a full moon / that seemed brighter and larger than normal, / you probably saw a supermoon. ② But what causes a supermoon? ③ The moon goes through phases. ④ As a result, / we can sometimes see the whole moon / and other times see only part of it. ⑤ These phases occur / because the moon orbits the earth. ⑥ We see a full moon / when the sun and the moon are / on opposite sides of the earth. ⑦ However, / the moon doesn't move / around the earth / in a perfect circle — / the shape is / more like an oval. ⑧ This means / that the moon's distance from the earth / is constantly changing. ⑨ If a full moon happens / when the moon is / as close to the earth as possible, / it is called a supermoon. ⑩ A supermoon can appear / to be 14 percent bigger and 30 percent brighter / than a normal full moon. ⑪ Only about one / out of every 14 full moons / is a supermoon. ⑫ So, if you have a chance / to see one, / don't miss it!

해석

① 평소보다 더 밝고 크게 보이는 보름달을 본 적이 있다면, 당신은 아마도 슈퍼문을 봤을 것이다. ② 그런데 왜 슈퍼문이 발생할까? ③ 달은 여러 모습을 거친다. ④ 그 결과, 우리는 때로는 달 전체를 보고 다른 때에는 달의 일부만을 볼 수 있다. ⑤ 이 모습들은 달이 지구를 공전하기 때문에 일어난다. ⑥ 태양과 달이 지구 반대편에 있을 때 우리는 보름달을 볼 수 있다. ⑦ 그러나 달은 완벽한 원으로 지구 주변을 돌지 않는다. 그 모양은 타원형에 더 가깝다. ⑧ 이것은 달의 지구로부터의 거리가 끊임없이 바뀌고 있음을 의미한다. ⑨ 달이 가능한 한 지구에 가까울 때 보름달이 뜨면, 그것은 슈퍼문이라 불린다. ⑩ 슈퍼문은 보통의 보름달보다 14% 더 크고 30% 더 밝아 보일 수 있다. ⑪ 14개의 보름달 중에서 대략 한 개만이 슈퍼문이다. ⑫ 따라서 슈퍼문을 볼 기회가 있다면, 놓치지 마라!

구문해설

① If you **have** ever **seen** a full moon [that seemed brighter and larger than normal], ...

→ have seen은 〈경험〉을 나타내는 현재완료

→ [ ]는 선행사 a full moon을 수식하는 주격 관계대명사절

⑨ If a full moon happens when the moon is **as close** to the earth **as possible**, ...

→ as + 형용사의 원급 + as possible: 가능한 한 …한

⑪ Only about one [*out of* every 14 full moons] **is** a supermoon.

→ 문장의 주어는 전치사구 [ ]의 수식을 받는 one이므로 be동사는 단수 주어에 일치시킴.

→ out of: (부분) …중에(서)

⑫ So, if you have a chance [to see one], don't miss it!

→ [ ]는 a chance를 수식하는 형용사적 용법의 to부정사구

03 우주에서 가장 반짝이는 비 P. 110

정답   **1** ④   **2** ④   **3** lightning, falls, pressure

문제해설   **1** 기체 행성으로 알려진 토성에서 다이아몬드 비가 내리는 현상을 설명하는 글이므로 ④ '기체 행성에 내리는 다이아몬드 비'가 제목으로 가장 적절하다.

     ① 토성은 어떻게 이름을 얻게 되었나   ② 다이아몬드로 만들어진 행성

     ③ 다른 행성에도 비가 내리는가?   ⑤ 메탄: 다이아몬드보다 더 가치 있다

   2 (A) diamonds를 수식하는 분사구인데, 다이아몬드는 '만들어지는' 대상이므로 수동의 의미를 나타내는 being created가 알맞다.

     (B) 〈연속동작[결과]〉를 나타내는 분사구문으로, 분사의 의미상의 주어 This soot과 분사가 능동 관계이므로 현재분사인 forming이 알맞다.

     (C) 부사로 쓰인 enough는 수식을 받는 부사 뒤에 위치하므로 fast enough가 되어야 한다.

   3 메탄이 <u>번개</u>를 맞으면 검댕이라는 물질을 생성한다.

⇩

     검댕이 대기에서 <u>하강</u>하면서 함께 뭉칠 때, 흑연이 형성된다.

⇩

     이 흑연이 토성의 중심핵으로 이동하면서, 증가된 <u>기압</u>이 흑연을 다이아몬드로 압축한다.

본문   ① If you ever visit Saturn, / make sure / you bring a strong umbrella. ② According to research / conducted by NASA, / there could be / as much as 1,000 tons of diamonds / being created in Saturn's atmosphere / each year. ③ The reason for this is / that Saturn, / a gas planet with a small solid core, / has an atmosphere / consisting mostly of hydrogen and methane. ④ When thunderstorms occur, / lightning could strike the methane, / producing a mix of pure hydrogen and burnt carbon / called soot. ⑤ This soot would then fall / from the atmosphere / and begin to join together, / forming graphite. ⑥ As it moved closer to Saturn's core, / pressure would increase, / eventually compressing the graphite into diamond. ⑦ Therefore, / it could literally be raining diamonds. ⑧ Unfortunately, / it would be nearly impossible / to get to Saturn and travel down to / where the diamond rain would be falling. ⑨ The pressure there / is about 100,000 times higher / than on Earth. ⑩ And if we didn't move fast enough, / the diamonds would slip past us, / falling deeper into the planet. ⑪ There, / the temperatures are so high / that the diamonds would surely melt into liquid.

해석   ① 토성을 방문한다면, 반드시 튼튼한 우산을 가지고 가라. ② NASA에 의해 시행된 연구에 따르면, 매년 토성의 대기에서 천 톤이나 되는 다이아몬드가 생성되고 있을 수도 있다고 한다. ③ 이것에 대한 이유는, 작은 고체 핵을 지닌 기체 행성인 토성의 대기가 주로 수소와 메탄으로 이루어져 있기 때문이다. ④ 뇌우가 발생하면, 번개가 메탄을 강타하여 검댕이라 불리는 순수한 수소와 연소된 탄소의 혼합물을 생성할 수 있다. ⑤ 그러면 이 검댕은 대기에서 하강하며 뭉치기 시작하면서 흑연을 형성할 것이다. ⑥ 그것이 토성의 중심핵으로 더 가까이 이동하면서, 기압이 증가하고, 결국 흑연을 다이아몬드로 압축할 것이다. ⑦ 그래서, 그것은 말 그대로 다이아몬드 비가 쏟아지는 것이라고 할 수 있

다. ⑧ 안타깝게도, 토성에 가서 다이아몬드 비가 내리는 곳까지 내려가는 것은 거의 불가능할 것이다. ⑨ 그곳의 기압은 지구에서보다 십만 배 정도 더 높다. ⑩ 그리고 우리가 충분히 빠르게 이동하지 않으면, 다이아몬드는 우리를 스쳐 지나가 행성 안쪽 더 깊은 곳으로 떨어져 버릴 것이다. ⑪ 그곳에서는 기온이 너무 높아서 다이아몬드가 분명 액체로 녹아버릴 것이다.

구문해설

③ ... Saturn, a gas planet with a small solid core, has an atmosphere [consisting mostly of hydrogen and methane].
→ Saturn과 a gas planet with a small solid core는 동격 관계
→ [ ]는 an atmosphere를 수식하는 현재분사구

④ When thunderstorms occur, lightning could strike the methane, [producing a mix of pure hydrogen and burnt carbon {called soot}].
→ [ ]는 〈연속동작[결과]〉를 나타내는 분사구문
→ { }는 a mix of pure hydrogen and burnt carbon을 수식하는 과거분사구

⑧ ..., it would be nearly impossible [to get to Saturn and (to) travel down to (the place) {where the diamond rain would be falling}].
→ it은 가주어, [ ]가 진주어
→ { }는 where가 이끄는 관계부사절로 장소를 나타내는 선행사 the place가 생략됨.

⑨ The pressure there is about **100,000 times higher than** on Earth.
→ 배수사+형용사의 비교급+than ...: …보다 몇 배 더 ~한

⑩ And **if we didn't move** fast enough, the diamonds **would slip** past us, [falling deeper into the planet].
→ 「if+주어+동사의 과거형, 주어+조동사의 과거형+동사원형」은 '만약 …라면 ~할 텐데'라는 의미의 가정법 과거
→ [ ]는 〈연속동작[결과]〉를 나타내는 분사구문

04 Heating with Human Bodies P. 112

정답

1 ④ **2** ③ **3** Crowds can be used as a heat source.

문제해설

1 ④ 동명사 storing의 의미상의 주어는 the heated water인데, 물은 '저장되는' 것이므로 수동형 동명사 being stored가 되어야 한다. 참고로, 이 구조는 의미를 명확하게 하기 위해 접속사 After를 생략하지 않은 수동형 분사구문으로 볼 수도 있다.
[문제] 밑줄 친 ① ~ ⑤ 중, 어법상 틀린 것은?

2 군중의 체온을 난방에 사용하는 사례로 스웨덴의 스톡홀름 중앙역을 소개하는 (B)가 가장 먼저 오고, 이 역의 통풍 시스템이 체온을 담아서 지하 물탱크로 가져간다는 내용의 (C)가 이어신 후, 이 물의 열기가 널 원료로 쓰인다는 (A)로 이어지는 것이 가장 자연스럽다.

[문제] 글의 흐름에 맞게 (A), (B), (C)를 배열한 것을 고르시오.

3 스웨덴의 기차역과 미국의 쇼핑몰 사례를 통해 군중의 체온을 모아 건물 난방에 활용하는 에너지 생성 방식을 소개하는 글이다.

[문제] 박스에 주어진 단어를 바르게 배열하여 이 글의 요약문을 쓰시오.

<u>군중이 열의 원료로 사용될 수 있다.</u>

본문

① Being in a big crowd of people / is often uncomfortable and inconvenient. ② But Swedish engineers have found a way / to use crowds / for a good purpose. ③ They have invented a way / to recycle people's body heat / for wintertime heating. ④ (B) In Sweden, / more than 200,000 people / use Stockholm's main train station / every day. ⑤ (C) The station's ventilation system / captures body heat / and moves it / to large underground tanks of water. ⑥ (A) The heat in this water / can then be used / as a heat source.

⑦ A similar system is used / in the Mall of America in Minnesota. ⑧ The mall recycles body heat from shoppers / and uses it to help heat water / that keeps the huge building warm. ⑨ After being stored in large underground tanks, / the heated water is pumped through pipes / to a new office building nearby. ⑩ There, it is reused / by the building's main heating system. ⑪ This reduces / the cost of heating the office building / by twenty percent.

⑫ Energy is expensive / in places that have cold climates. ⑬ This system can help people / save money and energy.

해석

① 많은 군중 속에 있는 것은 보통 거북하고 불편하다. ② 그런데 스웨덴 기술자들이 군중을 좋은 용도로 사용하는 방법을 알아냈다. ③ 그들은 겨울철 난방을 위해 사람들의 체온을 재활용하는 방법을 발명했다. ④ (B) 스웨덴에서는 매일 20만 명 이상의 사람들이 스톡홀름의 중앙역을 이용한다. ⑤ (C) 이 역의 통풍 시스템은 체온을 담아서 그것을 커다란 지하 물탱크로 옮긴다. ⑥ (A) 이 물의 열은 이후에 열 원료로 사용될 수 있다.

⑦ 비슷한 시스템이 미네소타에 있는 몰 오브 아메리카(Mall of America)에서 사용된다. ⑧ 이 쇼핑몰은 쇼핑객들에게서 나오는 체온을 재활용하여 그것을 대형 건물을 따뜻하게 유지하는 물을 데우는 데 도움이 되도록 사용한다. ⑨ 커다란 지하 탱크에 저장된 후에, 가열된 물은 관을 통해 인근의 새 사무용 건물로 퍼 올려진다. ⑩ 그곳에서, 그 물은 건물의 주요 난방 시스템에 의해 재사용된다. ⑪ 이것은 사무용 건물의 난방비를 20퍼센트 정도 줄여준다.

⑫ 추운 기후의 지역에서 에너지는 비싸다. ⑬ 이 시스템은 사람들이 돈과 에너지를 절약하도록 도울 수 있다.

구문해설

② But Swedish engineers have found a way [to use crowds for a good purpose].

→ [ ]는 a way를 수식하는 형용사적 용법의 to부정사구

⑧ The mall recycles body heat from shoppers and uses it *to help* heat water [that keeps the huge building warm].

→ it은 body heat from shoppers를 가리킴.

→ to help는 〈목적〉을 나타내는 부사적 용법의 to부정사

→ [ ]는 선행사 water를 수식하는 주격 관계대명사절

A 1 ⓑ 2 ⓓ 3 ⓒ 4 ⓔ 5 ⓐ   B 1 uncomfortable 2 reduced 3 store 4 pressure   C 1 consists of 2 turned into 3 pass through 4 resulted in   D 1 그러나 단단한 껍질로 인해, 증기가 빠져나갈 수 없고, 이것은 압력 상승을 일으킨다. 2 슈퍼문은 보통의 보름달보다 14% 더 크고 30% 더 밝아 보일 수 있다. 3 그리고 우리가 충분히 빠르게 이동하지 않으면, 다이아몬드는 우리를 스쳐 지나가 행성 안쪽 더 깊은 곳으로 떨어져 버릴 것이다. 4 스웨덴 기술자들이 군중을 좋은 용도로 사용하는 방법을 알아냈다.   E 1 that the sound is actually caused by the sudden escape of the steam 2 when the moon is as close to the earth as possible 3 so high that the diamonds would surely melt into liquid

해석

A

1 보통의, 평범한: ⓑ 늘 있고 흔한, 전혀 특별하지 않은

2 (특정한 활동을) 하다: ⓓ 활동을 수행하다

3 대기: ⓒ 행성을 둘러싼 기체의 층

4 목적, 용도: ⓔ 무언가를 하려는 목적이나 의도

5 궤도를 돌다: ⓐ 한 물체 주위를 곡선 형태로 돌다

B

1 그의 무례함은 나를 불편하게 만들었다.

2 그 회사는 에너지 비용을 20퍼센트 정도 감축했다.

3 USB 드라이브는 데이터를 저장하고 운반하는 데 사용된다.

4 그 잠수함은 바닷물의 압력으로 인해 부서졌다.

C

1 …으로 이루어지다[구성되다]: consist of

2 …으로 변하다: turn into

3 …을 빠져나가다[통과하다]: pass through

4 (결과적으로) …을 야기하다: result in

심리

1 1 ② 2 ⑤ 3 so that they can continue to feel good about themselves
2 1 ⑤ 2 ④ 3 ④ 4 to make these kinds of difficult situations easier
3 1 (1) T (2) F (3) T 2 ③ 3 No matter where, what
4 1 ③ 2 ⑤ 3 unfinished, completed, psychological tension

01 작은 것만 속인다! 난 양심적이니까! P. 118

정답 1 ② 2 ⑤ 3 so that they can continue to feel good about themselves

문제해설 **1** ⓐ 빈칸 앞에 나온 거의 모두가 부정행위를 한다는 내용과 빈칸 뒤에서 언급한 죄책감을 느끼지 않는 정도만 부정행위를 한다는 내용은 상반되므로 역접의 연결사 However가 적절하다.
ⓑ 식이요법을 100퍼센트 지키는 사람은 거의 없다는 내용 다음에 이에 대한 구체적인 예시가 나오므로 For example이 쓰여야 한다.

2 저자가 자신의 이론을 증명하기 위해 또 다른 실험을 했다는 내용의 (C)가 먼저 오고, 대학 기숙사의 공공장소에 돈과 탄산음료를 둔 후 학생들의 반응을 관찰한 실험 내용을 서술하는 (B)가 이어진 후, 학생들이 돈이 아닌 탄산음료를 가져갈 가능성이 있다는 내용의 실험 결과에 해당하는 (A)가 마지막에 오는 순서가 자연스럽다.

3 사람들이 긍정적인 자아상을 유지할 수 있는 선까지 약간의 부정행위만 한다는 내용의 글이다. '…가 ~하기 위해서'라는 의미로 목적을 나타내는 「so that+주어+동사」 구문을 이용하여 문장을 완성한다.
대부분의 사람들은 그들이 자신에 대해 계속 좋게 생각할 수 있도록 부정행위를 제한한다.

본문 ① Do you ever cheat? ② According to an author, / almost everybody does. ③ However, / people only cheat a little, / to a degree / where they still do not feel guilty. ④ To prove this, / the author gave people / a quiz with 20 questions. ⑤ Some people had to hand in their answer sheet / to have it checked. ⑥ They got an average of four questions correct. ⑦ Other people, / however, / were allowed to check their own answer sheet. ⑧ On average, / they said / they got six questions correct. ⑨ Clearly, / some of them cheated, / but they didn't cheat a lot. ⑩ (C) The author also conducted another experiment / to prove his theory. ⑪ (B) He went into college dormitories / and left dollar bills and cans of soda / in public areas. ⑫ (A) He found / that students were likely to take the soda, / but not the money. ⑬ The author believes / that there is a good reason / for this behavior. ⑭ All people have selfish desires, / but, at the same time, / they want to be good people. ⑮ It's a little like dieting. ⑯ Few people follow their diet 100% / of the time. ⑰ For example, / they might think / it's okay to have cookies / for a snack / because they've been eating salad / for lunch. ⑱ In this way, / they can keep their positive self-image.

해석 ① 당신은 부정행위를 한 적이 있는가? ② 한 저자에 따르면, 거의 모든 사람이 (부정행위를) 한다고 한다 ③ 그러나, 사람들은 그래도 죄책감을 느끼지 않을 정도까지, 약간만 부정행위를 한다. ④ 이를 증명하기 위해, 그 저자는 사람들에게 20개의 문항으로 퀴즈를 내주었다. ⑤ 어떤 사람들은 채점이 되도록 그들의 답안지를 제출해야만 했다. ⑥ 그들은 평균 네 문제를 맞혔다. ⑦ 그러나, 다른 사람들은 자신의 답안지를 채점하도록 허용되었다. ⑧ 평균적으로, 그들은 자신들이 여섯 문제를 맞혔다고 말했다. ⑨ 분명히, 그들 중 일부는 부정행위를 했지만, 많이 속인 것은 아니었다. ⑩ (C) 저자는 또한 자신의 이론을 증명하기 위해 또 다른 실험을 실시했다. ⑪ (B) 그는 대학 기숙사에 들어가서 달러 지폐와 탄산음료 캔을 공공장소에 두었다. ⑫ (A) 그는 학생들이 돈이 아닌, 탄산음료를 가지고 갈 가능성이 있다는 것을 발견했다. ⑬ 저자는 이 행동에 타당한 이유가 있다고 믿는다. ⑭ 모든 사람은 이기적인 욕망을 가지고 있지만, 동시에 그들은 좋은 사람이고 싶어 한다. ⑮ 그것은 다이어트를 하는 것과 약간 유사하다. ⑯ 식이요법을 100퍼센트 따르는 사람은 거의 없다. ⑰ 예를 들어, 그들은 자신이 점심으로 샐러드를 먹어왔기 때문에 간식으로 쿠키를 먹어도 괜찮다고 생각할 수도 있다. ⑱ 이런 식으로, 그들은 긍정적인 자아상을 유지할 수 있다.

구문해설

③ However, people only cheat a little, to a degree [where they still do not feel guilty].
→ [ ]는 선행사 a degree를 수식하는 관계부사절로, where의 선행사로 추상적인 의미의 장소를 나타내는 명사가 쓰임.

⑤ Some people had to hand in their answer sheet **to** *have* it *checked*.
→ to have는 〈목적〉을 나타내는 부사적 용법의 to부정사
→ 사역동사 have의 목적어 it(= their answer sheet)와 목적격보어가 수동 관계이므로, 목적격보어로 과거분사 checked가 쓰임.

⑰ ... **it**'s okay [to have cookies for a snack] because they've *been eating* salad for lunch.
→ it은 가주어, [ ]가 진주어
→ have been eating은 과거의 어느 시점부터 현재까지 계속 점심으로 샐러드를 먹어왔음을 나타내는 현재완료 진행형

---

02 마치 제3자처럼 P. 120

정답 1 ⑤ 2 ④ 3 ④ **4** to make these kinds of difficult situations easier

문제해설

1 대중 앞에서 발표를 해야 할 때 자신을 3인칭으로 지칭해서 혼잣말하는 것이 도움이 된다는 내용이므로, 제목으로 ⑤ '발표를 해야 하는가? 혼잣말을 하라'가 가장 적절하다.
① 언어 기술을 향상시키는 방법   ② 발표: 왜 그렇게 스트레스가 되는가
③ 타인과 이야기하는 것이 성공의 열쇠이다   ④ 발표 기술을 평가하는 방법

2 자신을 3인칭으로 말한 사람들이 더 적은 스트레스 징후를 보였다고 했으므로, 3인칭 언어를 사용한 사람들의 발표 기술이 '더 높게' 평가되었다는 내용이 되어야 흐름이 자연스럽다. 따라서 ④ lower를 higher로 바꿔야 한다.

3 빈칸 앞에서 자신에 대해 3인칭으로 말하라는 내용에 이어 부연 설명을 할 때 쓰는 연결사인 In other words가 쓰였으므로, 빈칸에는 ④ '자신의 이름을 사용하라'가 들어가는 것이 가장 적절하다.
① 괜찮은 척하라   ② 다른 사람들을 판단하라
③ 친구에게 조언을 구하라   ⑤ 다른 사람들 앞에서 연습하라

4 a way를 수식하는 to부정사 to make가 오고, '…을 ~한 상태로 만들다'의 의미인 「make + 목적어 + 형용사」의 어순으로 나타낸다.

본문

① Many people get nervous / when they have to speak in public. ② They find it stressful and scary. ③ However, / researchers have some good news. ④ They've found a way / to make these kinds of difficult situations / easier to handle — / talking to yourself. ⑤ More specifically, / you should talk about yourself / in the third person. ⑥ In other words, / use your own name. ⑦ Instead of thinking / "I'm doing well," / you should say / "David is doing well." ⑧ By examining your own performance / as if you were examining that of someone else, / you can reduce your stress levels. ⑨ In their study, / the researchers found / that people / who talked to themselves this way / showed fewer signs of stress. ⑩ It seemed to help them control their feelings. ⑪ What's more, / their public speaking skills were rated higher / than those of people / who used first-person language. ⑫ The researchers believe / that this small change in the language / people use / to refer to themselves / can make a big difference. ⑬ So the next time you have to speak / in front of your class, / give it a try!

해석

① 많은 사람들이 대중 앞에서 말해야 할 때 긴장하게 된다. ② 그들은 그것이 스트레스가 되며 두렵다고 여긴다. ③ 하지만, 연구원들이 좋은 소식을 가지고 있다. ④ 그들은 이러한 종류의 힘든 상황들을 다루기 더 쉽게 만드는 한 가지 방법을 찾아냈는데, 그것은 바로 혼잣말을 하는 것이다. ⑤ 더 구체적으로, 자신에 대해 3인칭으로 말해야 한다. ⑥ 다시 말해서, 자신의 이름을 사용하라. ⑦ '나는 잘하고 있어.'라고 생각하는 대신, 당신은 "데이비드는 잘하고 있어."라고 말해야 한다. ⑧ 마치 다른 사람의 성과를 검토하는 것처럼 자신의 성과를 검토함으로써, 당신은 스트레스 수준을 줄일 수 있다. ⑨ 그들의 연구에서, 연구원들은 이런 식으로 스스로에게 말을 하는 사람들이 보다 적은 스트레스 징후들을 보였다는 점을 발견했다. ⑩ 그것은 그들이 자신의 감정을 통제하는 데 도움을 주는 것 같았다. ⑪ 게다가, 그들의 발표 기술은 1인칭 언어를 사용했던 사람들의 것보다 더 높게 평가되었다. ⑫ 연구원들은 사람들이 자신을 지칭하는 데 사용하는 언어에서의 이 작은 변화가 큰 차이를 만들 수 있다고 믿는다. ⑬ 그러니 다음에 당신이 학급 앞에서 발표를 해야 한다면, 한번 시도해보라!

구문해설

⑧ By examining your own performance **as if you were examining** *that* of someone else, ...
　　→ as if + 가정법 과거: 마치 …인 것처럼
　　→ that은 앞에 나온 명사 performance의 반복을 피하기 위해 쓰인 지시대명사

⑨ ..., the researchers found [that people {who talked to themselves this way} showed ...].
S′ V′
　　→ [ ]는 동사 found의 목적어 역할을 하는 명사절
　　→ { }는 선행사 people을 수식하는 주격 관계대명사절

⑫ ... this small change in the language [(that[which]) people use **to refer to** themselves] can make a big difference.
　　→ [ ]는 선행사 the language를 수식하는 관계대명사절로, the language와 people 사이에 목적격 관계대명사 that[which]가 생략됨.
　　→ to refer to는 〈목적〉을 나타내는 부사적 용법의 to부정사구

03 모두 저만 쳐다봐요!

정답   **1** (1) T   (2) F   (3) T   **2** ③   **3** No matter where, what

문제해설   **1** (2) 나이가 들면서 증세가 사라진다고 했으므로 글의 내용과 일치하지 않는다.

2 (A) 문맥상 외모를 '판단한다'는 내용이 자연스러우므로 judging이 알맞다. prejudge는 '조급한 판단을 내리다'의 의미이다.

(B) 다음 문장에서 대부분의 사람들이 12세에서 15세 사이에 이것을 겪는다고 했으므로, '정상적인' 단계라는 의미의 normal이 알맞다. abnormal은 '비정상의'라는 의미이다.

(C) 뒤에서 it(자기 중심성)을 묘사한 내용이 서술되므로 describe가 적절하다. designate는 '지정하다, 지명하다'의 의미이다.

3 '어디에[서] …하더라도'라는 뜻의 복합관계부사 wherever는 no matter where로 바꿔 쓸 수 있고, '무엇을 …하더라도'라는 뜻의 복합관계대명사 whatever는 no matter what으로 바꿔 쓸 수 있다.

그들이 어디를 가거나 무엇을 하더라도, 이 청중이 그들의 모든 움직임을 지켜보고 있는 것 같다.

본문

Dear Britney,

① I'm a 13-year-old boy, / and I'm afraid / there's something wrong with me. ② I feel like / people are staring at me / all the time, / judging the way I look. ③ Before I go out, / I change my clothes again and again. ④ And last week, / I tripped and fell / in the school cafeteria. ⑤ Everyone saw! ⑥ Only a few people laughed, / but now I feel sick / every time I think about it. ⑦ What's wrong with me?

- Anonymous

Dear Anonymous,

⑧ I have some good news for you: / There's absolutely nothing wrong with you. ⑨ What you have / is called "adolescent egocentrism," / which is a normal stage / in adolescent development. ⑩ Most people experience it / between the ages of 12 and 15. ⑪ Unfortunately, / it isn't something / you can control. ⑫ It just gradually fades away / as you get older. ⑬ Lots of teenagers describe it / as feeling like / they are always being watched / by an imaginary audience. ⑭ Wherever they go / or whatever they do, / it seems like / this audience is watching their every move. ⑮ So don't worry! ⑯ You're not the only one / who feels this way. ⑰ And as you get older, / it will bother you less and less.

- Britney

해석

브리트니에게,

① 저는 13세 남자아이인데, 제게 무슨 문제가 있는지 걱정이 돼요. ② 저는 사람들이 제가 어떤 모습인지 판단하며 항상 저를 쳐다보고 있는 것처럼 느껴져요. ③ 외출하기 전에, 저는 자꾸만 옷을 바꿔 입어요. ④ 그리고 지난주에는 학교 식당에서 발을 헛디뎌서 넘어졌어요. ⑤ 모두가 봤죠! ⑥ 소수의 몇 명만 웃었지만, 저는 지금도 그 일을 생각할 때마다 기분이 안 좋아요. ⑦ 제가 뭐가 잘못된 건가요?

– 익명

익명의 분께,

⑧ 당신께 좋은 소식이 있어요. 당신에게는 전혀 문제가 없다는 거예요. ⑨ 당신이 겪고 있는 것은 '청소년 자기 중심성'이라고 불리는 것인데, 그것은 청소년 발달에 있어서 정상적인 단계랍니다. ⑩ 대부분의 사람들이 12세에서 15세 사이에 그것을 경험하죠. ⑪ 유감스럽게도, 그건 당신이 조절할 수 있는 것이 아니에요. ⑫ 나이가 들면서 그것은 서서히 사라질 뿐입니다. ⑬ 많은 10대들이 그것을 가상의 청중이 항상 자신을 쳐다보고 있는 것 같은 느낌이라고 묘사합니다. ⑭ 그들이 어디를 가거나 무엇을 하더라도, 이 청중이 자신의 모든 움직임을 지켜보고 있는 것 같죠. ⑮ 그러니 걱정하지 마세요! ⑯ 이처럼 느끼는 게 당신뿐만이 아니니까요. ⑰ 그리고 나이가 들면서 점점 덜 신경 쓰일 거예요.

– 브리트니

구문해설

① I'm a 13-year-old boy, and I'm afraid there's **something wrong** with me.

→ something 또는 nothing, anything처럼 -thing으로 끝나는 부정대명사는 형용사가 뒤에서 수식함.

② I feel like people are staring at me all the time, [judging the way {I look}].

→ [ ]는 〈동시동작〉을 나타내는 분사구문

→ { }는 선행사 the way를 수식하는 관계부사절. 선행사 the way와 관계부사 how는 함께 쓸 수 없고 둘 중 하나만 써야 함.

⑨ **What** you have is called "adolescent egocentrism," [which is a normal stage in adolescent development].

→ What은 선행사를 포함하는 관계대명사로, 문장에서 주어의 역할을 하는 명사절을 이끎.

→ [ ]는 선행사 "adolescent egocentrism"을 부연 설명하는 계속적 용법의 주격 관계대명사절

04 Is It Hard to Forget Something? P. 124

정답 1 ③ 2 ⑤ 3 unfinished, completed, psychological tension

문제해설 1 사례를 통해 자이가르닉 효과의 개념에 대해 소개하는 (B)가 가장 먼저 오고, 심리학자 자이가르닉이 그 효과를 발견하게 된 배경을 설명하는 (C)가 온 뒤, 그 배경으로 정립한 이론의 심리적 요인을 설명하는 (A)가 오는 것이 적절하다.

[문제] 글의 흐름에 맞게 (A), (B), (C)를 배열한 것을 고르시오.

2 감각동사 feel은 보어로 형용사를 취하므로, ⑤ emptily를 empty로 바꿔야 한다.

[문제] 밑줄 친 ① ~ ⑤ 중, 어법상 틀린 것은?

3 [문제] 빈칸에 알맞은 말을 본문에서 찾아 쓰시오.

자이가르닉 효과에 따르면, 사람들은 완료된 과업보다 미완성된 과업에 대해 더 많이 생각한다. 이것은 완성되지 않은 것들이 정신적인 긴장을 유발하기 때문인데, 이것은 사람들이 완성되지 않은 것에 대해 계속 걱정하게 한다.

(B) ① Salespeople can't stop thinking about / the deal they are working on / until they have closed it. ② And fishermen can never forget the one / that got away. ③ Do you know why? ④ According to Russian psychologist Bluma Zeigarnik, / people are more likely to think about unfinished tasks / than completed ones. ⑤ This is called the Zeigarnik effect.

(C) ⑥ Surprisingly, / she didn't first notice it / in a scientific laboratory or an interview, / but in a restaurant. ⑦ She noted / that the waiter could remember a large number of items / ordered by his customers. ⑧ However, / the moment he had delivered the meals to the customers, / he would forget what he had served them.

(A) ⑨ From this experience, / Zeigarnik theorized / that an unfinished task creates psychological tension. ⑩ That means / people remain anxious about an unfinished task / and try to complete it / as soon as possible. ⑪ In other words, / people are motivated / by the desire to get closure.

⑫ Think about the Zeigarnik effect / the next time you study for an exam. ⑬ Before the exam, / your head will be filled with knowledge and details. ⑭ But once the exam is over, / it will probably feel completely empty!

해석

(B) ① 판매 사원은 진행 중인 계약을 체결할 때까지 그것에 대해 생각하는 것을 멈출 수 없다. ② 그리고 어부는 도망쳐버린 물고기를 절대 잊을 수 없다. ③ 왜 그런지 아는가? ④ 러시아 심리학자인 블루마 자이가르닉에 따르면, 사람들은 완료된 과업보다 미완성된 과업에 대해 생각할 가능성이 더 크다고 한다. ⑤ 이것은 자이가르닉 효과라고 불린다.

(C) ⑥ 놀랍게도, 그녀는 이것을 과학 실험실이나 인터뷰에서가 아니라 식당에서 처음 알아냈다. ⑦ 그녀는 종업원이 손님들이 주문한 다수의 음식을 기억할 수 있다는 것에 주목했다. ⑧ 그러나, 종업원은 손님들에게 음식을 전달하자마자 자신이 무엇을 제공했는지 잊는 것이었다.

(A) ⑨ 이 경험으로부터, 자이가르닉은 미완성된 과업이 정신적인 긴장을 만든다는 것을 이론화했다. ⑩ 그것은 사람들이 미완성된 과업에 대해 걱정하고 가능한 한 빨리 그것을 끝내려고 노력한다는 뜻이다. ⑪ 다시 말해서, 사람들은 종결하려는 욕구에 의해 동기부여를 받는다.

⑫ 다음번에 당신이 시험 공부를 할 때 자이가르닉 효과에 대해 생각해보라. ⑬ 시험 전에, 당신의 머리는 지식과 세부 정보로 가득할 것이다. ⑭ 그러나 시험이 끝나면, 아마도 머리가 완전히 빈 것처럼 느껴질 것이다!

구문해설

① Salespeople can't **stop thinking** about <u>the deal</u> [(that[which]) they are working on] ....

→ stop v-ing: …하는 것을 멈추다 *cf.* stop to-v: …하기 위해 멈추다(to-v는 부사적 용법의 to부정사)

→ [ ]는 선행사 the deal을 수식하는 관계대명사절로, the deal과 they 사이에 목적격 관계대명사 that[which]가 생략됨.

④ ..., people **are more likely to think** about unfinished tasks than completed *ones*.

→ be more likely to-v: 더 …할 것 같다, 더 …할 가능성이 있다

→ ones는 앞에 나온 tasks를 대신하는 대명사

⑦ She noted [that the waiter could remember <u>a large number of items</u> {ordered by his customers}].

→ [ ]는 noted의 목적어 역할을 하는 명사절

→ { }는 a large number of items를 수식하는 과거분사구

⑧ However, **the moment** (**that**) he had delivered the meals to the customers, ...
→ the moment (that)+주어+동사: …가 ~하자마자, …가 ~하는 순간

Review Test

P. 126

A ③　　**B 1** ⑤　**2** ④　**3** ③　**4** ⑤　　**C 1** give it a try　**2** handed in　**3** in public　**4** fade away　　**D 1** 어떤 사람들은 채점이 되도록 그들의 답안지를 제출해야만 했다.　**2** 마치 다른 사람의 성과를 검토하는 것처럼 자신의 성과를 검토함으로써, 당신은 스트레스 수준을 줄일 수 있다.　**3** 그들이 어디를 가거나 무엇을 하더라도, 이 청중이 자신의 모든 움직임을 지켜보고 있는 것 같죠.　**4** 그것은 사람들이 미완성된 과업에 대해 걱정하고 가능한 한 빨리 그것을 끝내려고 노력한다는 뜻이다.　**E 1** to a degree where they still do not feel guilty　**2** they are always being watched by an imaginary audience　**3** people are more likely to think about unfinished tasks than completed ones

해석　**A**

① 서서히, 차츰: 천천히 또는 조금씩

② 익명의: 알려지지 않은 신원을 가진

③ 평균: 정상을 벗어났다고 여겨지는 수준

④ 심리학자: 정신 상태에 대한 과학의 전문가

⑤ 가상의: 오직 생각으로만 존재하는

B

1 제이크는 어려운 상황을 매우 매끄럽게 처리했다.

　① 껐다　　　　② 섭취했다　　　③ 걱정했다　　　④ 찾았다　　　⑤ 처리했다

2 그 책의 작가는 미상이다.

　① 화가　　　　② 날짜　　　　③ (물건의) 값　　④ 작가　　　⑤ 등장인물

3 장학금 프로그램을 위한 신청을 완료했습니까?

　① 시작했다　　② 계속했다　　③ 끝냈다　　　④ 잊어버렸다　⑤ 성공했다

4 성공에 대해 생각하는 것은 당신이 더 열심히 일하도록 동기를 부여할 것이다.

　① 낙담시키다　② …을 사로잡다　③ 참가하다　　④ (땅을) 경작하다　⑤ 자극하다

C

1 시도하다: give it a try

2 …을 제출하다: hand in

3 대중 앞에서: in public

4 시러지다: fade away

71

생활 속 경제
1 **1** ④ **2** ⑤ **3** to quickly make last-minute purchases
2 **1** ②, ⑤ **2** ⑤ **3** ③ **4** product, back, cheaply
3 **1** ① **2** ④ **3** ⓐ too scary to be enjoyable ⓑ when to give up
4 **1** ⑤ **2** ⑤ **3** middle, avoid extremes

01 음악이 지갑을 열리게 한다?   P. 130

정답   **1** ④   **2** ⑤   **3** to quickly make last-minute purchases

문제해설 **1** 가게의 배경 음악이 구매자의 소비행동에 큰 영향을 미친다는 글이므로, 제목으로는 ④ '당신이 듣는 것이 구매
방법에 영향을 미친다'가 가장 적절하다.
① 조용한 분위기가 구매자들을 끌어들인다   ② 더 느리게 쇼핑함으로써 돈을 절약하라
③ 사람들은 다양한 방식으로 음악을 구입한다   ⑤ 구매자들과 가게 주인이 함께 일하다

2 (A) 느린 음악이 소비자들이 더 많은 돈을 소비하도록 조장한다는 빈칸 앞 문장의 내용과 빠른 음악이 소비자
들이 돈을 더 적게 소비하도록 조장한다는 빈칸 뒤 문장의 내용은 상반되므로, 역접의 연결사인 on the other
hand가 알맞다.
(B) 가게에서 대부분의 시간에 느린 음악을 틀어놓는다는 빈칸 앞 문장의 내용과 하루가 끝날 무렵 빠른 음악으
로 바꾼다는 빈칸 뒤 문장의 내용은 상반되므로, 역접의 연결사인 However가 알맞다.

3 왜 가게들은 하루가 끝날 무렵 빠른 배경 음악으로 바꾸는가?
→ 그것은 구매자들이 막판 구매를 신속하게 하도록 조장한다.

본문   ① Imagine / you were opening your own shop. ② There would be many things to do / and many
decisions to make. ③ But would you worry about / what kind of music to play in the shop? ④ If
you answered no, / you'd be making a big mistake!
⑤ Studies have shown / that background music has a strong effect on shoppers. ⑥ Specifically,
/ the tempo of the music influences / how much they spend. ⑦ Slow music makes people shop
more slowly. ⑧ They stay in the shop longer, / so they buy more items / and spend more money
as a result. ⑨ Fast music, / on the other hand, / makes people shop more quickly, / so they buy
fewer items / and spend less money.
⑩ For this reason, / you might think / that shops would always play slow music. ⑪ But / this is
not the case. ⑫ They do play slow music / most of the time. ⑬ However, / they will often switch
to faster music / when they're getting ready to close / at the end of the day. ⑭ This causes
shoppers / to quickly make last-minute purchases.
⑮ Shoppers might not pay attention to background music, / but smart shop owners understand
the important effect / it has. ⑯ It not only changes the atmosphere of the shop / but also
influences the behavior of shoppers.

① 당신이 자신만의 가게를 연다고 상상해봐라. ② 할 일이 많고 해야 할 결정도 많을 것이다. ③ 그러나 가게에서 어떤 종류의 음악을 틀어놓을지 식상일 것인가? ④ 아니라고 대답한다면, 당신은 큰 실수를 저지르는 것이다!

⑤ 연구에 따르면 배경 음악이 구매자에게 큰 영향을 미치는 것으로 나타났다. ⑥ 특히, 음악의 박자는 그들이 얼마나 (돈을) 많이 쓸지에 영향을 미친다. ⑦ 느린 음악은 사람들이 더 천천히 쇼핑하도록 만든다. ⑧ 그들은 가게에 더 오래 머물러 있으므로 더 많은 물건을 사고 결과적으로 더 많은 돈을 소비한다. ⑨ 반면에, 빠른 음악은 사람들이 더 빠르게 쇼핑하도록 하므로 그들은 더 적은 수의 물건을 사고 돈을 더 적게 소비한다.

⑩ 이런 이유로, 당신은 가게가 항상 느린 음악을 틀어놓을 것이라고 생각할 수 있다. ⑪ 그러나 이것은 그렇지 않다. ⑫ 그들은 대부분의 시간에 느린 음악을 틀어놓는다. ⑬ 그러나, 하루가 끝날 무렵 그들이 문을 닫을 준비가 되어갈 때, 그들은 종종 빠른 음악으로 바꾼다. ⑭ 이것은 구매자들이 막판 구매를 빨리하도록 한다.

⑮ 구매자들은 배경 음악에 주의를 기울이지 않을 수도 있지만, 영리한 가게 주인은 배경 음악이 미치는 중요한 영향력을 이해한다. ⑯ 그것은 가게의 분위기를 바꿔 놓을 뿐만 아니라 구매자의 행동에도 영향을 미친다.

구문해설

④ If you **answered** no, you'd be making a big mistake!
→ 「if+주어+동사의 과거형, 주어+조동사의 과거형+동사원형」은 '만약 …라면 ~할 텐데'라는 의미의 가정법 과거

⑥ Specifically, the tempo of the music influences [how much they spend].
→ [ ]는 동사 influences의 목적어로 쓰인 간접의문문으로 「의문사+주어+동사」의 어순으로 쓰임.

⑫ They **do** play slow music most of the time.
→ do는 동사를 강조하기 위해 사용된 조동사로 뒤에 동사원형이 옴.

⑮ ..., but smart shop owners understand the important effect [(that[which]) it has].
→ [ ]는 선행사 the important effect를 수식하는 관계대명사절로, 목적격 관계대명사 that[which]가 생략됨.

⑯ It **not only** changes the atmosphere of the shop **but also** influences the behavior of shoppers.
→ not only A but also B: A뿐만 아니라 B도 (= B as well as A)

02 소비자 낚는 상품! P. 132

정답 1 ②, ⑤ 2 ⑤ 3 ③ 4 product, back, cheaply

문제해설

1 ②는 저렴한 상품으로 고객을 끄는 경우이며, ⑤는 세트의 한 구성 품목만을 무료로 주고 나머지 비싼 품목을 사게 하는 경우이므로 특가품의 사례에 해당한다.

2 빈칸 다음 문장에서 특가품은 보통 매장의 뒤쪽에 놓여져서 고객들이 정가 상품들을 먼저 지나치도록 한다고 했으므로, 빈칸에는 '배치'의 의미인 ⑤ placement가 적절하다.
① 가격 ② 디자인 ③ 양 ④ 다양성

3 stick to는 '…을 고수하다, 지키다'의 의미로 '…을 따르다'의 의미인 ③ follow로 바꿔 쓸 수 있다.
① 을 기저우디 ② …을 잇나 ④ 늘 뫼우나 ⑤…을 칭조히다

4 특가품: 이윤을 위해 판매되는 것이 아닌 상품

본문

① Imagine this — / you hear about an amazing discount / and think you will save lots of money. ② But by the time you've finished shopping, / you've actually bought far more / than you had originally wanted! ③ This is the power of "loss leaders."
④ A loss leader is a product / sold at very little profit / or even at a loss. ⑤ Its purpose is / to attract more customers to a store / so that they end up spending more / on other products.
⑥ One strategy / that companies use / has to do with product <u>placement</u>. ⑦ Loss leaders are usually put / at the back of the store, / so customers have to pass / the regularly priced products first. ⑧ Another strategy involves / selling just one component of a set / very cheaply.
⑨ For example, / razor handles are often given away / for free / so that customers are locked into / buying expensive refill blades.
⑩ While loss leaders can trick customers, / wise shoppers can use them / to their advantage.
⑪ If loss leader items are / all they need, / they should prepare their shopping list / in advance / and stick to it. ⑫ By doing so, / consumers can save a lot of money.

해석

① 이것을 상상해보라. 당신은 놀랄 만한 할인에 대해 듣고 자신이 많은 돈을 절약할 거라고 생각한다. ② 그러나 쇼핑을 끝냈을 때쯤, 당신은 실제로는 원래 원했던 것보다 훨씬 더 많은 것을 샀다! ③ 이것이 '특가품'의 힘이다.
④ 특가품은 이익을 아주 적게 남기거나 심지어 손해를 보면서 판매되는 상품이다. ⑤ 그것의 목적은 더 많은 고객을 상점으로 끌어들여 그들이 다른 상품에 더 많은 돈을 쓰게 하는 것이다.
⑥ 기업들이 사용하는 한 가지 전략은 상품 배치와 관계있다. ⑦ 특가품은 주로 매장 뒤쪽에 놓여서, 고객들은 정가 상품을 먼저 지나가야 한다. ⑧ 또 다른 전략은 세트의 한 구성 품목만을 아주 싸게 파는 것과 관계있다. ⑨ 예를 들어, 종종 면도기 핸들이 무료로 주어져, 고객들이 비싼 리필용인 면도날을 사게 된다.
⑩ 특가품이 고객을 속일 수는 있지만, 현명한 구매자들은 그것들을 자신에게 이롭게 이용할 수 있다. ⑪ 자신이 필요로 하는 것이 특가 품목뿐이라면, 그들은 미리 쇼핑 목록을 준비하고 그것을 고수해야 한다. ⑫ 그렇게 함으로써, 소비자들은 많은 돈을 절약할 수 있다.

구문해설

④ A loss leader is <u>a product</u> [sold at very little profit or even at a loss].

→ [ ]는 a product를 수식하는 과거분사구

⑤ Its purpose is [to attract more customers to a store **so that** they *end up spending* more ...].

→ [ ]는 주격보어 역할을 하는 명사적 용법의 to부정사구

→ so that+주어+동사: …가 ~하도록

→ end up v-ing: 결국 …하게 되다

⑥ <u>One strategy</u> [that companies use] has to do with product placement.

→ [ ]는 선행사 One strategy를 수식하는 목적격 관계대명사절

⑩ **While** loss leaders can trick customers, wise shoppers can use them to their advantage.

→ While은 '…이긴 하지만'이라는 뜻으로 쓰인 접속사

03 들인 돈이 얼만네!

정답 1 ① 2 ④ 3 ⓐ too scary to be enjoyable ⓑ when to give up

문제해설 1 프로젝트 실패에도 불구하고 기존에 쏟아부은 투자 비용 때문에 계속 진행한 결과, 결국 재정난을 겪은 콩코드의
사례를 설명하고 있으므로, 제목으로 ① '때로는 그만두는 것이 최선의 결정이다'가 가장 적절하다.

　　② 다양한 것에 돈을 투자하라　　　　　　③ 세상을 변화시킨 초음속 제트기
　　④ 투자가 수익보다 더 중요하다　　　　　⑤ 콩코드 오류: 너무 쉽게 포기하는 것

2 재정 문제가 있는데도 프로젝트에 이미 투자를 많이 해서 계속 그 일을 진행했다는 내용이 빈칸 뒤에 나왔으므
로, 빈칸에는 ④ '초기 투자를 낭비하다'가 들어가는 것이 적절하다.

　　① 다른 사람들과 함께 일하다　　　　　　② 새로운 것에 대해 배우다
　　③ 시간이나 돈을 더 많이 쓰다　　　　　⑤ 익숙한 틀을 바꾸다

3 ⓐ '너무 …해서 ~할 수 없다'의 의미인 「too + 형용사 + to-v」의 형태를 이용한다.
　　ⓑ '언제 …할지'의 의미인 「when to-v」의 형태를 이용한다.

본문

① Watching a movie at the theater, / you soon realize / it's too scary to be enjoyable. ② But you keep watching it / because you already paid for the ticket / and can't get a refund. ③ This irrational behavior can be explained / by the Concorde fallacy.

④ The Concorde fallacy is the idea / that we often keep doing things / simply because we don't want to waste our initial investment. ⑤ Its name comes from a supersonic jet / made by France and Britain. ⑥ Though it was fast and safe, / the Concorde was costly / to produce / and there weren't many orders. ⑦ However, / the French and British governments continued to pour money into the project. ⑧ They didn't want to give up / because they felt / they had already invested too much. ⑨ By the time the last Concorde flew in 2003, / the project had become a legendary financial disaster.

⑩ There is, / however, / a lesson to be learned / from it. ⑪ It isn't easy / to admit mistakes, / but a wise person knows / when to give up. ⑫ To avoid the Concorde fallacy, / consider only future costs and potential profits, / ignoring any investments / that have already been made.

해석

① 극장에서 영화를 보면서, 당신은 곧 영화가 너무 무서워서 즐길 수 없다는 것을 깨닫게 된다. ② 그러나 이미 표 값을 지불했고 환불받을 수 없으므로 당신은 계속해서 영화를 본다. ③ 이러한 비논리적인 행동은 콩코드 오류로 설명될 수 있다.

④ 콩코드 오류는 단순히 초기 투자를 낭비하고 싶지 않아서 우리가 종종 계속해서 뭔가를 한다는 개념이다. ⑤ 그이름은 프랑스와 영국이 만든 초음속 제트기에서 비롯된 것이다. ⑥ 그것은 빠르고 안전했지만, 콩코드는 생산하는데 비용이 많이 들었으며 주문이 많지 않았다. ⑦ 그러나, 프랑스와 영국 정부는 프로젝트에 계속 돈을 쏟아부었다. ⑧ 그들은 자신들이 이미 너무 많이 투자했다고 생각했기 때문에 포기하고 싶지 않았다. ⑨ 2003년에 마지막 콩코드가 비행할 무렵, 그 프로젝트는 전설적인 재정적 재앙이 되어 있었다.

⑩ 그러나, 그것으로부터 배울 교훈은 있다. ⑪ 실수를 인정하기는 쉽지 않지만, 현명한 사람은 언제 포기해야 할지 알고 있다. ⑫ 콩코드 오류를 피하기 위해서, 이미 이루어진 투자를 무시하고 미래 비용과 잠재 이윤만 고려하라.

구문해설

① [Watching a movie at the theater], you soon realize [(that) it's too scary to be enjoyable].

→ 첫 번째 [　]는 〈동시동작〉을 나타내는 분사구문

→ 두 번째 [　]는 동사 realize의 목적어 역할을 하는 명사절로, 접속사 that이 생략되어 있음.

④ The Concorde fallacy is the idea [that we often **keep doing** things …].

→ [　]는 the idea의 구체적인 내용을 설명하는 동격의 명사절

→ keep v-ing: 계속해서 …하다

⑥ **Though** it was fast and safe, the Concorde was costly *to produce* and there weren't many orders.

→ Though는 '(비록) …이긴 하지만'의 의미로 양보의 부사절을 이끄는 접속사

→ to produce는 형용사 costly를 수식하는 부사적 용법의 to부정사

⑧ They didn't want to give up because they felt [(that) they **had** already **invested** too much].

→ [　]는 동사 felt의 목적어 역할을 하는 명사절로, 접속사 that이 생략되어 있음.

→ 그들이 투자를 많이 한 것은 그 사실을 인지한 과거시점(felt)보다 더 이전에 일어난 일이므로 과거완료 had invested가 쓰임.

⑫ **To avoid** the Concorde fallacy, consider only future costs and potential profits, [ignoring any investments {that have already been made}].

→ To avoid는 〈목적〉을 나타내는 부사적 용법의 to부정사

→ [　]는 〈동시동작〉을 나타내는 분사구문

→ {　}는 선행사 any investments를 수식하는 주격 관계대명사절

---

04 Not Too Big, Not Too Small P. 136

정답 **1** ⑤ **2** ⑤ **3** middle, avoid extremes

문제해설 **1** 문맥상 골디락스 효과를 이용한 회사들의 전략은 단순한 것처럼 들리지만 '효과적'이라는 내용이 적절하므로 '비효과적인'이라는 의미의 ⑤ ineffective를 '효과적인'의 뜻인 effective로 고쳐야 한다.

[문제] 밑줄 친 ① ~ ⑤ 중, 문맥상 낱말의 쓰임이 적절하지 <u>않은</u> 것은?

2 (A) 〈연속동작[결과]〉를 나타내는 분사구문으로, 분사의 의미상의 주어 a girl과 분사가 능동 관계이므로 현재분사 choosing이 알맞다.

(B) cheaper items 이하는 동사 worry의 목적어로 쓰인 명사절로, 명사절을 이끄는 접속사 that이 알맞다.

(C) 사역동사 make는 목적격보어로 동사원형을 취하므로 buy가 알맞다.

[문제] (A), (B), (C)에서 어법에 맞는 표현으로 가장 적절한 것을 고르시오.

3 [문제] 빈칸에 알맞은 말을 본문에서 찾아 쓰시오.

내부분의 사람이 극단을 피하기 때문에 기업에서는 소비자들이 중간에 있는 옵션을 선택하기를 기대한다.

① A woman wants to buy a new phone, / but there are many models / to choose from. ② Some are expensive and have many features, / while others are quite cheap / but have few features. ③ Confused, / she finally just picks one right in the middle — not too cheap, / not too expensive. ④ This type of situation is a common experience of modern consumers. ⑤ There is actually a name for it — the Goldilocks effect. ⑥ It comes from an old fairytale, / "Goldilocks and the Three Bears." ⑦ In the story, / a girl named Goldilocks / makes a series of choices, / always choosing the option in the middle.

⑧ This is natural psychological behavior, / since people usually avoid extremes. ⑨ They think / that more expensive items are a waste of money. ⑩ However, / they worry / that cheaper items are of poor quality. ⑪ Many companies take advantage of the Goldilocks effect. ⑫ They'll often release / a luxury version and a low-budget version / of one of their items. ⑬ But their real goal is / to make consumers buy the one in the middle. ⑭ It may sound like a simple strategy, / but it is very effective!

해석

① 한 여성이 새 휴대전화를 사길 원하지만, 고를 수 있는 모델이 많다. ② 일부는 비싸고 많은 기능이 있는 반면, 다른 것들은 상당히 저렴하지만 기능이 거의 없다. ③ 혼란스러워하며 그녀는 결국 너무 싸지도 비싸지도 않은 딱 중간 모델을 고른다.

④ 이러한 유형의 상황은 현대 소비자들이 흔히 경험하는 일이다. ⑤ 실제로 그것을 가리키는 이름이 있는데, 바로 골디락스 효과이다. ⑥ 그것은 오래된 동화인 '골디락스와 곰 세 마리'에서 유래된 것이다. ⑦ 이 이야기에서 골디락스라는 소녀는 일련의 선택을 하는데 항상 중간에 있는 옵션을 선택한다.

⑧ 사람들은 대개 극단을 피하기 때문에 이것은 자연스러운 심리적 행동이다. ⑨ 그들은 더 비싼 물건이 돈 낭비라고 생각한다. ⑩ 그러나 그들은 더 싼 물건은 품질이 낮다고 걱정한다. ⑪ 많은 회사가 골디락스 효과를 이용한다. ⑫ 그들은 종종 그들의 상품 중 하나에 고급 버전과 저예산 버전을 출시한다. ⑬ 그러나 그들의 진정한 목표는 소비자들이 중간 것을 구매하도록 하는 데 있다. ⑭ 그것은 단순한 전략처럼 들리지만, 매우 효과적이다!

구문해설

② Some are expensive and have many features, **while** others are quite cheap but have *few* features.
→ while은 '…하는 반면'이라는 뜻의 대조를 나타내는 접속사
→ few는 '거의 없는'의 의미로, 셀 수 있는 명사 앞에 옴.

③ [Confused], she finally just picks one right in the middle — not too cheap, not too expensive.
→ [ ]는 과거분사로 시작하는 수동형 분사구문

⑦ ..., a girl [named Goldilocks] makes a series of choices, [always choosing the option ...].
→ 첫 번째 [ ]는 a girl을 수식하는 과거분사구
→ 두 번째 [ ]는 〈연속동작〉을 나타내는 분사구문

⑬ But their real goal is [to make consumers buy the one in the middle].
→ [ ]는 주격보어 역할을 하는 명사적 용법의 to부정사구

A **1** ⓔ **2** ⓓ **3** ⓒ **4** ⓑ **5** ⓐ   B **1** save **2** switch **3** irrational **4** release   C **1** in advance **2** ended up **3** stick to **4** Pay attention to   D **1** 그것은 가게의 분위기를 바꿔 놓을 뿐만 아니라 구매자의 행동에도 영향을 미친다. **2** 그것의 목적은 더 많은 고객을 상점으로 끌어들여 그들이 다른 상품에 더 많은 돈을 쓰게 하는 것이다. **3** 콩코드 오류를 피하기 위해서, 이미 이루어진 투자를 무시하고 미래 비용과 잠재 이윤만 고려하라. **4** 이 이야기에서 골디락스라는 소녀는 일련의 선택을 하는데 항상 중간에 있는 옵션을 선택한다.   E **1** many things to do and many decisions to make **2** because they felt they had already invested too much **3** while others are quite cheap but have few features

해석

A

1 전략: ⓔ 특정한 목표를 성취하기 위한 계획

2 구성 요소: ⓓ 큰 완전체나 집단의 한 부분

3 금융[재정]의: ⓒ 돈과 관련 있는

4 처음의, 초기의: ⓑ 초반에 발생하는

5 오류: ⓐ 많은 사람들이 사실이라고 생각하는 잘못된 믿음

B

1 우리는 에너지를 <u>절약하기</u> 위해 할 수 있는 일을 해야 한다.

2 영화가 시작되기 전에 당신의 휴대전화를 매너모드로 <u>바꿔</u> 주세요.

3 학생이었을 때 내가 할 수 있었던 것은 <u>불합리한</u> 시스템에 대해 불평하는 것뿐이었다.

4 그 인기 음악 그룹은 다음 달에 새 앨범을 <u>발매할</u> 것이다.

C

1 미리, 사전에: in advance

2 결국 …하게 되다: end up v-ing

3 …을 고수하다, 지키다: stick to

4 …에 주의를 기울이다: pay attention to

SECTION 12

---

01 조개껍데기 대신 사진을 남기세요 P. 142

정답 **1** ⑤ **2** ① **3** beaches, harm the environment

문제해설 **1** ⑤ 조개껍데기가 해양 생태계의 다양성 연구에 사용된다는 내용은 언급되지 않았다.

2 lead to는 '(결과적으로) …로 이어지다, …을 초래하다'의 뜻이므로 '…을 야기하다'의 의미인 ① cause로 바꿔 쓸 수 있다.

② 예방하다 ③ 설명하다 ④ 뒤바꾸다 ⑤ 촉진하다

3 조개껍데기는 <u>해변</u>에서 많은 중요한 역할을 하므로, 그것들을 수집하는 것은 <u>환경을 훼손할</u> 수 있다.

본문 ① After spending a day at the beach, / you might want something / to remind you of your visit. ② So why not pick up some seashells / and take them home? ③ Actually, / there's a good reason / for not doing this. ④ Taking shells can harm the environment, / as they serve several important purposes / on beaches. ⑤ First of all, / they protect beach grass / and keep sand from blowing away. ⑥ They also act as homes / for hermit crabs / and hiding places / for small fish. ⑦ And ocean birds can use them / to build nests. ⑧ Finally, / old shells break down / and provide nutrients for organisms / living in the sand.

⑨ You might think / that taking just one shell is okay. ⑩ However, / many people visit beaches, / so what if they all took one shell? ⑪ Researchers studied a popular tourist beach in Spain / and found / that the number of shells had decreased by 60% / since 1978. ⑫ This is likely to lead to a serious decline / in the health of the beach. ⑬ So if you want to bring home a memory of a beautiful beach, / take a photograph instead.

해석 ① 해변에서 하루를 보낸 후, 당신은 자신의 방문을 생각나게 해줄 무언가를 원할지도 모른다. ② 그렇다면 조개껍데기를 주워서 집으로 가져가는 건 어떤가? ③ 사실, 이것을 하지 말아야 하는 타당한 이유가 있다. ④ 조개껍데기들은 해변에서 여러 가지 중요한 역할을 하기 때문에, 그것들을 가져가는 것은 환경을 훼손할 수 있다. ⑤ 우선, 조개껍데기들은 해변의 풀을 보호하고 모래가 날아가는 것을 막아준다. ⑥ 그것들은 또한 소라게들의 서식처가 되고 작은 물고기들의 은신처로서의 역할을 한다. ⑦ 그리고 바닷새들이 둥지를 짓는 데 그것들을 사용할 수 있다. ⑧ 마지막으로, 오래된 조개껍데기들은 부서져서 모래에 살고 있는 유기체들에게 영양분을 제공한다.

⑨ 당신은 조개껍데기 하나쯤 가져가는 것은 괜찮다고 생각할지도 모른다. ⑩ 그러나, 많은 사람들이 해변에 오는데, 그들이 모두 한 개씩 가져간다면 어떻게 되겠는가? ⑪ 연구원들은 스페인의 한 인기 있는 관광 해변을 연구했는데,

조개껍데기의 수가 1978년 이래로 60퍼센트 정도 감소했음을 알아냈다. ⑫ 이는 해변 건강의 심각한 쇠퇴를 초래할 수 있다. ⑬ 그러니 아름다운 해변의 추억을 집으로 가져가고 싶다면, 대신에 사진을 찍어라.

구문해설

① ..., you might want something **to remind** you of your visit.

→ to remind는 something을 수식하는 형용사적 용법의 to부정사

⑨ You might think [that {taking just one shell} is okay].
    　　　　　　　　　　　　　　S'　　　　　　　V'

→ [ ]는 동사 think의 목적어 역할을 하는 명사절

→ { }는 that절의 주어 역할을 하는 동명사구이며, 동명사 주어는 단수 취급하므로 단수 동사 is가 쓰임.

02　우리도 스웨터가 필요해요!　　　P. 144

정답

1 ③　**2** ③　**3** ②　**4** oil, warm, body heat

문제해설

1 뜨개질하는 사람들에게 펭귄에게 입힐 스웨터를 기증해 줄 것을 요청하며, 스웨터가 어떻게 기름 유출 사고로 피해를 입은 펭귄을 살릴 수 있는지 설명하고 있으므로, 제목으로 ③ '뜨개질하는 사람들이 펭귄의 목숨을 살릴 수 있다'가 가장 적절하다.

① 기름 유출을 방지하는 방법　　　　② 기름이 어떻게 펭귄에게 영향을 주는가

④ 요정펭귄: 새로운 종류의 애완동물　　⑤ 세계에서 가장 작은 펭귄

2 be동사 뒤에 주격보어로 문장 성분을 모두 갖춘 완전한 절이 쓰였으므로 ③ which를 명사절을 이끄는 접속사 that으로 고쳐야 한다.

3 call on은 '…에게 요청하다'의 뜻이므로 '(…해 달라고) 부탁하다[요청하다]'의 의미인 ② asking으로 바꿔 쓸 수 있다.

① 시험하다　③ 초대하다　④ 면담하다　⑤ (수를) 세다

4 펭귄은 적은 양의 기름에 노출되더라도, 따뜻하게 유지하는 능력을 잃는다. 스웨터를 입는 것은 그것(펭귄)이 체온을 안정되게 유지하는 데 도움이 될 수 있다.

본문

① People often dress their cats and dogs / in tiny sweaters / during cold weather. ② Surprisingly, / penguins sometimes need clothes / to keep them warm, / too! ③ A conservation group in Australia / is calling on knitters / to donate tiny wool sweaters / for penguins. ④ Little blue penguins, / also known as fairy penguins, / are the smallest species of penguin / and can be found on Australia's south coast. ⑤ When oil spills occur in the area, / rescuers rush to recover oil-covered birds. ⑥ The problem is / that even a little bit of oil / can cause a penguin's feathers / to stick together, / affecting its ability to stay warm. ⑦ This can put its life at risk. ⑧ But / wearing a sweater / allows the penguin / to maintain its body heat / until a volunteer can clean the oil / from its feathers. ⑨ Once it is clean and healthy, / it will be returned to the wild. ⑩ These little sweaters have saved many lives. ⑪ Of course, / the best way / to protect penguins — and our environment — / is / to prevent oil spills from happening / in the first place.

해석

① 사람들은 종종 추운 날씨 동안 고양이와 개에게 작은 스웨터를 입힌다. ② 놀랍게도, 펭귄도 때로는 그들을 따뜻하게 해줄 옷이 필요하다! ③ 호주의 한 자연 보호 단체는 뜨개질하는 사람들에게 펭귄들을 위한 작은 울 스웨터를 기증해 달라고 요청하고 있다. ④ 요정펭귄이라고도 알려져 있는 쇠푸른펭귄은 펭귄 중 가장 작은 종이며 호주의 남부 해안에서 찾아볼 수 있다. ⑤ 이 지역에서 기름 유출이 발생하면, 구조원들이 기름에 뒤덮인 새들을 회복시키기 위해 서둘러 온다. ⑥ 문제는 적은 기름이라고 하더라도 펭귄의 깃털을 달라붙게 해서, 그것의 따뜻하게 유지하는 능력에 영향을 준다는 것이다. ⑦ 이것은 펭귄의 생명을 위험에 처하게 할 수 있다. ⑧ 그러나 스웨터를 입으면 자원 봉사자가 깃털에서 기름을 닦아줄 때까지 펭귄이 체온을 유지할 수 있게 해준다. ⑨ 깨끗하고 건강해지면, 펭귄은 야생으로 돌려보내질 것이다. ⑩ 이 작은 스웨터는 많은 (펭귄의) 생명을 구해왔다. ⑪ 물론, 펭귄과 우리의 환경을 보호하는 가장 좋은 방법은 기름 유출이 발생하는 것을 먼저 방지하는 것이다.

구문해설

⑥ Surprisingly, penguins sometimes need clothes to **keep** them **warm**, too!
→ keep+목적어+형용사: …을 ~하게 유지하다

④ Little blue penguins, [also known as fairy penguins], are the smallest species of penguin ....
　　S　　　　　　　　　　　　　　　　　　　　　　　　V
→ [　]는 Little blue penguins를 부연 설명하는 삽입어구

⑥ The problem is **that** even a little bit of oil can *cause* a penguin's feathers *to stick together*, [affecting its ability to stay warm].
→ that은 주격보어 역할을 하는 명사절을 이끄는 접속사
→ cause+목적어+to-v: …가 ~하게 하다
→ [　]는 〈연속동작(결과)〉를 나타내는 분사구문

⑧ But [wearing a sweater] *allows* the penguin *to maintain* its body heat ....
　　　　S　　　　　　　　　V
→ [　]는 주어 역할을 하는 동명사구이며, 동명사 주어는 단수 취급하므로 단수 동사 allows가 쓰임.
→ allow+목적어+to-v: …가 ~하도록 하다

⑪ Of course, the best way [to protect penguins — and our environment —] is [to **prevent** oil spills **from happening** in the first place].
→ 첫 번째 [　]는 the best way를 수식하는 형용사적 용법의 to부정사구
→ 두 번째 [　]는 주격보어 역할을 하는 명사적 용법의 to부정사구
→ prevent A from v-ing: A가 …하는 것을 막다

03 아주 특별한 고층 건물　　　　　P. 146

정답　　1 ②　2 ③　3 ②　4 less electricity

문제해설　　1 재활용 플라스틱병으로 시어신 타이베이의 친환경 건물 에코아크에 대한 글이므로, 제목으로 ② '플라스틱을 사

용한 친환경 건축'이 적절하다.

① 더 저렴한 재활용 방법 찾기　　③ 타이베이 재활용 제도의 실패

④ 타이베이 박람회의 성공 비결　　⑤ 타이베이: 세계에서 가장 친환경적인 도시

2 에코아크가 심각한 자연재해에도 견딜 수 있는 이유는 플라스틱병들이 단단히 결합되어 있기 때문이라는 빈칸 앞의 내용으로 보아, 빈칸에는 ③ '강하고 단단한'이 들어가는 것이 적절하다.

① 높고 곧은　② 부드럽고 가벼운　④ 저렴하고 재사용할 수 있는　⑤ 창의적이고 독특한

3 ② 에코아크를 지은 건축가에 대해서는 언급되지 않았다.

4 햇빛이 플라스틱병을 통과하여 이동하기 때문에, 에코아크는 낮 동안 <u>더 적은 전기</u>를 사용한다.

본문

① The 2010 Taipei International Floral Exposition / featured an exhibition hall / built out of a very unique type of material. ② Known as the EcoArk, / it is 130 meters long / and about as big as six basketball stadiums. ③ Amazingly, / it was built / using approximately 1.5 million recycled plastic bottles / taken from Taipei's waste disposal system. ④ Although a building / made from plastic bottles / might sound weak, / EcoArk is able to withstand / even the most serious natural disasters, / including earthquakes and typhoons. ⑤ Its secret is / that all of its plastic bottles are joined together firmly, / making the building <u>strong and solid</u>. ⑥ What's more, / it cost 70% less / to construct / than a normal building, / as recycled material was used. ⑦ The clear plastic bottles / serve another purpose / as well — / sunlight shines right through them, / heating and lighting the building. ⑧ That means / it requires less electricity / during the day. ⑨ For all of these reasons, / EcoArk is considered to be a great example / of eco-friendly architecture. ⑩ In fact, / it gained a lot of attention from the media / and won the 2010 Earth Award.

해석

① 2010년 타이베이 국제 식물 박람회는 아주 독특한 종류의 소재로 지어진 전시관을 선보였다. ② 에코아크라고 알려진 이것은 130미터 높이에 약 농구장 여섯 개만큼 크다. ③ 놀랍게도, 그것은 타이베이 쓰레기 처리 시스템에서 가져온 대략 백오십만 개의 재활용 플라스틱병을 사용해서 지어졌다. ④ 플라스틱병으로 만들어진 건물은 약할 것 같지만, 에코아크는 지진과 태풍을 포함한 가장 심각한 자연재해까지도 견딜 수 있다. ⑤ 그것의 비밀은 모든 플라스틱병이 단단히 결합되어 있어서 건물을 <u>강하고 단단하게</u> 만든다는 것이다. ⑥ 게다가, 재활용 소재가 사용되었기 때문에, 일반 건물보다 건설하는 데 비용이 70퍼센트 덜 들었다. ⑦ 투명한 플라스틱병들은 또 다른 쓸모가 있는데, 햇빛이 그것들을 곧바로 통과해 비쳐서 건물을 따뜻하게 하고 밝혀준다는 것이다. ⑧ 이는 낮 동안 더 적은 전기를 필요로 한다는 것을 의미한다. ⑨ 이 모든 이유들로 인해, 에코아크는 친환경적인 건축의 훌륭한 본보기로 여겨진다. ⑩ 실제로, 그것은 대중 매체로부터 많은 관심을 받았고 2010년 어스 어워드를 수상했다.

구문해설

① The 2010 Taipei International Floral Exposition featured an exhibition hall [built out of a

　　　　　　　　　　　　　　　S　　　　　　　　　　　　　　　V　　　O

very unique type of material].

→ [ ]는 an exhibition hall을 수식하는 과거분사구

② [Known as the EcoArk], it is 130 meters long and about **as big as** six basketball stadiums.

→ [ ]는 과거분사로 시작하는 수동형 분사구문으로, it을 부연 설명함.

→ as+형용사의 원급+as: …만큼 ~한

③ Amazingly, it was built [using approximately 1.5 million recycled plastic bottles {taken from Taipei's waste disposal system}].

→ [ ]는 〈동시동작〉을 나타내는 분사구문

→ { }는 앞의 명사구를 수식하는 과거분사구

④ **Although** a building [made from plastic bottles] might sound weak, ...

→ Although는 '(비록) …이긴 하지만'의 의미로 양보의 부사절을 이끄는 접속사

→ [ ]는 a building을 수식하는 과거분사구

04 A Lost Paradise P. 148

정답 **1** ④ **2** ② **3** the Republic of Nauru

문제해설 **1** 문맥상 100년간의 채굴로 인해 한때 풍부했던 천연자원이 '고갈되었다'는 내용이 자연스러우므로, '과도한'이라는 의미의 ④ excessive는 exhausted(고갈된) 등으로 고쳐야 한다.

[문제] 밑줄 친 ① ~ ⑤ 중, 문맥상 낱말의 쓰임이 적절하지 않은 것은?

2 나우루 사람들은 고급 화학 비료의 재료인 인광석을 채굴하여 판매함으로써 부자가 되었다고 했으므로 ② '나우루 사람들은 화학 비료를 팔아 부유해졌다.'는 글의 내용과 일치하지 않는다.

[문제] 다음 중 나우루 공화국에 관한 이 글의 내용과 일치하지 않는 것은?

① 나우루는 태평양에 있는 작은 섬이다.

③ 나우루의 아이들은 무상으로 교육받았다.

④ 신혼부부들은 무상 주택을 제공받았다.

⑤ 나우루의 인광석은 1990년대에 고갈되었다.

3 한때는 낙원으로 여겨졌으나 인간의 탐욕에 의해 파괴된 곳은 바로 '나우루 공화국'이므로 the Republic of Nauru라고 쓰는 것이 적절하다.

[문제] 밑줄 친 낙원으로 여겨졌던 곳이 가리키는 것을 본문에서 찾아 쓰시오. (4단어)

본문 ① In paradise, / everyone receives the comforts of life / without having to work at all. ② But could such a place exist / in the real world?

③ The people of the Republic of Nauru, / a tiny Pacific island, / once thought / they had found paradise. ④ In 1896, / phosphate deposits were discovered there, / and life on the island changed immediately. ⑤ Demand for the mineral, / which is used to make high-quality chemical fertilizers, / made it very valuable. ⑥ By mining and selling the phosphate, / the people of Nauru grew incredibly wealthy. ⑦ Education, healthcare, and utilities were free for all, / and newlyweds were even given free houses.

⑧ This utopia did not last, / however. ⑨ Nauru failed to prepare for the day / when the phosphate ran out, / and when this day came / in the 1990s, / everything fell apart. ⑩ After 100 years of mining, / their island's once-rich natural resource was exhausted. ⑪ In the end, / the people lost their money and all their possessions.

⑫ Nauru's story should act as a warning / to the rest of the modern world. ⑬ In many countries, / our nearsighted desire for wealth / has led to environmental ruin and poverty. ⑭ We must remember / that a place / considered to be a paradise / was destroyed by human greed.

해석

① 낙원에서는 모두가 전혀 일할 필요 없이 삶의 편안함을 주는 것들을 누린다. ② 그러나 그런 곳이 현실 세계에서 존재할 수 있을까?

③ 태평양의 작은 섬인 나우루 공화국 사람들은 한때 자신들이 낙원을 발견했다고 생각했다. ④ 1896년에 인광석 매장층이 그곳에서 발견되자, 그 섬에서의 삶은 곧바로 달라졌다. ⑤ 고급 화학 비료를 만드는 데 사용되는 그 광물에 대한 수요가 인광석을 매우 귀하게 만들었다. ⑥ 인광석을 채굴하여 판매함으로써, 나우루 사람들은 대단히 부유해졌다. ⑦ 교육, 의료, 공익 설비 등은 모두에게 무료였으며, 신혼부부들은 심지어 무상 주택을 제공받았다.

⑧ 그러나 이 유토피아는 오래가지 않았다. ⑨ 나우루는 인광석이 고갈되는 날에 대비하지 못했고, 1990년대에 이 날이 왔을 때, 모든 것이 무너져 버렸다. ⑩ 100년간의 채굴 이후, 그 섬의 한때 풍부했던 천연자원은 고갈되었다. ⑪ 결국, 사람들은 돈과 모든 재산을 잃었다.

⑫ 나우루 이야기는 나머지 현대 사회의 세상을 향한 경고가 되어야 한다. ⑬ 많은 나라에서, 부에 대한 우리의 근시 안적인 욕망이 환경 파괴와 가난을 초래해왔다. ⑭ 우리는 낙원이라고 여겨졌던 곳이 인간의 탐욕에 의해 파괴되었다는 것을 명심해야 한다.

구문해설

① In paradise, everyone receives the comforts of life **without having** to work at all.
→ 「without v-ing」는 '…하지 않고'의 의미로 전치사 without의 목적어로 동명사가 옴.

⑤ Demand for the mineral, [which **is used to make** high-quality chemical fertilizers], _made_ _it_
　　　　S　　　　　　　　　　　　　　　　　　　　　　　　　　　　　　　　V　O
very _valuable_.
　　　OC
→ [ ]는 선행사 the mineral을 부연 설명하는 계속적 용법의 주격 관계대명사절
→ be used to-v: …하는 데 사용되다
→ make+목적어+목적격보어(형용사): …를 ~하게 만들다

⑨ Nauru failed to prepare for the day [**when** the phosphate ran out], and [_when_ this day came in the 1990s], everything fell apart.
→ 첫 번째 [ ]의 when은 the day를 선행사로 하는 관계부사
→ 두 번째 [ ]의 when은 '…할 때'라는 의미의 접속사

Review Test

A ④   B 1 ⑤ 2 ⑤ 3 ② 4 ③   C 1 fall apart 2 ran out 3 reminded, of 4 lead to   D 1 연구원들은 스페인의 한 인기 있는 관광 해변을 연구했는데, 조개껍데기의 수가 1978년 이래로 60퍼센트 정도 감소했음을 알아냈다. 2 펭귄과 우리의 환경을 보호하는 가장 좋은 방법은 기름 유출이 발생하는 것을 먼저 방지하는 것이다. 3 놀랍게도, 그것은 타이베이 쓰레기 처리 시스템에서 가져온 대략 백오십만 개의 재활용 플라스틱병을 사용해서 지어졌다. 4 고급 화학 비료를 만드는 데 사용되는 그 광물에 대한 수요가 인광석을 매우 귀하게 만들었다.   E 1 you might want something to remind you of your visit 2 even a little bit of oil can cause a penguin's feathers to stick together 3 a place considered to be a paradise was destroyed by human greed

해석

A

① 건축: 건물을 설계하고 건설하는 기술

② 기증하다: 사람 또는 단체를 돕기 위해 돈이나 물건을 주다

③ 비료: 토양을 비옥하게 하는 데 사용되는 화학 물질

④ 과도한: 필요하거나 바람직한 것보다 적은

⑤ 전시: 예술 작품과 같은 것들의 공개 전시

B

1 법은 기업이 과도한 오염을 야기하는 것을 방지한다.

　① 망치다　　② …을 할 수 있게 하다　③ 영향을 미치다　④ 조장하다　⑤ 방지하다

2 저희 장난감은 바닥에 자주 떨어뜨리는 것을 견디도록 만들어졌습니다.

　① 창조하다　② 구하다　　　③ 유발하다　　④ 금지하다　⑤ 견디다

3 그녀가 가장 소중하게 여기는 소유물은 어머니가 그녀의 결혼식 때 주신 반지이다.

　① 표현　　　② 소유물　　　③ 우울함　　　④ 강박 상태　⑤ 불경기

4 그 회사는 환경을 보존하는 데 도움이 되기 위해 보다 친환경적인 제품을 개발하려 노력하고 있다.

　① 친근한　　② 독특한　　　③ 친환경적인　④ 비싼　　　⑤ 개개인의 요구에 맞춘

C

1 무너지다: fall apart

2 다 떨어지다: run out

3 A에게 B를 생각나게 하다: remind A of B

4 (결과적으로) …로 이어지다: lead to

MEMO

MEMO

MEMO

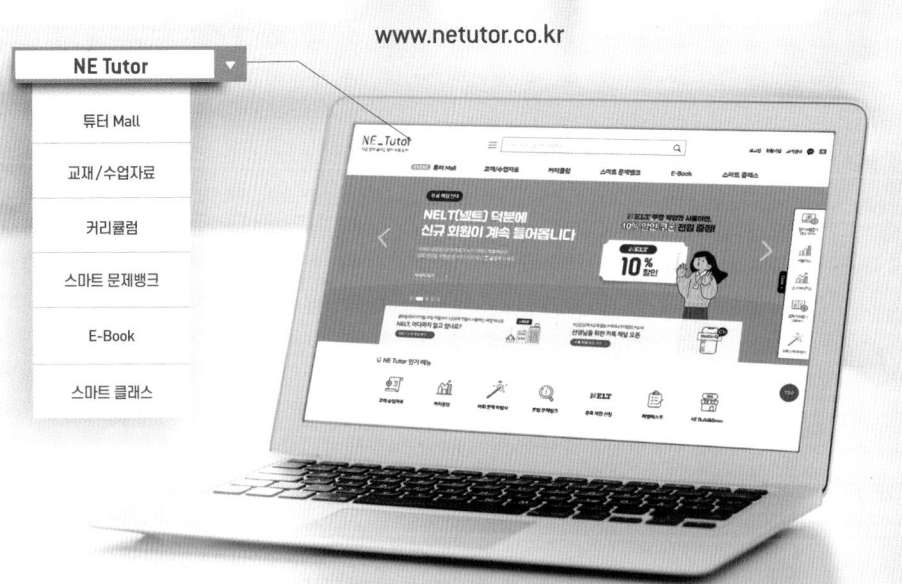